2014年**中国银行业从业人员资格认证考试**

个人理财

讲义·真题·预测 全攻略

中国银行业从业人员资格认证考试研究院○编著

清华大学出版社
北　京

内 容 简 介

本书是"银行业从业人员资格认证考试"的配套学习资料,依托具有深厚编写水平的专家团队,严格依据官方教材及考试大纲,在精选高频考点的基础上编写而成。

全书分为考点精讲及归类题库两部分:考点精讲主要选取考频较高、易混淆的考点进行详细讲解;归类题库则选取考频较高的知识点,在此基础上编设的与实战难度相当的试题。

本书特别适用于参加中国银行业从业人员资格认证考试的考生,也可供各大院校金融学专业的师生参考。

图书在版编目(CIP)数据

个人理财讲义·真题·预测全攻略 / 中国银行业从业人员资格认证考试研究院 编著.
—北京:清华大学出版社,2014(2014.6重印)

(2014 年中国银行业从业人员资格认证考试)

ISBN 978-7-302-35610-3

Ⅰ.①个… Ⅱ.①中… Ⅲ.①私人投资—银行业务—中国—资格考试—自学参考资料 Ⅳ.①F832.48

中国版本图书馆 CIP 数据核字(2014)第 042390 号

责任编辑:张　颖　高晓晴
封面设计:周晓亮
版式设计:方加青
责任校对:曹　阳
责任印制:沈　露

出版发行:清华大学出版社
　　　　　网　　　址:http://www.tup.com.cn,http://www.wqbook.com
　　　　　地　　　址:北京清华大学学研大厦 A 座　　　邮　　编:100084
　　　　　社 总 机:010-62770175　　　　　　　　　　邮　　购:010-62786544
　　　　　投稿与读者服务:010-62776969,c-service@tup.tsinghua.edu.cn
　　　　　质 量 反 馈:010-62772015,zhiliang@tup.tsinghua.edu.cn
印 装 者:北京密云胶印厂
经　　销:全国新华书店
开　　本:185mm×260mm　　　印　张:16　　　字　　数:399 千字
版　　次:2014 年 5 月第 1 版　　　　　　　　　印　　次:2014 年 6 月第 2 次印刷
印　　数:4501~6500
定　　价:35.00 元

产品编号:055961-01

编 委 会

前言

丛书编写初衷

近年来，随着中国银行业的不断改革与创新，整个银行业发生了历史性的变化，在国民经济发展中发挥着越来越重要的支撑及促进作用。而银行从业人员的待遇也水涨船高，要想从事银行业相关工作，取得银行业资格认证是非常必要的。

"中国银行业从业人员资格认证"简称CCBP(Certification of China Banking Professional)。它是由中国银行业从业人员资格认证办公室负责组织和实施的考试。考试科目为公共基础、个人理财、风险管理、个人贷款和公司信贷，其中公共基础为基础科目，其余为专业科目。

为帮助广大考生顺利通过考试，笔者根据考试大纲编写了本套丛书，以便考生在短时间内理解知识要点、加深记忆、熟悉题型，提高考试成功率。

丛书书目

本丛书将基础知识讲解和考题练习紧密结合，为考生提供一条龙服务，主要包括如下十个品种。

《公共基础最后冲刺八套题 附赠模拟上机考试光盘》

《个人理财最后冲刺八套题 附赠模拟上机考试光盘》

《风险管理最后冲刺八套题 附赠模拟上机考试光盘》

《个人贷款最后冲刺八套题 附赠模拟上机考试光盘》

《公司信贷最后冲刺八套题 附赠模拟上机考试光盘》

《公共基础讲义·真题·预测全攻略》

《个人理财讲义·真题·预测全攻略》

《风险管理讲义·真题·预测全攻略》

《个人贷款讲义·真题·预测全攻略》

《公司信贷讲义·真题·预测全攻略》

丛书特色

本套丛书内容全面，资料新颖，理论联系实际，语言通俗，习题典型，可供广大银行业从业人员参考，是广大应考者顺利通过考试的必备书籍。

具体来说，本套丛书具有以下八大特点。

1. 紧跟大纲，迅速突破

本套丛书严格按照财政部最新考试大纲编写，充分体现了教材的最新变化与要求。在详细讲解教材基础知识的同时，每章配有精选例题及解析，通过简明扼要的考点讲解，引导考生全面、系统地复习，让考生能够熟练掌握指定教材的全部要点和重点。

2. 源自真题，权威全面

由于银行业从业资格认证考试采用了机考的形式，从官方题库中自动选题，因此即使是同一时间考试，各个考生所答的试卷也是不同的。笔者总结了多年真题，书中题目都源于官方题库，并给出了详细的解析，以帮助考生顺利通过考试。

3. 同步演练，有的放矢

本套丛书每章最后有一套习题，并附有答案和解析，供考生检验、巩固学习成果，使考生能尽快适应考场，在真正的考试中有的放矢，顺利通关。

4. 海量习题，贴近实战

众所周知，勤动脑、多练习，方能百战百胜。本套丛书在习题的选取上，以历年真题为主，让读者通过习题演练了解考情和考试重点；在学习教材基础知识、分析真题的基础上，通过模拟自测检测复习效果，了解自己的不足。

5. 简单易懂，便于自学

考虑到大部分考生是在职人士，主要利用业余时间进行自学，因此本套丛书力求语言通俗，并对每道习题都进行了详尽、严谨的解析，便于考生自学。

6. 图表演示，加强记忆

针对教材中知识点众多、难于记忆的问题，本丛书在编写的过程中，尽量把考点用分类图或者表格来表示，让读者一目了然，快速记忆。

7. 模拟光盘，身临其境

因为银行业从业资格认证考试采用计算机考试，和在试卷上答题的感觉不同，因此本丛书专门提供了模拟考试系统，考生可以提前熟悉考试环境及命题类型。光盘中的考题不仅类型全面，而且有错题记录，方便后续的复习。

8. 网上答疑，方便快捷

由于时间有限，本辅导书尚有诸多不尽如人意之处，热忱盼望各方的批评指正。为了方便交流，我们专门提供了一个答疑的网站，读者可以单击考试系统的"在线答疑"链接，然后提出问题，我们会随时解答。

总的来说，我们希望通过纵览重点、同步自测、深度解析，使考生能够对考点了然于胸，对考试游刃有余，对成绩胸有成竹。最后，预祝广大考生顺利通过银行业从业人员资格认证考试，在新的人生道路上续写辉煌。

目录

第1章　银行个人理财业务概述

第2章　银行个人理财理论与实务基础

第3章　金融市场和其他投资市场

第4章　银行理财产品

第5章　银行代理理财产品

第6章 理财顾问服务

第7章 个人理财业务相关法律法规

第8章　个人理财业务管理

第9章　个人理财业务风险管理

第10章　职业道德和投资者教育

银行个人理财业务概述

个人理财是重要的经济活动。作为金融机构，商业银行为客户提供各类理财服务，在个人理财活动中发挥着重要作用。根据管理运作方式，商业银行个人理财业务可分为理财顾问服务与综合理财服务两大类。国外商业银行个人理财业务的发展日趋成熟，我国商业银行个人理财业务虽然起步晚，但发展速度快。本章首先介绍了商业银行个人理财业务的概念和分类，然后对商业银行个人理财业务的发展状况进行了简要描述，并对影响商业银行个人理财业务发展的各种因素进行了分析，最后对商业银行个人理财业务的定位进行了总结。

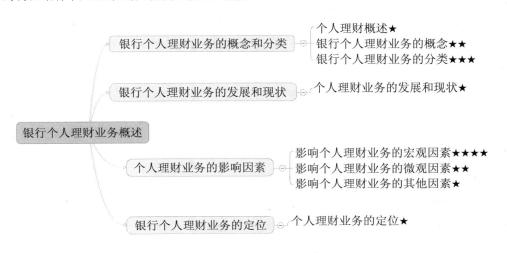

第1节 银行个人理财业务的概念和分类

考点1 个人理财概述

个人理财是指客户根据自身生涯规划、财务状况和风险属性，制定理财目标和理财规划，执行理财规划，实现理财目标的过程。

个人理财过程可分为如下五个步骤。

步骤一：评估理财环境和个人条件；

步骤二：制定个人理财目标；

步骤三：制定个人理财规划；

步骤四：执行个人理财规划；

步骤五：监控执行进度和再评估。

例题1 银行只要能够对客户的个人条件进行合理评估，就能制定出合理的理财目标。( )(判断题)

答案 ×

解析 银行只有在对理财环境和个人条件进行评估的基础上才能制定出合理的理财目标。

考点2　银行个人理财业务的概念

个人理财业务是指商业银行为个人客户提供的财务分析、财务规划、投资顾问、资产管理等专业化服务活动，是建立在委托—代理关系基础之上的银行业务，是一种个性化、综合化的服务活动。

我国法律的限制性规定：商业银行不得从事证券和信托业务。

个人理财业务相关的主体包括个人客户、商业银行、非银行金融机构以及监管机构等；个人理财业务相关的市场包括货币市场、资本市场、外汇市场、房地产市场、保险市场、黄金市场、理财产品市场等。

例题2 根据《商业银行个人理财业务管理暂行办法》规定，个人理财业务是指商业银行为个人客户提供的( )等专业化服务活动。(多项选择题)

A. 财务分析、财务规划 　　　　　　　　　B. 外汇理财、人民币理财

C. 投资顾问、资产管理 　　　　　　　　　D. 保险规划、财产信托

E. 储蓄存款、信贷产品介绍、宣传、推荐

答案 AC

解析 个人理财业务的定义，记忆题。根据《商业银行个人理财业务管理暂行办法》规定，个人理财业务是指商业银行为个人客户提供的财务分析、财务规划、投资顾问、资产管理等专业化服务活动。

例题3 以下国内机构中无法提供理财服务的是( )。(单项选择题)

A. 银行 　　　　　B. 保险公司 　　　　　C. 信托公司 　　　　　D. 律师事务所

答案 D

解析 无法提供理财服务的是律师事务所。

例题4 下列关于个人理财业务与信托业务、商业银行储蓄业务的不同点，表述错误的是( )。(单项选择题)

A. 个人理财业务中资金的运用是按照合同约定的，储蓄资金的运用是按照银行需要的

B. 个人理财业务的风险一般是客户承担或者商业银行和客户共同承担的；储蓄的风险是商业银行独立承担的

C. 个人理财业务的受益人和信托业务的受益人都只能是委托人本人

D. 个人理财业务中客户的资产不与商业银行其他资产严格区分相互独立；而信托中财产性质是登记并与受托人的财产严格区分的

答案 C

解析 信托业务的受益人除了委托人本人，还可以是受益人，但不得是同一信托的唯一受益人。

考点3 银行个人理财业务的分类

按是否接受客户委托和授权对客户资金进行投资和管理理财业务，分为理财顾问服务和综合理财服务两大类。

1. 理财顾问服务

理财顾问服务指商业银行向客户提供财务分析与规划、投资建议、个人投资产品推介等专业化服务。客户接受此服务后，自行管理和运用资金，并获取和承担由此产生的收益和风险。

2. 综合理财服务

综合理财服务指商业银行在向客户提供理财顾问服务的基础上，接受客户的委托和授权，按照与客户事先约定的投资计划和方式进行投资和资产管理的业务活动。此项服务中，投资收益与风险按照约定方式获取或承担。

综合理财服务更加突出个性化服务，可进一步划分为理财计划和私人银行业务：

(1) 理财计划是商业银行针对特定目标客户群开发设计并销售的资金投资和管理计划；

(2) 私人银行业务是一种向高净值客户提供的综合理财业务，其核心是理财规划服务，除为客户提供投资理财产品外，还为客户进行个人理财。

按客户类型的不同，分为理财业务、财富管理业务与私人银行业务三个层次，如图1.1所示。

一般而言，理财业务是面向所有客户提供的基础性服务，而财富管理业务是面向中高端客户提供的服务，而私人银行业务则是仅面向高端客户提供的服务。

图1.1 银行理财业务分类(按客户分)示意图

例题5 按是否接受客户委托和授权对客户资金进行投资和管理理财业务可分为( )。(多项选择题)

A. 理财顾问服务　　B. 投资顾问服务　　C. 财务顾问服务

D. 综合理财服务　　E. 基金顾问服务

答案 AD

解析 按是否接受客户委托和授权对客户资金进行投资和管理，理财业务可分为理财顾问服务和综合理财服务。

例题6 商业银行在向客户提供理财顾问服务的基础上，接受客户的委托和授权，按照与客户事先约定的投资计划和方式进行投资与资产管理的业务活动是( )。(单项选择题)

A. 投资顾问服务　　　　　　B. 财务顾问服务

C. 综合理财服务　　　　　　D. 理财顾问服务

答案 C

解析 综合理财服务是指商业银行在向客户提供理财顾问服务的基础上，接受客户的委托和授权，按照与客户事先约定的投资计划和方式进行投资和资产管理的业务活动。

例题7 综合理财服务与理财顾问服务的重要区别是( )。(单项选择题)

A. 综合理财服务是商业银行在理财顾问服务的基础上为客户提供的一种个性化、综合化服务

B. 在综合理财服务活动中，客户授权银行代表客户按照合同约定的投资方向和方式，进行投资和资产管理，投资收益与风险由客户或客户与银行按照约定方式获取或承担

C. 综合理财服务中，银行可以让客户承担一部分风险

D. 在综合理财服务活动中，商业银行不可以向目标客户群销售理财计划

答案 B

解析 综合理财服务与理财顾问服务的一个重要区别是：在综合理财服务活动中，客户授权银行代表客户按照合同约定的投资方向和方式进行投资和资产管理，投资收益与风险由客户或客户与银行按照约定方式获取或承担。

例题8 下列对综合理财服务的理解，正确的选项是( )。(单项选择题)

A. 综合理财服务中，银行将承担所有的风险

B. 与综合理财服务相比，理财顾问服务更强调个性化

C. 私人银行业务属于综合理财服务中的一种

D. 私人银行业务属于个人理财业务

答案 C

解析 综合理财服务进一步分为理财计划和私人银行业务，其中私人银行业务的服务对象主要是高净值客户，属于个人理财业务的范畴，因此D选项错误，C选项正确。综合理财服务中，投资收益与风险由客户或客户与银行按照约定方式获取或承担，因此A选项错误。与理财顾问服务相比，综合理财服务更强调个性化，因此B选项错误。

例题9 下列属于理财顾问服务的业务是( )。(多项选择题)

A. 向客户提供投资建议　　B. 财务分析与规划　　C. 资产业务

D. 个人投资产品推介　　E. 存款业务

答案 ABD

解析 理财顾问服务是指商业银行向客户提供的财务分析与规划、投资建议、个人投资产品推介等专业化服务，资产业务和存款业务是商业银行的传统业务。

例题10 下列关于理财顾问服务的说法，正确的有( )。(多项选择题)

A. 客户寻求理财顾问服务的唯一目的是为了追求收益最大化

B. 银行通过理财顾问服务实现客户关系管理目标，进而提高银行经营业绩

C. 商业银行在理财顾问服务中不涉及客户财务资源的具体操作，只提供建议

D. 商业银行提供理财顾问服务追求的是和客户建立一个长期的关系，不能只追求短期的收益

E. 理财顾问服务要求能够兼顾客户财务的各个方面

答案 BCDE

解析 客户寻求顾问服务的根本目的是实现人生目标中的经济目标，管理人生财务风险，降低对

财务状况的焦虑，进而实现财务自由，A项错误。B是银行提供理财顾问服务的目的，CDE分别是理财顾问服务的顾问性、长期性和综合性，均为正确选项。

例题11 下列业务中服务内容最为全面的是( )。(单项选择题)

A. 理财业务　　　　B. 财富管理业务　　　　C. 私人银行业务　　　　D. 综合服务业务

答案 C

解析 银行往往根据客户类型进行业务分类。按照这种分类方式，理财业务可分为理财业务(服务)、财富管理业务(服务)和私人银行业务(服务)三个层次，银行为不同客户提供不同层次的理财服务。其中私人银行业务服务内容最为全面，除了提供金融产品外，更重要的是提供全面的服务。

第2节 银行个人理财业务的发展和现状

考点4 个人理财业务的发展和现状

1. 国外银行个人理财业务的发展和现状

个人理财最早在美国兴起，并且首先在美国发展成熟。大致经历以下几个阶段。

(1) 20世纪30～60年代是个人理财业务的萌芽时期，个人理财业务主要是为保险产品和基金产品的销售服务。这一时期没有出现完全独立意义上的个人理财业务，它的主要特征是：个人金融服务的重心都放在了共同基金和保险产品的销售上，几乎没有金融企业为了销售产品而专门建立一个流程来创建与客户的关系、搜集数据和检验数据，因此，也无法确立财务规划、提供不同的方案给客户、实施这些方案并监控方案的执行情况。

(2) 20世纪60～80年代，通常被认为是个人理财业务的形成与发展时期。个人理财业务的主要内容就是合理避税、提供年金系列产品、参与有限合伙(即投资者投资合伙企业但只承担有限责任)以及投资于硬资产(如黄金、白银等贵金属等)。直到1986年，伴随着美国税法的改革以及里根总统时期通货膨胀的显著降低，个人理财业务的视角逐渐全面和广泛，开始从整体角度考虑客户的理财需求。

(3) 20世纪90年代是个人理财业务日趋成熟的时期，许多人涌入个人理财行业。伴随着金融市场的国际化、金融产品的不断丰富和发展，这一时期的个人理财业务不仅开始广泛使用衍生金融产品，而且将信托业务、保险业务以及基金业务等相互结合，从而满足不同客户的个性化需求。

2. 国内银行个人理财业务的发展和现状

20世纪80年代末到90年代是我国商业银行个人理财业务的萌芽阶段，当时商业银行开始向客户提供专业化投资顾问和个人外汇理财服务，但大多数的居民还没有理财意识和概念。从21世纪初到2005年是我国商业银行个人理财业务的形成时期，在这一时期，理财产品、理财环境、理财观念和意识以及理财师专业队伍的建设均取得了显著的进步。中国理财产品规模以每年10%～20%的速度在增长，2005年达到了2 000亿元。

总体上，目前个人理财业务已成为商业银行个人金融业务的重要组成部分，是银行中间业务收入的重要来源。虽然在我国商业银行个人理财业务还是一项新兴的银行业务，尚处于起步发展阶段，个人理财业务的市场环境正在不断规范和完善，但由于其巨大的市场潜力，已被很多商业银行列为零售业务(或个人业务)发展的战略重点之一。

第3节 个人理财业务的影响因素

考点5 影响个人理财业务的宏观因素

1. 政治、法律与政策环境

对于金融机构来说，国家政策对其经营与发展的影响非常显著，其中宏观经济政策对投资理财具有实质性影响，且这种影响具有综合性、复杂性和全面性的特点。

(1) 财政政策。积极的财政政策可以有效地刺激投资需求的增长，从而提高资产价格。

(2) 货币政策。宽松的货币政策有助于刺激投资需求增长、支持资产价格上升；紧缩的货币政策则会抑制投资需求，导致利率上升和金融资产价格下跌。

(3) 收入分配政策。偏紧的收入分配政策会抑制当地的投资需求等，造成相应的资产价格下跌；而偏松的收入政策则会刺激当地的投资需求等，支持相应的资产价格上涨。

(4) 税收政策。影响个人收入中可用于投资的多少，而且通过改变投资的交易成本可以改变投资收益率。

2. 经济环境

(1) 经济发展阶段。

(2) 消费者的收入水平。

(3) 宏观经济状况。反映宏观经济状况的经济指标如下。

① 经济增长速度和经济周期。在经济扩张阶段，个人和家庭应考虑增持成长性好的股票、房地产等资产，特别是买入对周期波动比较敏感的行业的资产，同时降低防御性低的收益资产如储蓄产品等；反之，在经济收缩阶段，应考虑增持防御性资产如储蓄产品、固定收益类产品等，特别是买入对周期波动不敏感的行业的资产，同时降低股票、房产等资产的配置，以规避经济波动带来的损失。经济增长与个人理财策略的关系如表1.1所示。

表1.1 经济增长与个人理财策略

理财产品	预期未来经济增长比较快、处于景气周期		预期未来经济增长放缓、处于衰退周期	
	理财策略调整建议	调整理由	理财策略调整建议	调整理由
储蓄	减少配置	收益偏低	增加配置	收益稳定
债券	减少配置	收益偏低	增加配置	风险较低
股票	增加配置	企业盈利增长可以支撑牛市	减少配置	企业亏损增加可能引发熊市
基金	增加配置	可实现增值	减少配置	面临资产缩水
房产	增加配置	价格上涨	适当减少	市场转淡

② 通货膨胀率。为应付通货膨胀风险，个人和家庭应回避固定利率债券和其他固定收益产品，持有一些浮动利率资产、黄金、外汇，以对自己的资产进行保值。如发生通货紧缩，则情

况正好相反。通货膨胀与个人理财策略的关系如表1.2所示。

表1.2 通货膨胀与个人理财策略

理财产品	预期未来温和通货膨胀		预期未来通货紧缩	
	理财策略调整建议	调整理由	理财策略调整建议	调整理由
储蓄	减少配置	净收益走低	维持配置	收益稳定
债券	减少配置	净收益走低	减少配置	价格下跌
股票	适当增加配置	资金涌入价格上升	减少配置	价格下跌
黄金	增加配置	规避通货膨胀	维持配置	价格稳定

③ 就业率。如就业率较高，个人理财可更多地配置收益比较好的股票、房产等风险资产，反之，则更多配置防御性资产如储蓄产品等。

④ 国际收支与汇率。当一个经济体出现持续的国际收支顺差(或逆差)时，将会导致本币汇率升值(或贬值)，个人理财组合应同时考虑本币理财产品与外币理财产品的搭配，对于外币理财产品的选择还需要考虑不同币种结构的配置问题。汇率变化与个人理财策略的关系如表1.3所示。

表1.3 汇率变化与个人理财策略

理财产品	预期未来本币升值		预期未来本币贬值	
	理财策略调整建议	调整理由	理财策略调整建议	调整理由
储蓄	增加配置	收益将增加	减少配置	收益将减少
债券	增加配置	本币资产升值	减少配置	本币资产贬值
股票	增加配置	本币资产升值	减少配置	本币资产贬值
基金	增加配置	本币资产升值	减少配置	本币资产贬值
房产	增加配置	本币资产升值	减少配置	本币资产贬值
外汇	减少配置	人民币更值钱	增加配置	外汇相对价值高

以上分析是在其他经济指标情况不变的前提下，评估单一经济指标变动对个人理财业务产生的影响。在实务中则要结合多方因素，综合考虑。

3. 社会环境

(1) 社会文化环境。

(2) 制度环境。如养老保险制度、医疗保险制度、其他社会保障制度、教育体制以及住房制度等的变迁。

(3) 人口环境。人口环境对个人理财业务的影响表现在规模与结构两个方面。

4. 技术环境

科学技术对个人理财业务的影响主要体现在：商业银行开发新产品的周期大大缩短，理财产品的网络销售日益普及，可通过网络技术向投资者提供理财产品的相关信息等。

例题12 人口环境对个人理财业务的影响表现在规模与结构两个方面。( )(判断题)

答案 √

解析 人口环境对个人理财业务的影响表现在规模与结构两个方面。人口总量的增长会导致对金融业务和金融产品的需求量增大。除了人口总量对个人理财业务会产生影响，人口的结构对个人理财业务的影响也很显著。人口结构包括自然结构和社会结构两个层面：性别结构和年龄结构是典型的自然结构；民族结构、职业结构和教育结构则属于人口社会结构的范畴。性别、年龄、民族、职业、教育程度不同的消费者，由于在收入、阅历、生活方式、价值观念、风俗习惯、社会活动等方面存在的差异，必然会有不同的金融消费需求和消费方式，因此商业银行在开展理财业务时，必须认真考虑人口环境对个人理财业务的影响。

例题13 对投资理财具有实质性影响的宏观经济政策包括( )。(多项选择题)

A. 财政政策　　　　　B. 货币政策　　　　　C. 收入分配政策　　　　　D. 税收政策

答案 ABCD

解析 对于金融机构来说，国家政策对其经营与发展的影响非常显著，其中宏观经济政策对投资理财具有实质性影响，主要包括财政政策、货币政策、收入分配政策和税收政策等。

例题14 宏观经济政策影响到理财决策的制订和理财服务的开展，下列说法有误的是( )。(单项选择题)

A. 积极的财政政策刺激投资需求，提升房地产的价格

B. 中央银行在公开市场买入国债，能刺激各类资产的价格上升

C. 提高股票交易印花税能刺激股价上涨

D. 降低股票交易印花税能刺激股价上涨

答案 C

解析 证券交易印花税，属于行为税类，根据一笔股票交易成交金额对买卖双方同时计征，提高印花税会加大交易成本，导致股票中的交易需求下降，股价下降。

例题15 经济环境的变化会对个人投资理财策略产生影响，一般而言( )可能导致减少储蓄、增加基金股票配置。(单项选择题)

A. 预期未来通货紧缩　　　　　　　　　　B. 预期未来本币贬值

C. 预期未来利率上升　　　　　　　　　　D. 预期未来经济景气

答案 D

解析 预期未来经济景气，会投资更多的钱到升值幅度比较大的、期望收益较高的金融产品上，而且经济景气可能带来通货膨胀，股票、基金的收益会随经济周期调整，具有保值性；储蓄的利率变动一般较小，在通胀情况下可能导致实际收益下降。

例题16 在通货膨胀条件下( )。(单项选择题)

A. 名义利率才能真实反映资产的投资收益率　　B. 实际利率高于名义利率

C. 个人和家庭的购买力增加　　　　　　　　　D. 固定利率资产贬值

答案 D

解析 根据费雪方程式，实际利率=名义利率-通货膨胀率。通货膨胀条件下，实际利率才能反映真实资产的投资收益。通货膨胀率大于0，实际利率低于名义利率。通货膨胀期间物价上涨，货币实际价值下降，个人和家庭的购买力下降。由于固定利率资产的利率不能随通货膨胀率调整，即名义利率不变，当发生通货膨胀时，其实际利率下降，资产贬值。

考点6　影响个人理财业务的微观因素

对个人理财业务产生直接影响的微观因素主要是金融市场，其影响主要体现在：

(1) 金融市场的竞争程度；

(2) 金融市场的开放程度；

(3) 金融市场的价格机制。

利率水平对理财产品的定价有重要的影响。利率包括法定利率和市场利率，市场利率是市场资金借贷成本的真实反映，而能够及时反映短期市场利率变动的指标有银行间同业拆借利率、国债回购利率等。利率也分为名义利率和实际利率。物价水平不变的前提下，名义利率与实际利率基本一致，否则，应该将名义利率减去通货膨胀率之后才得到实际利率。

收益判断：银行储蓄存款的收益率是利率变动的最直接反映，利率上升则银行储蓄存款产品的收益率同步上升。其他类产品所受的影响相对复杂，一般来说，市场利率上升会引起债券类固定收益产品价格下降，股票价格下跌，房地产市场走低；反之，市场利率下降会引起债券类固定收益产品价格上升，股票价格上涨，房地产市场走高。

利率变化与个人理财策略的关系如表1.4所示。

表1.4　利率变化与个人理财策略

理财产品	预期未来利率水平上升		预期未来利率水平下降	
	理财策略调整建议	调整理由	理财策略调整建议	调整理由
储蓄	增加配置	收益将增加	减少配置	收益将减少
债券	减少配置	面临下跌风险	增加配置	面临上涨机会
股票	减少配置	面临下跌风险	增加配置	面临上涨机会
基金	减少配置	面临下跌风险	增加配置	面临上涨机会
房产	减少配置	贷款成本增加	增加配置	贷款成本降低
外汇	减少配置	人民币回报高	增加配置	外汇利率可能高

例题17　下列是关于市场利率和汇率变化对股票价格的影响，描述正确的是(　　)。(多项选择题)

A. 市场利率下降，则股票的收益率也下降，从而股价下降

B. 市场利率上升，发行公司的债务负担加重，净利润下降，从而股价下降

C. 市场利率上升，投资者的机会成本上升，对股票的需求增加，股价上升

D. 市场利率上升，投资者的机会成本上升，对股票的需求降低，股价下降

E. 市场利率下降，部分投资者的资金成本降低，增加对股票的需求，股价上涨

答案　BDE

解析　市场利率下降，根据现金流贴现，股票的价格上升了。市场利率上升，投资者的机会成本上升，对股票的需求减少，股价下降。

考点7　影响个人理财业务的其他因素

(1) 客户对理财业务的认知度；

(2) 商业银行个人理财业务定位；

(3) 其他理财机构理财业务的发展；

(4) 中介机构发展水平；

(5) 金融机构监管体制。

第4节 银行个人理财业务的定位

考点8 个人理财业务的定位

个人理财业务的发展对不同主体具有不同的意义，图1.2将分别从客户、商业银行和市场三个层次面对发展个人理财业务的意义进行描述。

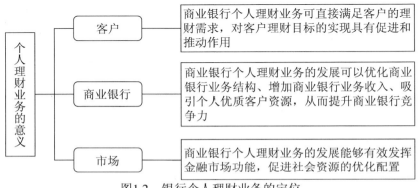

个人理财业务的意义

客户 —— 商业银行个人理财业务可直接满足客户的理财需求，对客户理财目标的实现具有促进和推动作用

商业银行 —— 商业银行个人理财业务的发展可以优化商业银行业务结构、增加商业银行业务收入、吸引个人优质客户资源，从而提升商业银行竞争力

市场 —— 商业银行个人理财业务的发展能够有效发挥金融市场功能，促进社会资源的优化配置

图1.2　银行个人理财业务的定位

第5节 同步强化训练

一、单项选择题

1.《商业银行个人理财业务管理暂行办法》明确规定，(　　)是指商业银行为个人客户提供的财务分析、财务规划、投资顾问、资产管理专业化服务活动。

A. 综合理财业务　　　　　B. 个人理财业务　　　　C. 理财计划　　　　D. 私人银行业务

2. 个人理财业务是建立在(　　)基础之上的银行业务。

A. 法定代理关系　　　　　B. 委托—代理关系　　　C. 存款业务关系　　　D. 贷款业务关系

3. 下列关于个人理财业务和储蓄业务区别的说法，正确的是(　　)。

A. 个人理财业务是银行的负债业务，储蓄是向客户提供的一种服务方式

B. 个人理财业务中资金的运用是定向的，储蓄的资金运用是非定向的

C. 个人理财业务的风险一般是商业银行独立承担的，储蓄的风险是客户承担或者商业银行和客户共同承担的

D. 个人理财业务中客户的资产与商业银行其他资产不严格区分，储蓄财产与商业银行的财产严格区分

4. 商业银行在提供财务分析与规划的基础上，进一步向客户提供投资建议、个人投资产品推介等专业化服务，这是(　　)。

  A. 理财顾问服务　　　　　B. 投资规划　　　　　C. 综合理财规划　　　D. 财务分析

5. 对理财顾问服务的理解不恰当的一项是(　　)。

  A. 在了解客户的财务状况之后，所给出的投资建议会更适合客户个人的情况

  B. 财务规划才是理财顾问服务的核心内容

  C. 为了保证银行的利益，在推介投资产品时只推介所在银行的产品

  D. 动态分析客户财务状况是财务分析的关键

6. 下列关于综合理财服务的说法，不正确的是(　　)。

  A. 综合理财服务是商业银行在理财顾问服务的基础上为客户提供的一种个性化、综合化服务

  B. 在综合理财服务活动中，客户授权银行代表客户按照合同约定的投资方向和方式，进行投资和资产管理

  C. 在综合理财服务活动中，投资收益与风险由客户或客户与银行按照约定方式承担

  D. 在综合理财服务活动中，商业银行不可以向目标客户群销售理财计划

7. 下列对综合理财服务的理解，错误的选项是(　　)。

  A. 综合理财服务中，银行可以让客户承担一部分风险

  B. 与理财顾问服务相比，综合理财服务更强调个性化

  C. 私人银行业务属于综合理财服务中的一种

  D. 私人银行业务不是个人理财业务

8. 理财计划具有明确的目标客户，对此理解错误的是(　　)。

  A. 开发理财计划这类产品需基于对特定客户群体的需求特征的研究分析

  B. 理财计划用来投资与管理客户的资金

  C. 为了银行的利益，从业人员在销售理财计划时可以向客户承诺理财计划的收益

  D. 购买非保本浮动收益理财计划的客户，其承担的风险最大

9. 下列不属于影响理财计划的经济因素是(　　)。

  A. 失业率　　　　　　　　B. 经济增长率　　　　　C. 理财目标　　　　D. 通货膨胀水平

10. 宏观经济政策对投资理财具有实质性的影响，下列说法正确的是(　　)。

  A. 法定存款准备金率下调，利于刺激投资增长

  B. 某地区贫富差距变大，私人银行业务不易开展

  C. 国家减少财政预算，会导致资产价格的提升

  D. 在股市低迷时期，提高印花税可以刺激股市反弹

11. 中央银行的货币政策影响到客户理财目标的实现，对此，下列说法正确的是(　　)。

  A. 央行提高法定存款准备金率时能够活跃金融市场，理财产品价格上升

  B. 央行提高再贴现率影响到货币市场基金的收益，使其价格上升

  C. 央行在公开市场售出政府债券，会促使债券型理财产品的收益率下降

  D. 央行宽松的货币政策能刺激投资需求、支持资产价格上涨

12. 关于通货膨胀对个人理财的影响，以下说法错误的是(　　)。

  A. 储蓄投资的实际利率可能是负值

B. 固定收益的理财产品会贬值

C. 持有外汇是应对通货膨胀的一种有效手段

D. 股票是浮动收益的，所以一定能应对通货膨胀的负面影响

13. 在通货膨胀预期很强时，下列理财决策有误的是(　　)。

A. 将资金购买定期储蓄存款　　　　　B. 卖出资产组合中的一部分

C. 适当增加资产组合中股票的比重　　　D. 购置房地产

14. 当人民币有很强的升值压力时，理财人员给出的理财建议不恰当的是(　　)。

A. 增加国债的配置量　　　　　　　　B. 投资房地产

C. 继续持有外汇　　　　　　　　　　D. 购买人民币资产

15. 在开放经济体系下，下列关于一个经济体的国际收支状况和货币汇率的变动及其对个人理财策略的影响说法错误的是(　　)。

A. 一个经济体出现持续的国际收支顺差时，将会导致本币汇率升值

B. 个人理财组合应同时考虑本币理财产品与外币理财产品的搭配

C. 对于外币理财产品的选择还需要考虑不同币种结构的配置问题

D. 一个经济体出现持续的国际收支逆差时，将会导致本币汇率升值

16. 市场利率下降的影响是(　　)。

A. 债券价格下降　　　　　　　　　　B. 股票价格下降

C. 房地产市场走低　　　　　　　　　D. 储蓄产品收益降低

二、多项选择题

1. 关于社会环境对个人理财的影响，下列叙述正确的有(　　)。

A. 在一个开放、进步、文明的社会文化环境下，个人理财业务的发展空间非常广阔

B. 社会保障体系、教育体系等的改革对商业银行的个人理财业务产生了深远的影响

C. 人群的文化水平与知识结构对个人理财也有一定的影响

D. 教育支出日益成为家庭理财规划的重要内容

E. 法律环境决定了个人理财行为的形式和个人理财行为的手段

2. 关于个人理财以下说法正确的有(　　)。

A. 个人理财业务服务的对象是个人和家庭

B. 个人理财业务是一般性业务咨询服务

C. 个人理财业务主要侧重于咨询顾问和代客理财服务

D. 个人理财业务是建立在委托代理关系基础之上的银行业务

E. 个人理财业务是一种个性化、综合化服务

3. 按照管理运作方式的不同，个人理财业务可以划分为(　　)。

A. 理财顾问服务　　　B. 产品营销服务　　　C. 综合理财服务

D. 理财计划服务　　　E. 私人银行服务

4. 理财顾问服务的特点是(　　)。

A. 营销性　　　　　　B. 专业性　　　　　　C. 综合性

D. 制度性　　　　　　　　　　E. 长期性

5. 与理财顾问服务相比，综合理财服务的特点体现在(　　)。

A. 综合理财服务是商业银行向客户提供的财务分析与规划、投资建议、个人投资产品推介等综合的专业化服务

B. 综合理财服务活动中是客户授权银行代表客户按合同约定的投资方式和方向，进行投资和资产管理

C. 在综合理财服务中所产生的投资收益和风险由客户自行承担

D. 综合理财服务更强调个性化的服务

E. 按照服务的对象不同，综合理财业务可以进一步划分为私人银行业务和理财计划两个类别

6. 按照客户对象不同，综合理财服务可以划分为(　　)。

A. 理财顾问服务　　　　B. 产品营销服务　　　　C. 综合理财服务

D. 理财计划　　　　　　E. 私人银行业务

7. 关于私人银行业务，下列说法正确的有(　　)。

A. 是一种向富人及其家庭提供的系统理财业务

B. 不限于为客户提供投资理财产品，还包括替客户进行个人理财等，但不包括法律、子女教育等专业顾问服务

C. 目的是通过全球性的财务咨询及投资顾问，达到保存财富、创造财富的目标

D. 核心是个人理财，实际是混业业务

E. 产品与服务的比例比一般理财业务中的比例小

8. 收入分配政策是国家针对居民收入水平高低、收入差距大小在分配方面制定的原则和方针，偏松的收入分配政策会(　　)。

A. 刺激投资需求增长　　　　　　　　B. 导致利率水平下降

C. 刺激股市反弹　　　　　　　　　　D. 抑制房地产价格上涨

E. 私人银行业务发展空间凸显

9. 对个人理财业务造成影响的经济环境因素包括(　　)。

A. 货币政策　　　　　　B. 消费者收入水平　　　　C. 通货膨胀

D. 国际收支　　　　　　E. 失业保险制度

10. 关于宏观经济状况对个人理财策略的影响描述中，正确的有(　　)。

A. 在经济增长比较快时，个人和家庭应考虑买入对周期波动比较敏感的行业资产

B. 在经济扩张阶段，特别是成长性、高投机性股票价值表现良好

C. 当经济处于景气周期时，个人和家庭应考虑增持固定收益类产品

D. 当经济增长较快时，应减持股票、房产等资产避免经济波动造成损失

E. 当经济衰退时，企业亏损，股票的收益和价值显著下降，可能引发熊市

11. 下列有关投资的说法中，错误的是(　　)。

A. 经济繁荣时，应适当增持存款、债券，减少股票、房产等投资

B. 经济衰退时，增加长期储蓄和债券

C. 经济繁荣时，增加长期储蓄和债券

D. 萧条期面临转折时，应适当减少储蓄逐步转向股票、房产等投资

E. 经济收缩期，应转向投资对周期波动敏感的行业

12. 经济周期不同阶段的特征能够有效地反映在各个经济变量上。下列各项属于是经济扩张阶段的特征有( )。

　　A. GDP快速增长，工业产值提高，就业率上升，个人可支配收入增加

　　B. 企业普遍盈利，股票价值增加，证券投资的收益率提高

　　C. 股票的收益和价值显著下降

　　D. 个人和家庭应考虑增持成长性好的股票、房地产等资产

　　E. 个人和家庭应买入对周期波动不敏感的行业的资产

13. 在开放经济体系下，一国持续出现国际收支顺差，导致本币升值的情况下，会选择的投资策略是( )。

　　A. 增加储蓄　　　　　B. 减少债券配置　　　　C. 增加股票配置

　　D. 增加基金配置　　　E. 减少外汇配置

14. 以下会对个人理财业务的发展产生影响的因素有( )。

　　A. 允许国内投资者投资港股　　　　　　B. 财政部发行特别国债

　　C. 医疗制度改革深入　　　　　　　　　D. 股指期货的推出

　　E. 人口老龄化

15. 一般来说，不考虑其他因素的变化，市场利率的上升会引起( )。

　　A. 储蓄收益率增加，增加储蓄配置　　　B. 股票面临下跌风险

　　C. 固定收益品价格上升，增加债券配置　　D. 房地产贷款成本增加，房产市场走低

　　E. 人民币回报高，减持外汇

三、判断题

1. 目前，个人理财业务仍处于发展阶段，还不算商业银行的重要业务。( )

2. 我国当前的个人理财业务就是银行理财人员根据客户的资产状况和风险承受能力为客户提供专业的投资建议，帮助客户合理而科学地将资产投资到金融产品中，实现个人资产保值增值。( )

3. 个人理财业务按照管理运作方式不同分为理财顾问服务和综合理财服务。( )

4. 我国《商业银行法》明确规定商业银行不得从事证券业务，同时利率尚未完全市场化，在这样的市场环境和经营环境下，商业银行开发销售理财产品面临的约束较多，潜在法律风险大。( )

5. 商业银行为销售储蓄存款产品、信贷产品等进行的产品介绍、宣传和推介等一般性业务咨询活动，均属于理财顾问服务。( )

6. 在商业银行开展的理财顾问服务活动中，商业银行提供理财顾问服务，管理和运用资金并承担由此产生的收益和风险。( )

7. 综合理财计划按照服务对象的不同，分为私人银行业务和理财计划。( )

8. 在综合理财服务活动中，客户授权银行代表客户按照合同约定的投资方向和方式，进行投资和资产管理，投资收益与风险由银行承担。( )

9. 理财计划是一种向高净值客户提供的综合理财业务，通过全球性的财务咨询及投资顾问，达到财富保值、增值、继承、捐赠等目标。( )

10. 理财计划的服务理念是根据客户个性化的需求为客户量身定做产品和服务，通过客户资产的全球

配置，降低风险，从而达到财富保值和增值的目的。（　　）

11. 在经济增长比较快、处于扩张阶段时，个人和家庭应考虑增持成长性好的股票、房地产等资产，特别是买入对周期波动比较敏感的行业的资产，同时适当增加防御性低收益资产如储蓄产品等，以规避经济波动带来的损失。（　　）

12. 在严重通货膨胀的条件下，持有股票、外汇、黄金和其他国外资产可能成为较为理想的保值选择。（　　）

13. 若本币大幅贬值，则持有一定比例的外汇资产可以减小本币贬值的影响。（　　）

14. 金融市场最主要的交易机制是价格机制。（　　）

15. 实际利率的精确值是名义利率与通货膨胀率的差。（　　）

16. 一般来说，市场利率上升会引起债券类固定收益产品价格上升，股票价格上涨，房地产市场走高。（　　）

答案与解析

一、单项选择题

1. 答案与解析　B

本题考核《商业银行个人理财业务管理暂行办法》对个人理财业务的定义：个人理财业务是指商业银行为个人客户提供的财务分析、财务规划、投资顾问、资产管理等专业化服务活动。

2. 答案与解析　B

个人理财业务是建立在委托—代理关系基础之上的银行业务，是一种个性化、综合化的服务活动。

3. 答案与解析　B

B项个人理财业务中的资金运用是按照理财合同的约定进行的，储蓄的运用方向不固定，正确。A项储蓄是银行的负债业务，个人理财业务是银行向客户提供的一种服务。C项个人理财业务的风险一般是由客户自己承担或银行和客户共同承担。D项储蓄是银行的一项负债，个人理财业务中客户的资产与银行其他资产严格区分。

4. 答案与解析　A

理财顾问服务是指商业银行向客户提供的财务分析和财务规划、投资建议、个人投资产品推介等专业化的服务。

5. 答案与解析　C

推介投资产品时应根据客户的需要推荐。

6. 答案与解析　D

综合理财服务可划分为理财计划和私人银行业务两类，其中理财计划是商业银行针对特定目标客户群体进行的个人理财服务。

7. 答案与解析　D

综合理财服务进一步分为理财计划和私人银行业务，其中私人银行业务的服务对象主要是高净值客户，属于个人理财业务的范畴。

8. 答案与解析　B

理财计划是指商业银行在对潜在目标客户群分析研究的基础上，针对特定目标客户群开发、设计并销售的资金投资和管理计划，A项正确。应该把理财计划理解为一种理财产品，计划中仅规定了收益情况、风险、产品特点、权利义务等，而不是具体的操作计划，B项错误。C项正确，如保证收益理财计划。D项不保本也不保收益，所以风险最大。

9. 答案与解析　C

就业率(失业率)、经济增长率和通货膨胀水平属于影响理财计划的宏观经济状况因素，理财目标不属于影响理财计划的经济因素。

10. 答案与解析　A

A项法定准备金率下调属于宽松的货币政策，能够增加银行可用于贷放的资金，扩大信贷规模，增加货币供应量，降低利率，从而降低投资成本，刺激投资；B项贫富差距变大，会使该地区部分人财富大量积累，成为富人，而私人银行业务的对象主要是富人及其家庭，贫富差距有利于该业务开展；C项国家减少财政预算，政府支出减少，资产需求减少，资产价格下降；D项印花税提高会增加交易成本，加重股市的低迷。

11. 答案与解析　D

提高法定存款准备金率会使得市场上的货币减少，金融市场的需求降低，金融市场理财产品的价格会下降；提高再贴现率会导致银行存贷款利率上升，货币供应量减少，会导致货币市场资金的需求下降，从而价格下降；公开售出政府债券，会导致债券供应量上升，债券发行人为卖出债券，会提高债券收益率，从而债券型理财产品的收益率上升。

12. 答案与解析　D

预期未来温和通货膨胀，应减少债券、储蓄的配置，适当增加股票的配置，但当通货膨胀较严重时，股票也不能应对通货膨胀的负面影响。

13. 答案与解析　A

预期未来经济景气，应投资更多的钱到升值幅度比较大的、期望收益较高的金融产品上。通货膨胀时期，股票、基金以及房地产的收益会随经济周期调整，具有保值性；储蓄、国债等固定收益投资的利率变动一般较小，在通胀情况下可能导致实际收益下降。

14. 答案与解析　C

人民币有升值压力，表明我国经济态势良好，经济增长较快。此时应当投资回报率较高的资产(如股票、房地产)，同时减持外汇，增加人民币资产的持有。C项继续持有外汇，当人民币升值由压力变为现实时，投资者会因外币的相对贬值遭受损失。

15. 答案与解析　D

一个经济体出现持续的国际收支顺差时，将会导致本币汇率升值，逆差时，将会导致本币汇率贬值。

16. 答案与解析　D

银行储蓄存款的收益率是利率变动的最直接反映，利率上升则引起银行储蓄存款产品的收益率同步上升。市场利率下降会引起债券类固定收益产品价格上升，股票价格上涨，房地产市场走高。

二、多项选择题

1. 答案与解析　ABCDE

以上选项说法皆正确，本题的最佳答案为ABCDE选项。

2. 答案与解析　ACDE

个人理财业务是专业化服务活动，而非一般性业务咨询服务。

3. 答案与解析　AC

个人理财业务的基本分类只有理财顾问服务和综合理财服务两种。

4. 答案与解析　BCDE

理财顾问服务的特点是顾问性、专业性、综合性、制度性和长期性。

5. 答案与解析　BDE

理财顾问服务是商业银行向客户提供的财务分析与规划、投资建议、个人投资产品推介等综合的专业化服务，A项错误。在综合理财服务活动中，投资收益与风险由客户或客户与银行按照约定方式获取或承担，C项错误。

6. 答案与解析　DE

私人银行业务的服务对象主要是富人及其家庭，涉及的业务范围非常广泛；而理财计划是商业银行针对特定目标客户群体进行的个人理财服务，与私人银行业务相比，个性化服务的特色相对弱一些。

7. 答案与解析　ACDE

私人银行业务包括法律、子女教育等专业顾问服务，B项错误。

8. 答案与解析　ACE

偏松的收入分配政策会导致贫富分化加剧，收入水平高的人群会增加，由此带来投资、消费需求高涨，引起利率水平、房地产价格上涨，以及理财需求的增加。

9. 答案与解析　ABCD

E项属于政策性因素。

10. 答案与解析　ABE

经济处于景气周期时应考虑期望收益率比较高的产品，比如说股票、房产，期待它增值；在经济衰退的时候，则应该考虑增持固定收益类产品。A项中对周期波动敏感指的就是在经济增长较快时可能大幅增值的资产。

11. 答案与解析　ACE

经济繁荣时，应增持股票房产等投资，减少存款、债券。这是因为股票和房产的价格是随周期波动的，具有保值性，而存款和债券的收益率一般是固定的。经济收缩时，应投资于对经济周期波动不敏感或者逆周期波动的行业。

12. 答案与解析　ABD

本题可以从各个选项的矛盾之中得出正确答案，只要能够确认经济扩张阶段经济快速增长，其余各项便能够推导出来。

13. 答案与解析　ACDE

本币升值，表明本国经济态势良好，经济增长较快。此时应当投资回报率较高的资产，可以增加储蓄、债券、股票、基金、房产的配置，同时减持外汇，增加人民币资产的持有。

14. 答案与解析　ABCDE

对个人理财业务的发展产生影响的因素有政治、法律与政策环境，经济环境，社会环境。

15. 答案与解析　ABDE

储蓄的收益率会随市场利率升高而升高，否则就无法吸收到储蓄资金，A正确。市场利率是投资股票的机会成本，市场利率上升会导致对股票的需求下降，股价有可能下跌，B正确。根据债券价格计算公式，市场利率上升会使固定收益价格下降，债券发行会减少，C错误。市场利率是贷款的成本和持有人民币的收益，所以DE正确。

三、判断题

1. 答案与解析　×

目前，个人理财业务已经成为商业银行的重要业务之一。

2. 答案与解析　√

3. 答案与解析　√

4. 答案与解析　√

5. 答案与解析　×

理财顾问服务是指商业银行向客户提供财务分析与规划、投资建议、个人投资产品推介等专业化服务。

6. 答案与解析　×

理财顾问业务的风险和收益是由投资者承担的。

7. 答案与解析　√

理财计划是商业银行针对特定目标客户群体进行的个人理财服务，而私人银行业务的服务对象主要是高净值客户，涉及的业务范围更加广泛，与理财计划相比，个性化服务的特色相对强一些。

8. 答案与解析　×

投资收益与风险由客户或者客户与银行按照约定方式承担。

9. 答案与解析　×

私人银行业务是一种向高净值客户提供的综合理财业务，通过全球性的财务咨询及投资顾问，达到财富保值、增值、继承、捐赠等目标。

10. 答案与解析　√

11. 答案与解析　×

在经济增长比较快、处于扩张阶段时，个人和家庭应考虑增持成长性好的股票、房地产等资产，特别是买入对周期波动比较敏感的行业的资产，同时减持防御性低收益资产如储蓄产品等，以分享经济增长成果。

12. 答案与解析　×

在严重通货膨胀的条件下，股票等资产同样也面临贬值，持有外汇、黄金和其他国外资产可能成为较为理想的保值选择。

13. 答案与解析　√

本币贬值即外币升值，外汇资产价值升高可部分抵消本币资产价值的下降。

14. 答案与解析　√

金融市场的基础是价格机制。

15. 答案与解析　×

费雪方程式中实际利率=名义利率−通货膨胀率，这个公式是近似的结果。精确计算公式应当为：(1+名义利率)=(1+实际利率)×(1+通货膨胀率)。

16. 答案与解析　×

一般来说，市场利率上升会引起债券类固定收益产品价格下降，股票价格下跌，房地产市场走低。

第2章

银行个人理财理论与实务基础

　　本章从不同方面介绍了个人理财业务所涉及的一些基本理论和基本观点，并对这些理论在商业银行个人理财中的运用进行了概述。在此基础上，重点介绍了从事个人理财工作所必须掌握的实务基础。其中，理财价值观及风险属性的介绍有助于理财从业人员更好地了解与掌握投资者需求。投资者风险偏好分类及评估是个人理财业务必不可少的一个工作环节。理财业务人员可以对客户的投资行为和特征作出判断，并据此为客户设计理财方案或选择理财产品。

```
                                   ┌─ 生命周期理论★★
                                   ├─ 货币的时间价值★★
              银行个人理财业务理论基础 ─┼─ 投资理论★★★
                                   ├─ 资产配置原理★
                                   └─ 投资策略与投资组合的选择★
银行个人理财理论与实务基础
                                   ┌─ 理财业务的客户准入★
              银行理财业务实务基础 ──┼─ 客户理财价值观与行为金融学★
                                   └─ 客户风险属性★★
```

第1节　银行个人理财业务理论基础

考点1　生命周期理论

1. 生命周期理论的概念

　　生命周期理论指出，个人是在相当长的时间内计划自己的消费和储蓄行为的，在整个生命周期内实现消费的最佳配置。在理财领域，个人的生命周期与家庭的生命周期紧密相连。家庭生命周期在金融理财方面的运用可参照表2.1。

表2.1　家庭生命周期各阶段的理财重点

	家庭形成期	家庭成长期	家庭成熟期	家庭衰老期
夫妻年龄	25～35岁	30～55岁	50～60岁	60岁以后
保险安排	提高寿险保额	以子女教育年金储备高等教育学费	以养老险或递延年金储备退休金	投保长期看护险或将养老险转为即期年金
核心资产配置	股票70%、债券10%、货币20%	股票60%、债券30%、货币10%	股票50%、债券40%、货币10%	股票20%、债券60%、货币20%
	预期收益高，风险适度的银行理财产品	预期收益高，风险适度的银行理财产品	风险低，收益稳定的银行理财产品	风险低，收益稳定的银行理财产品
信贷运用	信用卡、小额信贷	房屋贷款、汽车贷款	还清贷款	无贷款或者反按揭

金融理财师可根据其家庭生命周期的流动性、收益性和获利性需求给予资产配置建议。

如流动性需求在客户子女很小和客户年龄很大时较大，在这些阶段，流动性较好的存款和货币基金的比重可以高一些。

家庭形成期至家庭衰老期，随户主年龄的增加，投资股票等风险资产的比重应逐步降低。家庭衰老期的收益性需求最大，因此投资组合中债券比重应该最高。

2. 生命周期在个人理财中的运用

个人生命周期各阶段的理财活动：我们按年龄层把个人生命周期比照家庭生命周期分为6个阶段。各个阶段的特点和理财活动可参照表2.2。

表2.2 个人生命周期各阶段的理财活动

期间	探索期	建立期	稳定期	维持期	高原期	退休期
对应年龄	15～24岁	25～34岁	35～44岁	45～54岁	55～60岁	60岁后
家庭形态	以父母家庭为生活重心	择偶结婚、有学前子女	子女上小学、中学	子女进入高等教育阶段	子女独立	以夫妻两人为主
理财活动	求学深造提高收入	量入为出攒首付钱	偿还房贷筹教育金	收入增加，筹退休金	负担减轻准备退休	享受生活规划遗产
投资工具	活期、定期存款、基金定投	活期存款、股票、基金定投	自用房产投资、股票、基金	多元投资组合(中高风险的组合投资为主要手段)	以保守稳健型投资为主，配以适当比例的进取型投资，多配置基金、债券、储蓄、结构性理财产品，降低风险	固定收益投资
保险计划	意外险、寿险	寿险、储蓄险	养老险、定期寿险	养老险、投资型保单	长期看护险、退休年金	领退休年金至终老

例题1 一般来说，处于( )的投资人的理财理念是避免财富的快速流失，承担低风险的同时获得有保障的收益。(单项选择题)

A. 少年成长期　　　B.青年成长期　　　C.中年稳健期　　　D.退休养老期

答案 D

解析 一般来说，进入六七十岁的退休终老期后，主要的人生目标就是安享晚年，各种社会活动会大大减少，这一时期的主要理财任务就是稳健投资、保住财产，合理支出积蓄的财富以保障退休期间的正常支出。因此，这一时期的投资以安全为主要目标，保本是基本目标，投资组合应以固定收益投资工具为主，如各种债券、债券型基金、货币基金、储蓄等，因为债券本身具有还本付息的特征，风险小、收益稳定，保本之外每年有固定的收益，而且一般债券收益率会高于通货膨胀率。

例题2 个人或家庭在生命周期内综合考虑其( )等因素来决定其目前的消费和储蓄。(多项选择题)

A. 现在收入　　　B. 将来收入　　　C. 可预期开支

D. 工作时间　　　E. 退休时间

答案 ABCDE

解析 ABCDE都是应该考虑的因素。

考点2 货币的时间价值

1. 货币的时间价值概念与影响因素

货币的时间价值概念：一般来说，同等数量的货币或现金流在不同时点的价值是不同的，通常将一定数量的货币在两个时点之间的价值差异称为货币时间价值。

影响货币时间价值的主要因素有：①时间(首要因素)，时间越长，金钱的时间价值越明显；②收益率或通货膨胀率；③单利与复利。

2. 货币的时间价值与利率的计算

(1) 基本参数

现值：货币现在的价值，也即期间发生的现金流在期初的价值通常用PV表示。

终值：货币在未来某个时间点上的价值，也即期间发生的现金流在期末的价值，通常用FV表示。按照单利计算的称为单利终值，按照复利计算的称为复利终值。

时间：金钱货币价值的参照系，通常用t表示。

利率(或通货膨胀率)：即影响金钱时间价值程度的波动要素，通常用r表示。

(2) 现值和终值的计算

单期中的终值：$FV=C_0(1+r)$(C_0是第0期的现金流，r是利率)

单期中的现值：$PV=C_1/(1+r)$(C_1是第1期的现金流，r是利率)

多期中的终值：$FV=PV\times(1+r)^t$，其中$(1+r)^t$是终值复利因子

多期中的现值：$PV=FV/(1+r)^t$，其中$1/(1+r)^t$是现值贴现因子

(3) 复利期间和有效年利率的计算

复利期间：一年内对金融资产计m次复利，t年后，得到的价值是

$FV=C_0\times[1+(r/m)]^{mt}$

有效年利率(EAR)：$FV=C_0\times[1+(r/m)]^{mt}=C_0\times[1+EAR]^t$，故

$EAR=[1+(r/m)]^m-1$

同样的年名义利率，复利频率不同，则有效年利率不同，复利次数增加，有效年利率也会增加，但增加速度会越来越慢。

(4) 年金的计算

年金是在某个特定的时段内一组时间间隔相同、金额相等、方向相同的现金流，通常用PMT表示。年金终值和现值的计算通常采用复利的形式。根据等值现金流发生的时间点不同，年金可分为期初年金和期末年金。

年金现值：$PV=(C/r)\times[1-1/(1+r)^t]$

期初年金现值：$PV_{期初}=(C/r)\times[1-1/(1+r)^t](1+r)$

年金终值：$FV=(C/r)\times[(1+r)^t-1]$

期初年金终值：$FV_{期初}=(C/t)\times[(1+r)^t-1](1+r)$

例题3 在利息不断资本化的条件下，资金时间价值的计算基础应采用(   )。(单项选择题)

A. 单利   B. 复利   C. 年金   D. 普通年金

答案 B

解析 复利是以本金和利息为基数计息，从而产生利上加利、息上添息的收益倍增效应。利息不断资本化时，应当用复利计算。

例题4 影响货币时间价值的首要因素是( )。(单项选择题)

A. 时间 　　　　B. 收益率 　　　　C. 通货膨胀率 　　　　D. 单利与复利

答案 A

解析 影响货币时间价值的主要因素：①时间(首要因素)，时间越长，金钱的时间价值越明显；②收益率或通货膨胀率；③单利与复利。

例题5 货币之所以具有时间价值，是因为( )。(多项选择题)

A. 货币占用具有机会成本 　　　　B. 货币可以满足当前的消费

C. 通货膨胀可能造成货币贬值 　　　　D. 货币可以作为财富的象征

E. 投资可能产生投资风险

答案 ABCE

解析 货币之所以具有时间价值，是因为：①货币可以满足当前消费或用于投资而产生回报，货币占用具有机会成本；②通货膨胀会致使货币贬值；③投资有风险，需要提供风险补偿。

例题6 下列关于货币现值和终值的说法中正确的是( )。(多项选择题)

A. 现值是以后年份收到或付出资金的现在价值

B. 可用倒求本金的方法计算未来现金流的现值

C. 现值与时间成正比例关系

D. 由终值求解现值的过程称为贴现

E. 现值和终值成正比例关系

答案 ABDE

解析 现值与时间成反比例关系，终值与时间成正比例关系。

考点3 投资理论

1. 收益与风险

(1) 持有期收益和持有期收益率

持有期收益(HPR)=当期收益+资本利得

持有期收益率(HPY)=持有期收益额/初始投资

(2) 预期收益率

预期收益率是指投资对象未来可能获得的各种收益率的平均值。人们用预期收益或预期收益率来描述投资人对投资回报的预期。

投资的预期收益率：$E(R_i)=[P_1R_1+P_2R_2+\cdots+P_nR_n]\times100\%=\sum P_iR_i\times100\%$

其中，R_i为投资可能的投资收益率，P_i为投资收益率可能发生的概率。

(3) 风险的测定

风险指资产收益率的不确定性，通常用标准差和方差衡量。

方差：是一组数据偏离其均值的程度，方差越大，数据就越离散，数据的波动就越大。

方差 $=\sum P_i\times[R_i-E(R_i)]^2$

标准差：方差的开平方σ为标准差，即一组数据偏离其均值的平均距离。

变异系数(CV)：描述的是获得单位的预期收益须承担的风险。变异系数越小，投资项目越优。

变异系数 $CV=$ 标准差/预期收益率 $=\sigma_i/E(R_i)$

(4) 必要收益率

必要收益率是指投资某投资对象所要求的最低回报率，真实收益率(货币的纯时间价值)、通货膨胀率和风险报酬三部分构成了投资者的必要收益率，它是进行一项投资可能接受的最低收益率。

(5) 系统性风险和非系统性风险

系统性风险也称宏观风险，是指由于某种全局性的因素而对所有投资品收益都产生作用的风险，具体包括市场风险、利率风险、汇率风险、购买力风险、政策风险等。

非系统性风险也称微观风险，是因个别特殊情况造成的风险，它与整个市场没有关联，具体包括财务风险、经营风险、信用风险和偶然事件风险等。

2. 资产组合理论

(1) 原理：投资者或"证券组合"管理者的意图，是选择若干证券进行组合，以求得单位风险水平上的收益最高，或单位收益水平上的风险最小。

(2) 资产组合的风险和收益：可通过由其构成的单一资产的期望收益率和方差来表达。

(3) 资产组合的收益、风险和相关系数

资产组合P的收益 $r_P=X_Ar_A+X_Br_B$，其中 X_A 和 X_B 为投资于资产A、B的比例，和等于1。r_A 和 r_B 为资产A、B的收益。

资产组合的协方差表示两个变量协同变动的程度，记为

$Cov(R_1，R_2)=E[(R_1-E(R_1))(R_2-E(R_2))]$

如果协方差为正，表明两个变量变动方向趋同，如果协方差为负，表明两个变量变动方向相反。

相关系数表明两个变量的相关关系，可视做协方差的标准化。

相关系数 $\rho_{12}=\dfrac{Cov(R_1，R_2)}{\sigma_1\sigma_2}$，$\rho_{12}\sim[-1，1]$

当 $\rho_{12}=1$ 时，证券1和2是完全正相关的；

当 $\rho_{12}=-1$ 时，证券1和2是完全负相关的；

当 $\rho_{12}=0$ 时，证券1和2是不相关的。

一般而言，由于资产组合中每两项资产间具有不完全的相关关系，随着资产组合中资产个数的增加，资产组合的风险会逐渐降低。但当资产个数增加到一定程度时，资产组合风险的下降将趋于平稳，这时资产组合风险的降低将非常缓慢直至不再降低。组合中资产数目的增加可以减少非系统性风险，那些不随资产数目增加而消除的风险为系统性风险。

(4) 最优资产组合

① 投资者的个人偏好：不同投资者对期望收益率和风险的偏好不同，当风险从 σ_B 增加到 σ_A 时，期望收益率将补偿 $E(r_A)-E(r_B)$，若正好补偿，资产A与B无差异；若超过补偿，A比B好；若不足以补偿，B比A好。

② 无差异曲线：一簇互不相交、向上倾斜的曲线；曲线越陡风险越大；同一曲线上的资产

组合满意度相同；不同曲线位置越高，满意度越高。

③ 最小方差组合：任意给定预期收益有最小的风险，并且任意给定风险水平有最大的预期收益，该资产组合的集合叫马克维茨有效集或有效边缘。其中，最靠近左边的点所代表的组合称为最小方差资产组合，在所有可行的资产组合中，它的风险最小。如图2.1所示。

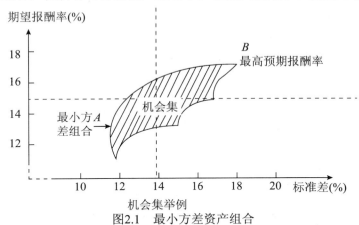

图2.1　最小方差资产组合

④ 最优资产组合的确定：无差异曲线与有效边缘的切点所在的组合为最优资产组合，如图2.2所示。因为B点在所有有效组合中获得最大的满意程度，其他有效边缘上的点都落在B点下方的无差异曲线上。

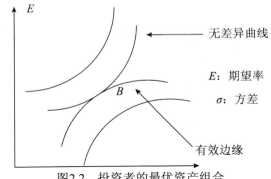

图2.2　投资者的最优资产组合

⑤ 市场组合与资本市场线：任意风险资产可以与无风险资产(通常选择国债)构造资产组合。无风险资产与任意风险资产构造资产组合，将形成一条资本配置线(CAL)，如图2.3所示。在均衡情况下，投资者会选择最陡的一条资本配置线，这条线被称为资本市场线(CML)，如右图中的BD线，资本市场线与有效集的切点D即是市场组合。

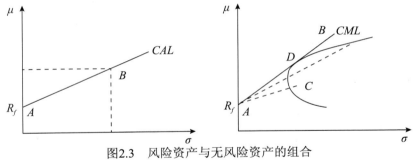

图2.3　风险资产与无风险资产的组合

在一个同质性市场，市场组合D对所有投资者都是一样的，也被称为最优风险资产组合。每个投资者都会在这条资本市场线上选择一点作为自己的资产组合，这一点由无风险资产和市场组合D构造。投资者选择资本市场线上的哪一点取决于他的风险接受程度。特别的，如果投资者的风险偏好为零，他将全部投向无风险资产；如果投资者的风险偏好极高，他将融资从而投资更多的风险资产组合。

(5) 投资组合的管理：投资组合管理的根本任务是对资产组合的选择，即确定投资者认为最满意的资产组合。整个决策过程分为五步，资产分析、资产组合分析、资产组合选择、资产组合评价、调整资产组合。

例题7 假如张先生在去年的今天以每股25元的价格购买了1 000股招商银行股票，过去一年中得到每股0.2元的红利，年底时股票价格为每股30元，则其持有期收益率为(   )。(单项选择题)

A. 20%   B. 10%   C. 20.8%   D. 30%

答案 C

解析 持有期收益率等于持有期间内所获得的收益额与初始投资之间的比率。本题中，持有期收益为[0.2+(30−25)]×1 000=5 200(元)。则持有期收益率为5 200÷25 000×100%=20.8%。

例题8 投资者进行一项投资可能接受的最低收益率是(   )。(单项选择题)

A. 预期收益率   B. 货币时间价值   C. 通货膨胀率   D. 必要收益率

答案 D

解析 必要收益率是指投资某投资对象所要求的最低回报率，也称必要回报率。投资者的必要收益率包括真实收益率(货币的纯时间价值)、通货膨胀率和风险报酬三部分。

例题9 各资产收益的相关性(   )影响组合的预期收益，(   )影响组合的风险。(单项选择题)

A. 会，会   B. 不会，会   C. 不会，不会   D. 会，不会

答案 B

解析 预期收益率等于各资产收益率以所占份额为权数加权平均的结果，资产的相关性不影响组合的预期收益。但是，相关性会影响组合的风险。

■ 考点4　资产配置原理

1. 资产配置概念

资产配置是指依据所要达到的理财目标，按资产的风险最低与报酬最佳的原则，将资金有效地分配在不同类型的资产上，构建达到增强投资组合报酬与控制风险的资产投资组合。资产配置的内容包含投资目标规划、资产类别的选择、资产配置策略与比例配置、定期检视与动态分析调整等。

2. 资产配置的基本步骤

第一步，了解客户属性。

第二步，生活设计与生活资产拨备。家庭投资前的现金储备包括家庭基本生活支出储备金、意外支出储备金、短期债务储备金、短期必需支出。这些费用一般可以选择银行活期、七

天通知存款或半年以内定期存款方式，或者购买货币基金等流动性、安全性好的产品。

第三步，风险规划与保障资产拨备。

第四步，建立长期投资储备。在了解了客户的需求，建立了短期现金储备和中长期保险保障后，客户剩余的资产就是可投资资产，可以用这部分闲置资金来购买理财产品。

第五步，建立多元化的产品组合。向客户推荐符合其风险偏好与资产状况的高、中、低风险的产品比例比较合理的产品组合。

3. 常见的资产配置组合模型

(1) 金字塔形：低风险、低收益资产占50%左右，中风险、中收益资产占30%左右，高风险资产比例最低。安全性、稳定性最佳。

(2) 哑铃形：低风险、低收益资产与高风险、高收益资产比例相当，占主导地位，中风险、中收益资产占比最低。比较平衡，可充分享受黄金投资周期的收益。

(3) 纺锤形：中风险、中收益资产占主体地位，而高风险与低风险资产占比较低。安全性很高，适合成熟市场。

(4) 梭镖形：几乎将所有资产全部放在高风险、高收益的投资市场与工具上。稳定性差，风险度高，但是投资力度强。

例题10 常见的资产配置组合模型中，风险最大的是(   )。(单项选择题)

A. 金字塔形 　　　　 B. 哑铃形 　　　　 C. 纺锤形 　　　　 D. 梭镖形

答案 D

解析 梭镖形的资产配置组合，几乎将所有资产全部放在高风险、高收益的投资市场与工具上，稳定性差，风险度高，但是投资力度强。

考点5　投资策略与投资组合的选择

1. 市场有效性与投资策略的选择

(1) 随机漫步性与市场有效性

随机漫步也称随机游走，是指股票价格的变动是随机的、不可预测的。股价的随机变化正表明了市场是正常运作或者说是有效的。

(2) 市场有效的三个层次

弱型有效市场(历史信息)：股价已经反映了全部能从市场交易数据中得到的信息。

半强型有效市场(公开信息)：证券价格充分反映了所有公开信息。

强型有效市场(内幕信息)：证券价格充分反映了所有信息，包括公开信息和内幕信息。

强型有效市场包含半强型有效市场，半强型有效市场包含弱型有效市场。

(3) 有效市场假定对投资政策的含义

一般来说，如果相信市场无效，投资者将采取主动投资策略；如果相信市场有效，投资者将采取被动投资策略。

2. 理财工具和投资组合的选择

(1) 银行理财产品。产品的开发主体是银行，在充分调查客户的基础上，银行利用自己的投资专业知识，运用不同的基础资产开发出产品风险和收益特征符合客户需求的理财产品。

(2) 银行代理理财产品。产品的开发方主体是第三方，银行在自己的渠道代理销售，包括基金、保险、国债、信托以及一些黄金代理业务等。

(3) 其他理财工具。既不是由银行开发的也不是由银行代理销售的一些理财工具，包括股票、房地产等。

3. 个人资产配置中的三大产品组合

(1) 低风险、高流动性产品组合。一定要配置部分安全性高、流动性好而不追求收益的投资工具与产品组合，包括定活期存款、货币基金、国债等。

(2) 中等风险、中等收益产品组合。对于一些中长期的生活需要，可以通过基金、蓝筹股票、指数投资等建立核心的投资组合。

(3) 高风险、高收益产品组合。适当配置高风险、高收益的产品组合，配置的资产通常是闲置多余资产，一般不超过个人或家庭资产总额的10%。

> **例题11** 不属于个人资产配置中的产品组合的是(　　)。(单项选择题)
> A. 储蓄产品组合　　　B. 消费产品组合　　　C. 投资产品组合　　　D. 投机产品组合
>
> **答案** B
>
> **解析** 资产配置是依据所要达到的理财目标，按资产的风险最低与报酬最佳的原则，将资金有效地分配在不同类型的资产上，构建达到增强投资组合报酬与控制风险的资产投资组合。消费产品不属于资产配置的范围。

第2节 银行理财业务实务基础

考点6 理财业务的客户准入

目前我国法律和监管部门关于对客户的限制除了财产准入门槛外，并没有设立其他限制性条款。银监会于2005年9月29日颁布的《商业银行个人理财业务风险管理指引》中规定保证收益理财计划的起点金额，人民币应在5万元以上，外币应在5 000美元(或等值外币)以上。2009年7月6日颁布的《关于进一步规范商业银行个人理财业务投资管理有关问题的通知》中规定，仅适合有投资经验客户的理财产品的起点金额不得低于10万元人民币(或等值外币)，不得向无投资经验客户销售。2011年8月28日颁布的《商业银行理财产品销售管理办法》进一步对私人银行客户与高资产净值客户进行了明确规定，其中私人银行客户是指金融净资产达到600万元人民币及以上的商业银行客户；高资产净值客户是满足下列条件之一的商业银行客户：

(1) 单笔认购理财产品最低金额不少于100万元人民币的自然人；

(2) 认购理财产品时，个人或家庭金融资产总计超过100万元人民币，且能提供相关证明的自然人；

(3) 个人收入在最近三年内每年收入超过20万元人民币或者夫妻双方合计收入在最近三年内每年收入超过30万元人民币，且能提供相关收入证明的自然人。

考点7　客户理财价值观与行为金融学

1. 理财价值观

① 理财价值观的含义

理财价值观就是客户对不同理财目标的优先顺序的主观评价。客户在理财过程中会产生义务性支出和选择性支出。不同价值观的客户对于选择性支出的顺序选择会有所不同。

② 四种典型的理财价值观

四种典型的理财价值观，其特点及适用的投资品种如表2.3所示，仅供参考。

表2.3　不同理财价值观的特点及投资建议

		后享受型	先享受型	购房型	以子女为中心型
理财特点		储蓄率高	储蓄率低	购房本息支出在收入的25%以上	子女教育支出占一生总收入的10%以上
理财目标		退休规划	目前消费	购房规划	教育金规划
投资建议	投资	平衡型基金投资组合	单一指数型基金	中短期比较看好的基金	中长期表现稳定基金
	保险	养老险或投资型保单	基本需求养老险	短期储蓄险或房贷寿险	子女教育基金

2. 客户的投资行为特征

客户的理财价值观不同不仅体现在客户的理财目标、理财态度上，也体现在具体的投资上。在具体的投资行为上，可以将客户分为以下四类：

(1) 谨慎的投资者，强烈渴望财产安全，厌恶风险，呈现低交易额和低波动，倾向于被动投资策略；

(2) 有计划的投资者，很少感情用事，投资决策保守，但对自己的有计划的投资过程很自信，因而难以给他们建议；

(3) 个人主义的投资者，对自己的能力很自信，与此类投资者沟通，理财师需要注意传递观点的策略；

(4) 冲动的投资者，追求热点投资使得他们的投资组合呈现高频交易的特征。

例题12　理财价值观就是客户对不同理财目标的优先顺序的主观评价，下列关于理财价值观的说法，错误的是(　　)。(单项选择题)

A. 理财价值观因人而异

B. 理财规划师的责任在于改变客户错误的价值观

C. 客户在理财过程中会产生义务性支出和选择性支出

D. 根据对义务性支出和选择性支出的不同态度，可以划分为后享受型、先享受型、购房型和以子女为中心型四种比较典型的理财价值观

答案　B

解析　理财师的责任不在于改变投资者的价值观，而是让投资者了解在不同价值观下的财务特征和理财方式，故选项B错误。

考点8 客户风险属性

1. 客户的风险识别

一些缺少专业知识的客户，需要理财业务人员帮助其识别理财活动所面临的各类风险。因此，客户的风险识别是个人理财业务实务基础之一。

2. 影响客户投资风险承受能力的因素

(1) 年龄。一般而言，客户年龄越大，所能够承受的投资风险越低。

(2) 受教育情况。一般的，风险承受能力随着受教育程度的增加而增加。

(3) 收入、职业和财富规模。收入水平与风险承受能力正相关；高收入者无暇理财但有强烈需求，中等收入者对理财较有兴趣并一般厌恶风险，低收入者对储蓄存款的搭配感兴趣；绝对风险承受能力随财富的增加而增加，相对风险承受能力与财富多少没有必然联系。

(4) 资金的投资期限。投资期限长则可承受的风险能力就较强。影响投资风险的因素主要有景气循环、复利效应和投资期限。投资时间越长，平均报酬率越稳定，越可选择短期内风险较高的投资工具。

(5) 理财目标的弹性。理财目标弹性越大，可承受的风险也越高；若时间短且完全无弹性，则采取存款以保本保息是最佳选择。

(6) 主观风险偏好。

(7) 其他影响因素。客户的性别、家庭情况和就业状况等都会对风险承受能力产生影响。

3. 风险偏好和投资风格分类

(1) 客户风险态度分类(如表2.4所示)

表2.4 客户风险态度分类

类型	对风险的态度	特点	投资工具	对待客户策略
风险厌恶型	不愿为增加收益而承担风险，非常注重资金安全	多为缺少时间和专业知识打理投资事务的人	主要选择储蓄存款和政府债券	应为其选择储蓄、债券、保险等安全性高的投资工具
风险偏爱型	愿意为获取高收益而承担高风险，重视风险分析和回避	多为拥有雄厚资金、冒险精神、心态乐观、投资技巧熟练、家庭无后顾之忧的人	主要选择风险大、收益率高，投机成分重的产品，如股票、期货等	应为其列出所有可能的风险及损失程度，并叮嘱投资时要遵循组合设计的最大风险止损原则
风险中立型	有一定的冒险精神，不满足于平均收益，但对太高的风险也望而生畏	对资金的安全要求：收回等于或大于投入的本金数额，还要保持本金原有价值不变。完全接受通货膨胀的风险。		

(2) 根据风险偏好的客户分级

在实际理财业务过程中，商业银行往往按照人们的主观风险偏好类型和程度将投资者的理财风格分为五种类型，如表2.5所示。

表2.5 客户风险偏好的分类及风险评估

类型	特点	投资选择及风险评估
进取型	相对年轻、有专业知识技能、敢于冒险、家庭负担较轻	敢于投资高风险、高收益的产品与投资工具，追求更高的收益和资产的快速增值，对投资损失有很强的承受能力
成长型	有一定资产基础、知识水平，风险承受能力较高	愿意承受一定风险，追求较高的投资收益，往往选择开放式股票基金、大型蓝筹股票等适合长期持有，即有较高收益、风险较低的产品

(续表)

类型	特点	投资选择及风险评估
平衡型	投资理性，寻找风险适中、收益适中的产品	往往选择房产、黄金、基金等投资工具
稳健型	偏向保守，以临近退休的中老年人士为主	选择既保本又有较高收益机会的结构性理财产品
保守型	老年人群，低收入家庭，成员较多、负担较重的大家庭，性格保守的客户	往往选择国债、存款、保本型理财产品、货币与债券基金等低风险、低收益的产品

4. 客户风险评估

(1) 评估的目的：帮助客户认识自我，以作出客观的评估和明智的决策。

(2) 常见的评估方法：定性方法和定量方法、客户投资目标、对投资产品的偏好、概率和收益的权衡。

(3) 评估内容：中国银行业协会制定了《商业银行理财客户风险评估问卷基本模版》，涵盖客户财务状况、投资经验、投资风格、投资目标和风险承受能力五大模块。

例题13　保守型的投资者通常不会选择的投资理财工具是(　　)。(单项选择题)

　　A. 储蓄　　　　　　　　B. 国债　　　　　　　　C. 保本型理财产品　　　D. 期货

答案　D

解析　保守型的投资者风险承受能力很低，而期货的投资风险相对较大，一般不会被选择。

例题14　同样是以10万元进行投资理财，有人选择购买长期国债，有人选择外汇保证金交易，两种截然不同的选择，是因为各自有不同的(　　)。(单项选择题)

　　A. 风险预期　　　　　　　　　　　　B. 风险偏好

　　C. 风险认知度　　　　　　　　　　　D. 实际风险承受能力

答案　B

解析　相同的投资资金，有人选择了高风险的投资产品，有人选择了低风险的投资产品，这是由于人们的风险偏好不同。

第3节　同步强化训练

一、单项选择题

1. 下列对家庭生命周期各个阶段资产的特征陈述有误的一项是(　　)。

A. 家庭形成期：可积累的资产有限，成员年轻，可承受较高的投资风险

B. 家庭成长期：可积累的资产逐年增加，要开始控制投资风险

C. 家庭成熟期：可积累的资产达到巅峰，要逐步增加投资风险，为退休后的生活作准备

D. 家庭衰老期：变现资产来应付退休后的生活费开销，投资应以固定收益工具为主

2. 根据家庭生命周期理论，下列对各个阶段保险安排说法不恰当的是(　　)。

A. 家庭形成期提高健康险保额，压低寿险保额

B. 家庭成长期以子女教育年金储备高等教育学费

C. 家庭成熟期以养老险或递延年金储备退休金

D. 家庭衰老期投保长期看护险或将养老险转为即期年金

3. 根据家庭生命周期理论，下列说法正确的是(　　)。

A. 流动性需求在客户子女很小时较大，在此阶段，流动性较好的存款和货币基金的比重可以高一些

B. 流动性需求在客户处于家庭成熟期时最大，在此阶段，流动性较好的存款和货币基金的比重应当高一些

C. 家庭形成期至家庭衰老期，投资债券等风险资产的比重应逐步降低

D. 家庭衰老期的收益性需求最大，因此投资组合中股票比重应该最高

4. 在家庭生命周期过程中，(　　)时期通常比较适合用高成长性和高投资的投资工具。

A. 家庭形成期　　　　B. 家庭成长期　　　　C. 家庭成熟期　　　　D. 家庭衰老期

5. 在人的生命周期过程中，(　　)时期通常比较适合用高成长性和高投资的投资工具。

A. 探索期　　　　　　B. 建立期　　　　　　C. 高原期　　　　　　D. 退休期

6. 根据生命周期理论，个人在稳定期的理财特征为(　　)。

A. 愿意承担一些高风险投资

B. 尽可能多地储备资产、积累财富

C. 保证本金安全，风险承受能力差，投资流动性较强

D. 妥善管理好积累的财富，降低投资风险

7. 下列对生命周期各个阶段的特征陈述有误的一项是(　　)。

A. 银行存款比较适合探索期的客户存放富余的消费资金

B. 处于建立期的理财客户通常的理财理念是追求快速增加资本积累

C. 当理财客户处于稳定期时，其理财策略是最保守的

D. 退休期的客户在理财时应当注重于资产价值的稳定性而非增长性

8. 周氏夫妇目前都是50岁左右，有一个儿子在读大学，拥有各类型积蓄共50万元，夫妇俩准备65岁时退休。根据生命周期理论，理财客户经理给出的以下理财分析和建议不恰当的是(　　)。

A. 周氏夫妇的收入增加，开始筹集退休金

B. 周氏夫妇应将全部积蓄投资于收益稳定的银行定期存款，为将来养老作准备

C. 周氏夫妇应当利用共同基金、人寿保险等工具为退休生活做好充分的准备

D. 中高风险的组合投资可以作为周氏夫妇的投资选择

9. 下列关于客户风险偏好的类型及其风险评估的说法中正确的是(　　)。

A. 成长型的客户一般敢于投资股票、期权等高风险、高收益的产品与投资工具，对投资的损失也有很强的承受能力

B. 进取型的客户往往选择开放式股票基金、大型蓝筹股票等长期持有，即有较高收益、风险较低的产品

C. 平衡型的客户往往以临近退休的中老年人士为主，喜欢选择既保本又有较高收益机会的结构性理财产品

D. 稳健型的客户对风险的关注更甚于对收益的关心，更愿意选择风险较低而不是收益较高的产品

10. 下列关于资金的投资期限说法错误的是( )。

A. 影响投资风险的主要因素有景气循环、复利效应、投资期限等

B. 金融市场的长期波动难以预测，盈亏很难通过技术操作来控制

C. 投资若没有经过一定时期所产生的复利效应，一旦亏损就会导致理财目标无法实现

D. 同一种投资工具的风险，可通过延长投资时间来降低，因此投资期限越长越可选择短期内风险较高的投资工具

11. 某项目初始投资1 000元，年利率8%，期限为1年，每季度付息一次，按复利计算则其1年后本息和为( )元。

A. 1 082.43　　　　　B. 1 098.05　　　　　C. 1 076.22　　　　　D. 11 256

12. 李先生将1 000元存入银行，银行的年利率是5%，按照单利计算，5年后能取到的总额为( )。

A. 1 250元　　　　　B. 1 050元　　　　　C. 1 200元　　　　　D. 1 276元

13. 李先生拟在5年后用20 000元购买一台电脑，银行年复利率为12%，此人现在应存入银行( )。

A. 12 000元　　　　　B. 13 432元　　　　　C. 15 000元　　　　　D. 11 349元

14. 某人将一张3个月后到期、面值为2 000元的无息票据以年单利5%贴现，则能收回的资金为( )。

A. 1 980元　　　　　B. 1 975.3元　　　　　C. 1 976.2元　　　　　D. 1 988元

15. 某结构性理财产品年利率为5%，承诺按季度支付利息且使用复利计算法。李先生计划通过购买该理财产品为3年后支出的8 900元储备资金，则李先生应当在现在至少花( )资金购买该理财产品。

A. 7 660元　　　　　B. 7 670元　　　　　C. 7 680元　　　　　D. 7 690元

16. 复利现值与复利终值的确切关系是( )。

A. 正比关系　　　　　　　　　　　　　B. 反比关系

C. 互为倒数关系　　　　　　　　　　　D. 同比关系

17. 年金终值和现值的计算通常采用( )的形式。

A. 单利　　　　　　　B. 复利　　　　　　　C. 贴现　　　　　　　D. 折现

18. 许先生打算10年后积累15.2万元用于子女教育，下列( )组合在投资报酬率为5%的情况下无法实现这个目标。

A. 整笔投资5万元，再定期定额每年投资6 000元

B. 整笔投资2万元，再定期定额每年投资10 000元

C. 整笔投资4万元，再定期定额每年投资7 000元

D. 整笔投资3万元，再定期定额每年投资8 000元

19. 投资本金20万元，在年复利5.5%的情况下，大约需要( )年可使本金达到40万元。

A. 14.40　　　　　　B. 109　　　　　　C. 150　　　　　　D. 14.21

20. 某人每年年末投资1万元，假定投资回报率为12%，30年后该投资价值将达( )。

A. 240万元　　　　　B. 220万元　　　　　C. 150万元　　　　　D. 230万元

21. 张先生以1 000元进行投资，年利率为12%，每半年计息一次，则该投资的有效年利率是( )。

A. 12.24%　　　　　B. 12.36%　　　　　C. 12.52%　　　　　D. 12.68%

22. 李先生投资100万元于项目A，预期名义收益率10%，期限为5年，每季度付息一次，则该投资项目有效年利率为( )。

A. 2.01%　　　　　　B. 12.5%　　　　　　C. 10.38%　　　　　D. 10.20%

23. 假如你有一笔资金收入，若日前领取可得10 000元，而3年后领取则可得15 000元。如果当前你有一个投资机会，年复利收益率为20%。则下列说法正确的是(　　)。

A. 目前领取并进行投资更有利
B. 3年后领取更有利
C. 目前领取并进行投资和3年后领取没有差别
D. 无法比较何时领取更有利

24. 某投资者年初以每股10元的价格购买某股票1 000股，年末该股票的价格上涨到每股11元，在这一年内，该股票按每10股10元(税后)方案分派了现金红利，那么，该投资者该年度的持有期收益率是(　　)。

A. 10%　　　　　　　B. 20%　　　　　　　C. 30%　　　　　　　D. 40%

25. 假设未来经济有四种可能状态：繁荣、正常、衰退、萧条，对应发生的概率是0.3、0.35、0.1、0.25，某理财产品在四种状态下的收益率分别是50%、30%、10%、−20%，则该理财产品的期望收益率是(　　)。

A. 20.4%　　　　　　B. 20.9%　　　　　　C. 21.5%　　　　　　D. 22.3%

26. 某投资者购买了50 000美元利率挂钩外汇结构性理财产品(一年按360天计算)，该理财产品与LIBOR挂钩，协议规定，当LIBOR处于2%～2.75%时，给予高收益率6%；若任何一天LIBOR超出2%～2.75%，则按低收益率2%计算。若实际一年中LIBOR在2%～2.75%为90天，则该产品投资者的收益为(　　)美元。

A. 750　　　　　　　B. 1 500　　　　　　C. 2 500　　　　　　D. 3 000

27. 李先生计划通过投资实现资产增值的目标，在不考虑通货膨胀的条件下要求的最低收益率为13%，假定通货膨胀率为6%，则考虑通货膨胀之后李先生要求的最低收益率是(　　)。

A. 17.6%　　　　　　B. 19%　　　　　　　C. 19.78%　　　　　　D. 20.23%

28. 买入债券后持有一段时间，又在债券到期前将其出售而得到的收益率为(　　)。

A. 直接收益率
B. 到期收益率
C. 持有期收益率
D. 赎回收益率

29. 由于某种全局性的因素引起的股票投资收益的可能性变动，这种因素对市场上所有股票收益都产生影响的风险是(　　)。

A. 政策风险　　　　　B. 信用风险　　　　　C. 利率风险　　　　　D. 系统性风险

30. 证券投资基金通过多样化的资产组合，可以分散资产的(　　)。

A. 系统性风险
B. 市场风险
C. 非系统性风险
D. 政策风险

31. 影响股票价格的因素是股票投资风险之源，其中系统性风险可由(　　)因素引起。

A. 发行公司的盈利水平
B. 发行公司的股息政策变动
C. 发行公司管理层变动
D. 央行调高再贴现率

32. 以下(　　)风险不属于债券的系统性风险。

A. 政策风险
B. 经济周期波动风险
C. 利率风险
D. 信用风险

33. 投资组合决策的基本原则是(　　)。

A. 收益率最大化
B. 风险最小化
C. 期望收益最大化
D. 给定期望收益条件下最小化投资风险

34. 下列关于资产配置的基本步骤顺序正确的是(　　)。

A. 了解客户属性→生活设计与生活资产拨备→建立长期投资储备→风险规划与保障资产拨备→建立多

元化的产品组合

B. 了解客户属性→生活设计与生活资产拨备→风险规划与保障资产拨备→建立长期投资储备→建立多元化的产品组合

C. 了解客户属性→建立长期投资储备→生活设计与生活资产拨备→建立多元化的产品组合→风险规划与保障资产拨备

D. 了解客户属性→生活设计与生活资产拨备→风险规划与保障资产拨备→建立多元化的产品组合→建立长期投资储备

35. 下列关于资产配置组合模型的风险大小由低到高排列正确的是(　　)。

A. 梭镖形→纺锤形→哑铃形→金字塔形　　　　B. 纺锤形→哑铃形→梭镖形→金字塔形

C. 金字塔形→哑铃形→纺锤形→梭镖形　　　　D. 梭镖形→金字塔形→纺锤形→哑铃形

36. 相信市场有效的投资人通常会采取(　　)。

A. 主动投资策略　　　　　　　　　　　　　B. 被动投资策略

C. 积极投资策略　　　　　　　　　　　　　D. 技术分析投资策略

37. 某客户购房，本息支出占收入25%以上，牺牲目前与未来的享受换得自己的房子，则此客户的理财价值观属于(　　)。

A. 先享受型　　　　　B. 后享受型　　　　　C. 购房型　　　　　D. 以子女为中心型

38. 持有后享受型理财价值观客户的理财目标是(　　)。

A. 退休规划　　　　　B. 目前消费　　　　　C. 购房规划　　　　　D. 教育金规划

二、多项选择题

1. 家庭生命周期可以划分为(　　)阶段。

A. 家庭形成期　　　　　B. 家庭成长期　　　　　C. 家庭成熟期

D. 家庭稳定期　　　　　E. 家庭衰老期

2. 下列各项属于家庭生命周期中家庭成熟期特征的是(　　)。

A. 理财策略简单，多使用银行存款

B. 投资组合中增加高成长性的和高风险的投资工具

C. 风险厌恶程度提高，追求稳定收益

D. 理财投资的目标通常是适度增加财富

E. 投资策略稳健，多选择高信用等级的债券、优先股等

3. 章先生现年55岁，多年从事金融事业，年收入为10万元，随着退休年龄的到来，工作越来越轻松，子女已经成家立业。最近股指期货推出后，章先生想通过各种渠道参与其中的交易。不仅如此，章先生已有多年的权证、转债等证券投资经验并乐在其中。对此，根据生命周期理论，下列评价恰当的是(　　)。

A. 章先生的风险厌恶系数比较低

B. 章先生正处于高原期

C. 为了在老年时期生活过得更美满，章先生应当把更多的精力和资源用于养老规划

D. 章先生不应该参与到期货、权证等金融衍生工具的交易活动中

E. 章先生应当适当地将一部分资金转移到风险较低的债券和存款当中

4. 根据生命周期理论，个人在稳定期的理财特征为(   )。

A. 理财任务是尽可能多地储备资产、积累财富

B. 要做好投资规划与家庭现金流规划，以防范疾病、意外、失业等风险

C. 考虑定期定额基金投资等方式，利用投资的复利效应和长期投资的时间价值积累财富

D. 适当节约资金，大量增加高风险的金融投资

E. 考虑以活期、定期存款为主，适当增加基金定投

5. 刘氏夫妇是一对年轻人，准备在未来5年内购买一套住房，为此愿意压缩日常享乐性活动等开支。对于刘氏夫妇，理财规划师提出的(   )建议比较合理。

A. 中短期比较看好的基金　　　　　　　　B. 中长期表现稳定的基金

C. 平衡型基金投资组合　　　　　　　　　D. 短期储蓄险

E. 房贷、寿险

6. 在为客户设计保险规划时，以下说法错误的是(   )。

A. 单身期客户，可以不考虑购买保险产品

B. 家庭形成期客户，应侧重家庭经济支柱的保险

C. 家庭成长期客户，需要从整个家庭风险角度选择保险产品

D. 退休期客户，应该提高保险额度

E. 退休期客户，应该提高保险种类

7. 下列关于影响客户投资风险承受能力的因素，说法正确的有(   )。

A. 一般而言，客户年龄越大，所能够承受的投资风险越低

B. 投资时间越长，平均报酬率越稳定，越可选择短期内风险较低的投资工具

C. 理财目标时间短且完全无弹性，则采取存款以保本保息是最佳选择

D. 相对风险承受能力一般随财富的增加而增加

E. 绝对风险承受能力一般随财富的增加而增加

8. 下列对客户风险偏好的分析，正确的有(   )。

A. 进取型客户相对年轻，有专业知识技能，敢于投资高风险、高收益的产品与投资工具，追求更高的收益和资产的快速增值，对投资损失有很强的承受能力

B. 成长型客户投资理性，往往选择房产、黄金、基金等投资工具

C. 平衡型客户有一定资产基础、知识水平，风险承受能力较高，往往选择开放式股票基金、大型蓝筹股票等适合长期持有、既可以有较高收益、风险也相对较低的产品

D. 稳健型客户偏向保守，以临近退休的中老年人士为主，选择既保本又有较高收益机会的结构性理财产品

E. 保守型客户往往选择国债、存款、保本型理财产品、投资连结保险、货币与债券基金等低风险、低收益的产品

9. 下列关于货币时间价值的计算，错误的是(   )。

A. 本金的现值为1 000元，年利率为3%，期限为3年，如果每季度计算一次复利，则两年后本金的终值是1 090.20元

B. 某理财客户在未来10年内能在每年期初获得1 000元，年利率为8%，则10年后这笔年金的终值为14 486.56元

C. 某理财客户在未来10年内能在每年期末获得1 000元，年利率为8%，则10年后这笔年金的终值为15 645.49元

D. 以10%的利率借款100 000元投资于某个寿命为10年的设备，每年要收回16 200元现金才是有利的

E. 6年分期付款购房，每年初付50 000元，若银行利率为10%，该项分期付款相当于一次现金支付的购价是239 550元

10. 关于货币的时间价值，以下说法正确的是(　　)。

A. 货币时间价值的存在使得等额的货币在不同时间有不同的价值

B. 计算终值时，单利算法的结果要大于复利算法的结果

C. 货币时间价值是持有现金的机会成本

D. 复利计息法比单利计息法更能体现货币的时间价值的理念

E. 时间是影响货币时间价值的首要因素，时间越长，金钱的时间价值越明显

11. 货币时间价值中计算终值所必须考虑的因素有(　　)。

A. 本金　　　　　　　　B. 年利率　　　　　　C. 年数

D. 到期债务　　　　　　E. 股票价格

12. 根据货币的时间价值理论，影响现值大小的因素主要有(　　)。

A. 市盈率　　　　　　　B. 投资年限　　　　　C. 资产/负债比率

D. 投资收益率　　　　　E. 通货膨胀率

13. 张先生计划3年后购买一辆价值16万元的汽车，因此他现在开始每年年初存入50 000元的现金为定期存款，年利率为4%，下列说法正确的有(　　)。

A. 以单利计算，第三年年底的本利和是162 000元

B. 以复利计算，第三年年底的本利和是162 323元

C. 张先生的理财规划能够实现

D. 张先生购买汽车的理财规划属于短期目标

E. 张先生购买汽车的理财规划属于中期目标

14. 以下的现金流入可以看做年金的有(　　)。

A. 每月从社保部门领取的养老金　　　　　　B. 从保险公司领取的养老金

C. 每个月定期定额缴纳的房屋贷款月供　　　　D. 基金的定额定投

E. 每月固定的房租

15. 假设投资者有一个项目：有70%的可能在一年内让他的投资加倍，30%可能让他的投资减半，则下列说法正确的是(　　)。

A. 该项目的期望收益率是55%　　　　　　　B. 该项目的期望收益率是40%

C. 该项目的收益率方差是54.25%　　　　　　D. 该项目的收益率方差是84%

E. 该项目是一个无风险套利机会

16. 下列关于投资风险测定中常用的衡量指标，说法正确的是(　　)。

A. 风险是指资产收益率的不确定性，通常可以用标准差和方差进行衡量

B. 方差是一组数据偏离其均值的程度，方差越大，数据就越离散，数据的波动就越大

C. 方差是一组数据偏离其均值的程度，方差越大，数据就越聚合，数据的波动就越小

D. 方差的开平方为标准差，即一组数据偏离其均值的平均距离

E. 变异系数描述获得单位的预期收益须承担的风险，变异系数越大，投资项目越优

17. 股票投资的系统性风险包括( )。

A. 经营风险   B. 利率风险   C. 社会政治风险

D. 汇率风险   E. 宏观经济风险

18. 下列( )带来的股票投资风险属于非系统性风险。

A. CPI上涨   B. 发行公司发新股增加资本额   C. 公司高层人事变动

D. 股票分割   E. 央行在公开市场大量售出政府债券

19. 股票投资会使投资者承担多种风险，其中属于非系统性风险的是( )。

A. 经营风险   B. 财务风险   C. 市场风险

D. 信用风险   E. 货币政策风险

20. 下列关于市场有效性的说法正确的是( )。

A. 股价的随机变化表明了市场是有效的

B. 股价的随机变化表明了市场是无效的

C. 一般来说，如果相信市场无效，投资者将采取被动投资策略

D. 如果相信市场有效，投资者将采取主动投资策略

E. 强型有效市场包含半强型有效市场，半强型有效市场包含弱型有效市场

21. 关于组合投资降低风险，以下说法正确的是( )。

A. 组合投资一定能降低风险

B. 组合投资能在不降低期望收益率的条件下降低风险

C. 组合投资能降低风险，在统计上是因为两个资产收益率的相关系数小于1

D. 相同的随机冲击对不同的资产收益率产生的影响是不同甚至相反的，所以可以组合投资降低风险

E. 以上说法都是正确的

22. 客户在理财过程中产生的义务性支出包括( )。

A. 日常生活基本开销   B. 已有负债的本利偿还支出

C. 购买高档车支出   D. 已有保险的续期保费支出

E. 子女就读私立学校的费用支出

23. 在进行投资前，一定要预留一部分资金用于生活保障，建立生活储备金，家庭投资前的现金储备包括( )几个方面。

A. 家庭基本生活支出储备金   B. 意外支出储备金

C. 短期债务储备金   D. 短期必需支出   E. 长期机动支出

三、判断题

1. 根据家庭生命周期理论，家庭成熟期的资产特点是可积累的资产逐年增加，要开始控制投资风险。( )

2. 家庭形成期的收益性需求最大，因此投资组合中债券比重应该最高。( )

3. 处于建立期的个人必须加强现金流管理，多储蓄，科学合理安排各项日常收支，适当节约资金进行

高风险的金融投资，如股票、基金、外汇、期货投资。（　　）

4. 处于退休期的理财客户的理财理念通常是避免财富的快速流失，承担低风险的同时获得有保障的收益。（　　）

5. 不同价值观的客户对于义务性支出的顺序选择会有所不同。（　　）

6. 对于先享受型客户可以提出购买平衡型基金投资组合，养老险或投资型保单的投资建议。（　　）

7. 报酬率上下限的差异随着投资期限的延长而越来越小，这说明投资时间越长，平均报酬率越稳定，因此投资期限越长越可选择短期内风险较低的投资工具。（　　）

8. 理财目标的弹性越大，可承受的风险也越高。若理财目标时间短且完全无弹性，则采取存款以保本保息是最佳选择。（　　）

9. 相对风险承受能力由一个人投入到风险资产的财富金额来衡量，一般随财富的增加而增加。（　　）

10. 货币的时间价值表明一定量的货币距离终值时间越远，利率越高，终值越大；一定数量的未来收入距离当期时间越远，贴现率越高，现值越小。（　　）

11. "存款有息"，这是货币时间价值的体现。（　　）

12. 方差是一组数据偏离其均值的程度，方差越大，这组数据就越聚合，数据的波动也就越小。（　　）

13. 同样的年名义利率，复利频率不同，则有效年利率不同，复利次数增加，有效年利率也会增加，但增加速度会越来越快。（　　）

14. 货币的时间价值表明，一定量的货币距离终值时间越远，利率越高，终值越大；一定数量的未来收入距离当期时间越近，贴现率越高，现值越小。（　　）

15. 方差和标准差刻画的是随机变量可能值与期望值的偏离程度，所以可以用来衡量金融投资的风险。（　　）

16. 金融资产的未来收益率是一个随机变量，所以其期望值并不是投资者将一定获得的收益率。（　　）

17. 金融资产的期望收益率是过去各期实际收益率的平均值。（　　）

18. 真实收益率(货币的纯时间价值)、通货膨胀率和预期收益率三部分构成了投资者的必要收益率，它是进行一项投资可能接受的最低收益率。（　　）

19. 多元化投资策略可以有效地降低风险，直到消除所有风险。（　　）

20. 随机漫步也称随机游走，是指股票价格的变动是随机且不可预测的，这种随机性表明股票市场是非理性的。（　　）

21. 市场有效性假定意味着只要市场达到弱有效，技术分析将毫无可取之处。（　　）

22. 基本面分析是利用公司的公开信息如盈利和红利前景、未来利率的预期及公司风险的评估来决定适当的股票价格。市场有效性假定认为，如果市场是次强有效，股价已反映了所有的公开信息，那么基本面分析将是徒劳的。（　　）

23. 在进行资产配置时，应当为客户进行生活设计并拨备生活资产，即客户进行投资前，一定要预留一部分资金用于生活保障，建立家庭基本生活保障储备，此后，即可将余钱用于投资。（　　）

24. 金字塔形资产配置组合模型几乎将所有资产全部放在高风险、高收益的投资市场与工具上。稳定性差，风险度高，但是投资力度强。（　　）

25. 个人资产配置中，中等风险、中等收益资产组合配置的资产通常是闲置多余资产，一般不超过个人或家庭资产总额的10%。（　　）

答案与解析

一、单项选择题

1. 答案与解析 **C**

家庭成熟期可积累的资产达到巅峰，要逐步降低投资风险，准备退休。

2. 答案与解析 **A**

家庭形成期应提高寿险保额。

3. 答案与解析 **A**

流动性需求在客户子女很小和客户年龄很大时较大，在这些阶段，流动性较好的存款和货币基金的比重可以高一些，A项正确，B项错误。家庭形成期至家庭衰老期，随户主年龄的增加，投资股票等风险资产的比重应逐步降低，实际上可以适当增加债券投资，家庭衰老期的收益性需求最大，投资组合中债券比重应该最高，CD两项都不正确。

4. 答案与解析 **A**

家庭形成期可积累的资产有限，成员年轻，可承受较高的投资风险，通常比较适合用高成长性和高资的投资工具。

5. 答案与解析 **B**

探索期可适当参与、尝试一些投资工具的操作；建立期可以适当节约资金进行高风险的金融投资；高原期则以稳健的方式使资产得以保值增值；退休期的主要理财任务就是稳健投资保住财产，合理支出积蓄的财富以保障退休期间的正常支出。

6. 答案与解析 **B**

由于处于稳定期时面临着未来的子女教育、父母赡养、自己退休三大人生重任，主要的理财任务是尽可能多地储备资产、积累财富。

7. 答案与解析 **C**

退休期的理财策略是最保守的。

8. 答案与解析 **B**

周氏夫妇目前是处于维持期，离退休尚有一定年份，需要积累财富用于儿子上大学和退休养老，定期存款虽然稳定但收益低，不能满足他们的需要，而且也没有必要将全部积蓄都存定期，中高风险的组合投资可以作为主要投资手段。

9. 答案与解析 **D**

进取型的客户一般敢于投资股票、期权等高风险、高收益的产品与投资工具，对投资的损失也有很强的承受能力；成长型的客户往往选择开放式股票基金、大型蓝筹股票等长期持有；平衡型的客户既不厌恶风险也不追求风险，对任何投资都比较理性，往往会仔细分析不同的投资市场、工具与产品，从中寻找风险适中、收益适中的产品，获得社会平均水平的收益，同时承受社会平均风险。稳健型的客户总体来说对风险的关注更甚于对收益的关心，更愿意选择风险较低而不是收益较高的产品。

10. 答案与解析　B

金融市场的短期波动难以预测，盈亏很难通过技术操作来控制。若投资时间长，则可跨过几个循环周期，可选择景气周期高峰时卖出得利。

11. 答案与解析　A

复利计算公式，本息和=$1\,000 \times (1+8\% \div 4)^4$=$1\,082.43$(元)。

12. 答案与解析　A

本题考核单利的计算。$1\,000 \times (1+5\% \times 5)$=$1\,250$(元)。

13. 答案与解析　D

根据复利计算公式，本息和=本金$\times (1+$年复利利率$)^t$，t为投资年限，则$20\,000$=本金$\times (1+12\%)^5$，本金约为$11\,349$元。

14. 答案与解析　C

现值=$2\,000/(1+5\%)$；后3个月的利息作相应的扣除，后3个月的利息=现值$\times 5\% \times 3/12$=23.8元，用$2\,000$元的终值扣除后3个月的利息即得到能收回的资金额，即$2\,000-23.8$。答案为C。

15. 答案与解析　C

本题仍然是计算现值。现值=$8\,900/[(1+5\%/4)]^{4 \times 3}$。

16. 答案与解析　A

多期中的复利终值(FV)=现值(PV)$\times (1+r)^t$，故为正比关系。

17. 答案与解析　B

年金终值和现值的计算通常采用复利的形式。

18. 答案与解析　C

根据复利和先付年金终值的计算公式可以算出各项在10年后的本利和。以C项为例，整笔投资4万元，10年后变为$40\,000 \times (1+5\%)^{10}$，每年投资$6\,000$元，10年后的本利和$\sum 6\,000 \times (1+5\%)^t$，$t$=1，2，3，…，10，将二者相加，比较结果与15.2万元的大小即可。

19. 答案与解析　B

根据复利计算公式，本息和=本金$\times (1+$年复利利率$)^t$，t为投资年限，把题中数值带入后，得投资年限约为13年。

20. 答案与解析　A

年金终值=1万$\times (1-12\%)^{30}/(1-12\%)$=240万元。

21. 答案与解析　B

本题考核有效年利率的计算。根据公式$EAR=[1+(r/m)]^{m-1}$，即$[1+(\frac{0.12}{2})]^2-1$=12.36%，EAR=12.36%。

22. 答案与解析　C

本题考核有效年利率的计算。该项目的有效年利率实际上是按照复利计算的年利率。设有效年利率为R，则$100 \times (1+R)^5$=$100 \times (1+10\%/4)^{4 \times 5}$，计算得R=10.38%。

23. 答案与解析　A

假如当前领取$10\,000$元进行投资，3年后可领取$10\,000 \times (1+20\%)^3$=$17\,280$(元)。目前领取比3年后领取拿到的钱更多。

24. 答案与解析　B

本题考核持有期收益率的计算。持有期收益率(HPY)=持有期收益额/初始投资。每股派发红利1元，股票价格上涨1元，持有期收益率=(红利+资本利得)/购买价格=2/10=20%。

25. 答案与解析　C

本题考核预期收益率。期望收益率等于各种状态下收益率的加权平均：$0.3 \times 50\%+0.35 \times 30\%+0.1 \times 10\%+0.25 \times (-20\%)$。

26. 答案与解析　B

本题考核投资收益的计算。根据题意，该项投资收益=$50\,000 \times 6\% \times 90/360+50\,000 \times 2\% \times 270/360=1\,500$美元。

27. 答案与解析　C

本题的要点在于应当把投资收益的通货膨胀率也算进去。

28. 答案与解析　C

持有期收益率(HPY)，是指投资者在持有投资对象的一段时间内所获得的收益率，它等于这段时间内所获得的收益额与初始投资之间的比率。

29. 答案与解析　D

本题考核系统性风险的概念。

30. 答案与解析　C

投资分散化可以降低资产的非系统性风险，即单个资产的特殊风险，在多样化的投资组合中，每种单个资产的风险可以相互抵消或降低。系统性风险，不能通过分散投资相互抵消或者削弱，又称为不可分散风险。

31. 答案与解析　D

系统性风险，是由那些影响整个金融市场的风险因素所引起的，这些因素包括经济周期、国家宏观经济政策的变动等。ABC都只是发行公司的个别因素，只能引起该公司的风险，为非系统性风险。D项才能够影响整个市场的状况。

32. 答案与解析　D

信用风险又称违约风险，指债券发行人不能按期还本付息的风险，取决于债券的发行人，因此是非系统性风险。

33. 答案与解析　D

投资组合决策的基本原则是资产的风险最低与报酬最佳，即D选项。

34. 答案与解析　B

本题考查资产配置的基本步骤，可以理解记忆。

35. 答案与解析　C

本题考查资产配置组合模型，可以理解记忆。

36. 答案与解析　B

相信市场有效的投资人认为证券价格充分反映了所有信息，包括公开信息和内幕信息，因此主动管理基本是白费力气，于是通常采取被动投资策略。

37. 答案与解析　C

持有购房型理财价值观客户的理财特点是购房本息支出在收入25%以上，理财目标是购房规划。

38. 答案与解析　A

持有后享受型理财价值观客户的理财特点是储蓄率高，理财目标是退休规划。

二、多项选择题

1. 答案与解析　ABCE

注意表述的准确性，无D选项的表述。

2. 答案与解析　CDE

家庭成熟期收入达到巅峰，支出逐渐降低，是准备退休金的黄金时期，因此，不宜采用银行存款占比较高的简单理财策略，同时应当逐步降低投资风险，准备退休。根据这一特点可知答案应为CDE。

3. 答案与解析　ABCE

根据章先生的年龄和家庭成员的情况可以判断章先生正处于高原期，其具有多年的投资经验并且多年从事金融事业，风险厌恶系数比较低，AB两项正确。因为老年将至，C项表述正确。由于章先生已有多年的权证、转债等证券投资经验并乐在其中，因此可以参与期货、权证等金融衍生工具的交易活动，D项错误。

4. 答案与解析　ABC

一般而言，处于建立期的青年人可适当节约资金用于高风险的金融投资，但对于稳定期的人而言要大量增加高风险的金融投资则不大恰当，D项不选。E项一般适用于处于探索期的客户。

5. 答案与解析　ADE

刘氏夫妇应属于购房型客户，其理财目标在于非远期的购房规划，因此，中长期的财务投资以及平衡型的投资组合均不甚适合。

6. 答案与解析　ADE

单身期一样要购买保险，比如意外险和寿险。退休期客户可以投保长期看护险或将养老险转为即期年金，但不必提高保险额度和种类。

7. 答案与解析　ACE

投资时间越长，平均报酬率越稳定，越可选择短期内风险较高的投资工具，B项错误。绝对风险承受能力由一个人投入风险资产的财富金额来衡量，一般随财富的增加而增加，而相对风险承受能力由一个人投入风险资产的财富比例来衡量，其未必随财富的增加而增加，D项错误。

8. 答案与解析　ADE

成长型客户有一定资产基础、知识水平，风险承受能力较高，愿意承受一定风险，追求较高的投资收益，往往选择开放式股票基金、大型蓝筹股票等适合长期持有，即可以有较高收益、风险也相对较低的产品；平衡型客户投资理性，往往选择房产、黄金、基金等投资工具。BC两项的表述颠倒了，是错误的。

9. 答案与解析　ABC

A项，两年后本金的终值$=1\,000\times(1+0.75\%)^8=1\,061.6$(元)，年利率为3%，则季利率为0.75%。

B项，按照先付年金终值计算公式，10年后这笔年金终值$=\sum 1\,000 \times (1+8\%)^t = 15\,645.49$(元)，$t=1$，2，3，…，10。

C项，按照后付年金终值计算公式，10年后这笔年金的终值$=1\,000 \times (1+8\%)^t = 14\,486.56$(元)，$t=0$，1，2，3，…，9。

D项是计算年金的现值问题，$PV = \sum 16\,200/(1+10\%)^t$，$t=1$，2，3，…，10，得出$PV = 100\,000$(元)。

同理，E项，$PV = \sum 50\,000/(1+10\%)^t = 239\,550$元，$t=0$，1，2，3，4，5。

10. 答案与解析　ACDE

由于复利是将上一期的收益计入下一期的本金，因此，计算终值时，复利算法的结果要大于单利算法的结果。

11. 答案与解析　ABC

货币时间价值的终值是指货币在未来某个时间点上的价值，其计算以本金为基数，根据利率和经过的年数来计算，因此本题的正确答案为ABC。

12. 答案与解析　BD

根据公式现值$=\sum$各期现金流$\div (1+R)^N$（R为投资收益率，N为投资年限），正确选项为BD。

13. 答案与解析　ABCE

以单利计算，第三年年底的本利和$=50\,000 \times (1+3 \times 4\%) + 50\,000 \times (1+2 \times 4\%)^2 + 50\,000 \times (1+4\%) = 162\,000$(元)；以复利计算，第三年年底的本利和$=50\,000 \times (1+4\%)^3 + 50\,000 \times (1+4\%)^2 + 50\,000 \times (1+4\%) = 162\,323$(元)；购买汽车的理财规划属于中期目标。故选项ABCE正确。

单利计算就是用本金加上各期的利息，利息等于本金乘以利率；复利计算就是把每期收到的利息计入本金，作为计算下一期利息的基础。

14. 答案与解析　ABCDE

年金是在某个特定的时段内一组时间间隔相同、金额相等、方向相同的现金流，五项均符合。

15. 答案与解析　AC

该项目的预期收益率应当等于各种可能的收益率以其概率为权数的加权平均。投资加倍即收益率为100%，投资减半即收益率为-50%。则预期收益率$E(Ri) = [100\% \times 70\% + (-50\%) \times 30\%] \times 100\% = 55\%$，A项正确。方差$=70\% \times (1-0.55) + 30\% \times (0.5-0.55) = 0.3$。方差不为0，该项目不是无风险的。

16. 答案与解析　ABD

方差是一组数据偏离其均值的程度，方差越大，数据就越离散，数据的波动就越大；变异系数描述获得单位的预期收益须承担的风险，变异系数越小，投资项目越优。因此，CE两项错误。

17. 答案与解析　BCDE

A项属于非系统性风险。

18. 答案与解析　BCD

AE两项会影响整个市场上所有的投资产品，属于系统性风险，BCD只是特定公司的行为，只是会影响该公司的风险。

19. 答案与解析　ABD

系统性风险是影响整个市场的风险，非系统性风险是影响个别市场参与者的风险。ABD都是取决于某一特殊的企业的，而CE则是能够影响整个市场的风险因素。

20. 答案与解析　AE

股价的随机变化表明了市场是正常运作或者说是有效的，B项错误。一般来说，如果相信市场无效，投资者将采取主动投资策略；如果相信市场有效，投资者将采取被动投资策略，CD两项混淆了，均错误。AE两项表述正确。

21. 答案与解析　BCD

组合投资可以适当控制风险但并不一定降低风险。

22. 答案与解析　ABD

义务性支出也称强制性支出，包括：①日常生活基本开销；②已有负债的本利偿还支出；③已有保险的续期保费支出。

23. 答案与解析　ABCD

家庭投资前的现金储备包括家庭基本生活支出储备金、意外支出储备金、短期债务储备金、短期必须支出等。长期机动支出一般不作为必须的现金储备。

三、判断题

1. 答案与解析　×

根据家庭生命周期理论，家庭成长期的资产特点是可积累的资产逐年增加，要开始控制投资风险；家庭成熟期的资产特点是可积累的资产达到巅峰，要逐步降低投资风险，准备退休。

2. 答案与解析　×

家庭衰老期的收益性需求最大，因此投资组合中债券比重应该最高。在家庭形成期的投资组合中，股票类的比重应该较高，债券可以占较小的比重。

3. 答案与解析　√

这一时期有沉重的理财任务，很容易形成入不敷出的窘境，因此可以适当进行股票等的投资，一方面积累投资经验，另一方面利用年轻人风险承受能力较强的特征博取较高的投资回报。

4. 答案与解析　√

不同阶段的客户其理财理念往往与其自身的特点密切相关，只要分析其所在人生阶段需要面临的问题，不难作出正确判断。

5. 答案与解析　×

不同价值观的客户对于选择性支出的顺序选择会有所不同。

6. 答案与解析　×

对于先享受型客户可以提出购买单一指数型基金，基本需求养老险的投资建议；对于后享受型客户可以提出购买平衡型基金投资组合，养老险或投资型保单的投资建议。

7. 答案与解析　×

报酬率上下限的差异随着投资期限的延长而越来越小，标准差也越来越小，这说明投资时间越长，平均报酬率越稳定。同一种投资工具的风险，可通过延长投资时间来降低，因此投资期限越长越可选择短期内风险较高的投资工具。

8. 答案与解析　√

9. 答案与解析　×

绝对风险承受能力由一个人投入风险资产的财富金额来衡量，一般随财富的增加而增加，而相对风险承受能力由一个人投入风险资产的财富比例来衡量，其未必随财富的增加而增加。

10. 答案与解析　√

时间的长短是影响金钱时间价值的首要因素，时间越长，金钱的时间价值越明显，收益率是决定一笔货币在未来增值程度的关键因素，收益率越高，未来增值越大。

11. 答案与解析　√

12. 答案与解析　×

方差是一组数据偏离其均值的程度，方差越大，这组数据就越离散，数据的波动也就越大；方差越小，这组数据就越聚合，数据的波动也就越小。

13. 答案与解析　×

同样的年名义利率，复利频率不同，则有效年利率不同，复利次数增加，有效年利率也会增加，但增加速度会越来越慢。

14. 答案与解析　×

货币的时间价值表明，一定量的货币距离终值时间越远，利率越高，终值越大；一定数量的未来收入距离当期时间越远，贴现率越高，现值越小。

15. 答案与解析　√

16. 答案与解析　√

17. 答案与解析　×

预期收益率是指投资对象未来可能获得的各种收益率的平均值。

18. 答案与解析　×

真实收益率(货币的纯时间价值)、通货膨胀率和风险报酬三部分构成了投资者的必要收益率，它是进行一项投资可能接受的最低收益率。

19. 答案与解析　×

多元化投资策略可以有效地降低非系统性风险，不能降低系统性风险，因此不能消除所有风险。

20. 答案与解析　×

随机漫步也称随机游走，是指股票价格的变动是随机且不可预测的。股价的随机变化表明了市场是正常运作或者说是有效的。

21. 答案与解析　√

22. 答案与解析　√

23. 答案与解析　×

建立家庭基本生活保障储备后，还不能将余钱用于投资，而应建立各种保险保障，以应对中长期的巨大风险，如失业、疾病、意外、养老等。

24. 答案与解析 ×

梭镖形资产配置组合模型几乎将所有资产全部放在高风险、高收益的投资市场与工具上；稳定性差，风险度高，但是投资力度强。金字塔形资产配置组合模型低风险、低收益资产占50%左右，中等风险、中等收益资产占30%左右，高风险资产比例最低；安全性、稳定性最佳。

25. 答案与解析 ×

个人资产配置中，中等风险、中等收益资产组合的特点是对于一些中长期的生活需要，可以通过基金、蓝筹股票、指数投资等建立核心的投资组合。投资组合中，配置的资产通常是闲置多余资产，一般不超过个人或家庭资产总额的10%。

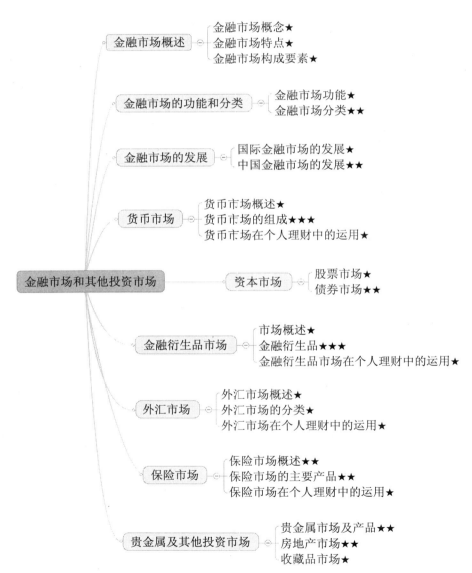

金融市场和其他投资市场

个人理财业务中，从业人员需要深入了解与理财相关的各类投资工具的特征和功能，掌握各类市场运行特点。本章首先简要介绍了金融市场的功能和结构，对国际金融市场和中国金融市场的发展概况进行了综述，在此基础上分类介绍了与个人理财业务有较高关联度的货币市场、资本市场、金融衍生品市场、外汇市场、保险市场、黄金市场等金融市场以及其他投资品市场，如房地产市场、收藏品市场。

```
                            金融市场概念★
               金融市场概述 ─  金融市场特点★
                            金融市场构成要素★

            金融市场的功能和分类 ─  金融市场功能★
                                 金融市场分类★★

              金融市场的发展 ─  国际金融市场的发展★
                             中国金融市场的发展★★

                          货币市场概述★
               货币市场 ─  货币市场的组成★★★
                          货币市场在个人理财中的运用★

金融市场和其他投资市场                  股票市场★
                       资本市场 ─  债券市场★★

                            市场概述★
              金融衍生品市场 ─  金融衍生品★★★
                            金融衍生品市场在个人理财中的运用★

                        外汇市场概述★
               外汇市场 ─  外汇市场的分类★
                        外汇市场在个人理财中的运用★

                        保险市场概述★★
               保险市场 ─  保险市场的主要产品★★
                        保险市场在个人理财中的运用★

                              贵金属市场及产品★★
            贵金属及其他投资市场 ─  房地产市场★★
                              收藏品市场★
```

第1节 金融市场概述

考点1 金融市场概念

金融市场是指以金融资产为交易对象而形成的供求关系及其交易机制的总和。它是金融资产进行交易的有形和无形的"场所",反映金融资产的供求关系,包含金融资产的价格形成机制等交易机制。

考点2 金融市场特点

商品的特殊性,交易价格的一致性,交易活动的集中性,交易主体角色的可变性。

考点3 金融市场构成要素

1. 金融市场的主体

金融市场的主体包括企业、政府及政府机构、中央银行、金融机构、居民个人。其中,企业是金融市场运行的基础,政府主要通过发行债券筹集资金,中央银行参与的主要目的是实现货币政策目标,金融机构是资金融通活动的重要中介机构,居民个人是最大的资金供给者。

2. 金融市场的客体

金融市场的客体是金融市场的交易对象,即金融工具,包括同业拆借、票据、债券、股票、外汇和金融衍生品等。

3. 金融市场的中介

金融市场的中介分为交易中介和服务中介两类。交易中介包括银行、有价证券承销人、证券交易经纪人、证券交易所和证券结算公司等。服务中介本身不是金融机构,如会计师事务所、律师事务所、投资顾问咨询公司和证券评级机构等。

> **例题1** 下列属于金融市场客体的是( )。(单项选择题)
>
> A.居民个人　　　　B.金融机构　　　　C.金融工具　　　　D.会计师事务所
>
> **答案** C
>
> **解析** 金融市场的客体是金融市场的交易对象,即金融工具,包括同业拆借、票据、债券、股票、外汇和金融衍生品等。

第2节 金融市场的功能和分类

考点4 金融市场功能

1. 微观经济功能

融资功能、财富管理功能、避险功能、交易功能。

2. 宏观经济功能

资源配置功能、调节功能、反映功能。

例题2 金融市场常被称为"资金的蓄水池"和"国民经济的晴雨表"，分别指的是金融市场的（　　）。(单项选择题)

A. 集聚功能，资源配置功能　　　　　　B. 财富功能，资源配置功能

C. 集聚功能，反映功能　　　　　　　　D. 财富功能，反映功能

答案 C

解析 集聚功能，金融市场有引导众多分散的小额资金汇聚成投入社会再生产的资金集合功能。反映功能，金融市场常被看做国民经济的"晴雨表"和"气象台"，它是国民经济景气度指标的重要信号系统。

考点5 金融市场分类

金融市场的具体分类，如表3.1所示。

表3.1　金融市场的分类

依据	类别	概念及特点
交易是否有固定场所	有形市场	有固定的交易场所、有专门的组织机构和人员、有专门的设备、有组织的市场。典型的有形市场是交易所
	无形市场	在证券交易所外进行金融资产交易的统称。没有集中、固定的交易场所，通过现代化的电信工具和网络实现交易
金融工具发行和流通特征	发行市场	金融资产首次出售给公众所形成的交易市场，又称一级市场
	二级市场	金融资产发行后在不同投资者之间买卖流通所形成的市场，又称流通市场。它是进行股票、债券和其他有价证券买卖的市场
	第三市场	证券在交易所上市，在场外市场通过交易所会员的经纪人公司进行交易的市场，具有限制少、成本低、清算结算便利的优点
	第四市场	大宗交易者利用电脑网络直接交易的市场，中间没有经纪人的介入
交易的标的物	货币市场	又称短期资金市场，是指专门融通短期资金和交易期限在一年以内(包括一年)的有价证券市场
	资本市场	提供长期(一年以上)资本融通和交易的市场，包括股票市场、中长期债券市场和证券投资基金市场
	金融衍生品市场	以金融衍生工具为交易对象的市场。金融衍生品市场可划分为期货市场、期权市场、远期协议市场和互换市场
	外汇市场	由银行等金融机构、自营交易商、大型跨国企业参与，通过中介机构或电信系统联结，以各种可兑换货币及其衍生产品为买卖对象的交易市场
	保险市场	保险市场以保险单和年金单的发行与转让为交易对象
	贵金属及其他投资产品市场	

例题3 证券交易所属于（　　）。(单项选择题)

A. 有形市场　　　　　B. 无形市场　　　　　C. 第三市场　　　　　D. 第四市场

答案 A

解析 有形市场是指有固定的交易场所、有专门的组织机构和人员、有专门的设备、有组织的市场，证券交易所是典型的有形市场。

例题4 金融市场可以按照( )分为货币市场、资本市场、金融衍生品市场、外汇市场和保险市场、贵金属及其他投资品市场。(单项选择题)

A. 金融市场的重要性   B. 金融产品的期限

C. 金融产品交易的交割方式   D. 交易的标的物

答案 D

解析 金融市场可以按照交易的标的物分为货币市场、资本市场、金融衍生品市场、外汇市场、保险市场、贵金属及其他投资品市场。

第3节 金融市场的发展

考点6 国际金融市场的发展

(1) 全球资本流动日益自由化,金融市场价格联动性增强;

(2) 全球金融市场监管标准与规则逐步趋同;

(3) 全球金融市场交易方式逐步融合,清算方式趋于统一;

(4) 全球衍生品市场快速发展。

考点7 中国金融市场的发展

(1) 金融市场体系基本形成;

(2) 金融市场功能不断深化;

(3) 金融市场基本制度建设日益完善;

(4) 金融市场对外开放程度不断提高。

例题5 金融中介可以分为交易中介和服务中介,下列属于交易中介的是( )。(单项选择题)

A. 会计师事务所   B. 投资顾问咨询公司

C. 律师事务所   D. 有价证券承销人

答案 D

解析 金融市场的中介大体分为两类:交易中介和服务中介。①交易中介。交易中介通过市场为买卖双方成交撮合,并从中收取佣金。包括银行、有价证券承销人、证券交易经纪人、证券交易所和证券结算公司等。②服务中介。这类机构本身不是金融机构,却是金融市场上不可或缺的,如会计师事务所、律师事务所、投资顾问咨询公司和证券评级机构等。

第4节 货币市场

考点8 货币市场概述

(1) 货币市场工具包括政府发行的短期政府债券、商业票据、银行承兑汇票、资金拆借、可转让的大额定期存单以及货币市场共同基金等。

(2) 货币市场的特征：低风险、低收益；期限短、流动性高；交易量大，交易频繁。

考点9　货币市场的组成

1. 同业拆借市场

概念：同业拆借指银行等金融机构之间相互借贷资金余额，以调剂资金余缺。

利率形成机制：一是由拆借双方当事人协定，利率弹性较大；二是借助中介经纪商，通过公开竞价确定，利率弹性较小。

同业拆借利率的典型代表：伦敦银行同业拆借利率(LIBOR)，是浮动利率融资工具的发行依据和参照。

2. 商业票据市场

概念：商业票据是大公司为了筹措资金，以贴现的方式出售给投资者的一种短期无担保信用凭证。

特点：期限短、成本低、方式灵活、利率敏感、信用度高等。

主体：发行者、投资者和销售商。

3. 银行承兑汇票市场

概念：银行承兑汇票市场是指银行对未到期的商业汇票予以承兑，以自己的信用为担保，成为票据的第一债务人，出票人只负第二责任。

特点：安全性高、信用度好、灵活性好。

4. 回购市场

概念：回购市场是通过回购协议进行短期货币资金借贷所形成的市场。回购是指在出售证券时，与证券的购买商签订协议，约定在一定期限后按原价或约定价格购回所卖证券，从而获得即时可用资金的一种交易行为。

从本质上说，回购协议是一种以证券为抵押品的抵押贷款。

5. 短期政府债券市场(通常称为国库券市场)

概念：短期政府债券是政府作为债务人，承诺一年内债务到期时偿还本息的有价证券。

特点：违约风险小、流动性强、交易成本低、收入免税。

6. 大额可转让定期存单市场

概念：大额可转让定期存单(CDs)是银行发行的有固定面额、可转让流通的存款凭证。

特点：①不记名；②金额较大；③利率既有固定的也有浮动的，一般比同期限的定期存款的利率高；④不能提前支取，但是可以在二级市场上流通转让。

7. 货币市场基金市场

概念：货币市场基金市场是指投资于货币市场上短期有价证券的一种投资基金。

这类基金的资产主要投资于短期货币工具如商业票据、银行定期存单、短期政府债券、短期企业债券等短期有价证券。

例题6　回购协议市场的交易特点有(　　)。(多项选择题)

A. 流动性强　　　　　　　　　　　　　　B. 安全性高

C. 收益稳定且超过银行存款收益　　　　　　D. 税收优惠

E. 回购协议中所交易的证券主要是金融债券

答案　ABC

解析　回购市场是通过回购协议进行短期货币资金借贷所形成的市场。回购是指在出售证券时，与证券的购买商签订协议，约定在一定期限后按原价或约定价格购回所卖证券，从而获得即时可用资金的一种交易行为。从本质上说，回购协议是一种以证券为抵押品的抵押贷款。回购协议并没有税收优惠，回购协议中所交易的证券主要是政府债券，DE两项不符合题意。

例题7　下列关于货币市场及货币市场工具的说法不正确的是(　　)。(单项选择题)

A. 货币市场是指专门融通短期资金和交易期限在一年以内(包括一年)的有价证券市场

B. 在期限相同的情况下，短期政府债券利率＜回购协议利率＜银行承兑汇票利率＜同业拆借利率

C. 在回购市场上，回购价格与回购证券的种类无关

D. 货币市场工具又被称为"准货币"

答案　C

解析　在回购市场上，回购价格与回购证券的种类是相关的。

例题8　以下市场不属于资本市场的是(　　)。(单项选择题)

A. 债券回购市场　　　　　　　　　　　B. 中长期借贷市场

C. 股票市场　　　　　　　　　　　　　D. 公司债券市场

答案　A

解析　资本市场亦称"长期金融市场"，期限在一年以上各种资金借贷和证券交易的场所。资本市场包括中长期借贷市场、股票市场和债券市场。债券回购市场属于货币市场。

考点10　货币市场在个人理财中的运用

货币市场基金、人民币理财产品以及信托产品安全性高，收益稳定，适合投资者投资。其中货币市场基金由于具有很强的流动性，收益高于同期银行定期存款，是银行储蓄的良好替代品；人民币理财产品、信托产品投资期限固定，收益稳定，适合有较大数额限制资金的投资者购买。

第5节　资本市场

考点11　股票市场

1. 股票市场概述

(1) 股票的定义：股票是由股份公司发行的、表明投资者投资份额及其权利和义务的所有权凭证，是一种能够给持有者带来收益的有价证券，其实质是公司的产权证明书。股票市场又称

为权益市场。

(2) 股票的分类：根据股东享有权利和承担风险的大小不同，分为普通股股票和优先股股票；按票面是否记载投资者姓名，分为记名股票和无记名股票。

2. 股票市场交易机制

(1) 股票的发行与交易：股票发行市场又被称为股票的一级市场，是股票发行者向投资者出售新股票所形成的市场。股票的出售通过股票承销商(证券公司)进行。

证券交易遵循的原则：时间优先和价格优先。

(2) 股票价格指数：简称股价指数，是用来衡量计算期一组股票价格相对于基期一组股票价格的变动状况的指标，是股票市场总体或局部动态的综合反映。

3. 股票市场的职能

股票市场具有积聚资本、转让资本、转化资本、给股票定价四个职能。

4. 股票市场在个人理财中的运用

股票投资具有高风险和高收益特征，对于风险承受能力较低的客户来说，股票投资需要慎重选择。

例题9 我国内地股票价格指数不包括(　　)。(单项选择题)

A. 沪深300指数　　　　　　　　　　B. 恒生指数

C. 上证综合指数　　　　　　　　　　D. 深证综合指数

答案　B

解析　我国内地主要股票价格指数有：沪深300指数、上证综合指数、深证综合指数、深证成分股指数、上证50指数和上证180指数。恒生指数是我国香港交易所的股票价格指数。

考点12　债券市场

1. 债券市场概述

(1) 债券的定义：债券是投资者向政府、公司或金融机构提供资金的债权凭证，表明发行人负有在指定日期向持有人支付利息，并在到期日偿还本金的责任。

(2) 债券的特征：偿还性、流动性、安全性、收益性，其收益来源为利息收益、资本利得和债券利息的再投资收益。

(3) 债券的分类：根据发行主体不同分为政府债券、金融债券、公司债券和国际债券等；按期限不同分为短期债券、中期债券和长期债券；按利息的支付方式不同，分为附息债券、一次还本付息债券和贴现债券等；按票面利率不同，债券可以划分为零息债券、定息债券和浮息债券。

(4) 债券市场的功能：①融资功能；②价格发现功能；③是中央银行对金融进行宏观调控的重要场所。

2. 债券市场发行和交易机制

(1) 债券的发行。债券市场分债券发行市场(一级市场)和债券流通市场(二级市场)两个层次。公司债的发行主体为股份有限公司、有限责任公司和国有独资企业或国有控股企业。按照债券的发行价格的不同，可以将债券发行分为平价发行、溢价发行和折价发行三种情况。

(2) 债券的交易。债券的发行价格按面值发行，按面值偿还，其间按期支付利息；按面值发行，按本息相加额到期一次偿还；以低于面值的价格发行，即贴现发行，到期按面值偿还，这是国库券的发行和定价方式。

债券的市场交易价格取决于公众对该债券的评价、市场利率以及人们对通货膨胀率的预期等。一般来说，债券价格与到期收益率成反比，同市场利率成反比。

(3) 银行间债券市场和交易所债券市场。银行间债券市场是依托于中国外汇交易中心暨全国银行间同业拆借中心和中央国债等结算股份有限公司的，包括商业银行、保险机构、证券公司、基金公司等金融机构进行债券发行、交易和回购的场所。

交易所债券市场依托上海证券交易所和深圳证券交易所，可通过交易委员会在交易所市场进行债券交易。

3. 债券市场在个人理财中的运用

对于风险承受能力相对较低的客户来说，债券类产品是个不错的选择。

例题10 债券的收入来源包括(　　)。(多项选择题)

A. 利息收益 　　　　　　　　　　B. 资本利得

C. 债券利息的再投资收益 　　　　D. 分红

答案 ABC

解析 债券的收益来源为利息收益、资本利得和债券利息的再投资收益。

例题11 关于债券，以下说法正确的是(　　)。(单项选择题)

A. 一般来说，企业债券的收益率低于政府债券

B. 附息债券的息票利率是固定的，所以不存在利率风险

C. 市场利率下降时，短期债券的持有人若进行再投资，将无法获得原有的较高息票率，这就是债券的利率风险

D. 可以用发行者的信用等级来衡量债券的信用风险，债券的信用等级越高，债券的发行价格就越高

答案 D

解析 A项的错误在于政府债券的收益率低于企业债券。B项的错误在于付息债券尽管息票利率固定，但还是存在利率风险。C项的错误在于不是债权的利率风险，而是再投资风险。

第6节 金融衍生品市场

考点13 市场概述

金融衍生品是从标的资产派生出来的金融工具。这类工具的价值依赖于基本标的资产的价值。

(1) 金融衍生品市场分类：如表3.2所示。

表3.2　金融衍生品市场的分类

分类依据	具体分类
基础工具的种类	股权衍生工具、货币衍生工具和利率衍生工具
交易场所	场内交易工具和场外交易工具。前者如股指期货，后者如利率互换
交易方式	远期、期货、期权和互换

(2) 金融衍生工具的特性：①可复制性；②杠杆特征，可产生"以小博大"的杠杆效应，也放大了金融衍生工具的风险。

(3) 金融衍生品市场的功能：转移风险，价格发现，即发现金融衍生品的基础金融产品价格，提高交易效率，优化资源配置。

(4) 金融衍生品市场现状：近年来，我国金融衍生品市场，尤其是商品期货市场，得到了长足发展。随着2010年4月16日股指期货的推出，我国金融衍生品市场进入一个新的发展阶段。

例题12 金融衍生品按交易方式可分为场内交易工具和场外交易工具。(　　　)(判断题)

答案 ×

解析 金融衍生品按交易方式可分为远期、期货、期权和互换；按交易场所可分为场内交易工具和场外交易工具。

考点14　金融衍生品

金融衍生品市场根据交易方式的不同分为四个子市场，不同的子市场是不同的金融衍生品的交易市场。

1. 金融远期合约

概念：金融远期合约是指双方约定在未来的某一确定时间，按确定的价格买卖一定数量某种金融工具的合约。

优点：规避价格风险。

缺点：①非标准化合约，流通不便；②柜台交易，不利于形成统一价格；③没有履约保证，违约风险较高。

2. 金融期货合约

概念：金融期货合约是指协议双方同意在约定的将来某个日期，按约定的条件买入或卖出一定标准数量的金融工具的标准化协议。

特征：①标准化合约；②履约大部分通过对冲方式；③履行由期货交易所或结算公司提供担保；④价格有最小变动单位和浮动限额。

主要制度：①保证金制度；②每日结算制度；③持仓限额制度；④大户报告制度；⑤强行平仓制度。

强行平仓的几种情形：①会员结算准备金余额小于零，并未能在规定时限内补足；②持仓量超出其限仓规定；③因违规受到交易所强行平仓处罚；④根据交易所的紧急措施应予强行平仓。

期货交易策略：①多头套期保值，是指在投资者打算在将来买入标的资产而同时又担心将来该资产价格上涨的情况下，提前买入期货的操作策略；②空头套期保值，是指在投资者持有标的资产的情况下，为防范资产价格下跌的风险而卖出期货的操作策略。

3. 金融期权

概念：金融期权实际上是一种契约，它赋予持有人在未来某一特定的时间内按买卖双方约定的价格，购买或出售一定数量的某种金融资产权利的合约。

要素：①基础资产或称标的资产，是期权合约中规定的双方买卖的资产或期货合同；②期权的买方，也称期权的多头；③期权的卖方，也称期权的空头；④执行价格；⑤到期日，又叫行权日；⑥期权费。

分类：金融期权的分类如表3.3所示。

表3.3 金融期权的分类

依据	类别	概念
对价格的预期	看涨期权	预期某种标的资产的未来价格上涨时购买的期权
	看跌期权	预期某种标的资产的未来价格下跌时购买的期权
行权日期	欧式期权	期权的持有者只有在期权到期日才能执行期权
	美式期权	允许期权持有者在期权到期日前任何时间执行期权。对期权购买者有利
基础资产的性质	现货期权	以各种金融工具等标的资产本身作为期权合约的标的物的期权，如各种股票期权、股指期权、外汇期权和债券期权等
	期货期权	以各种金融期货合约作为期权合约的标的物的期权，如各种外汇期货期权、利率期货期权及股指期货期权等

交易策略如表3.4所示。

表3.4 金融期权的交易策略

买进看涨期权	卖出看涨期权	买进看跌期权	卖出看跌期权
预期某金融资产的市场价格将上涨时购买看涨期权	预期某金融资产的市场价格将下跌时卖出看涨期权	预期某金融资产的市场价格将下跌时买进看跌期权	预期某金融资产的市场价格将上涨卖出看跌期权
买方收益公式：买方收益$=P-X-C$，($P \geqslant X$)；买方收益$=-C$，($P<X$)	最大利润是出售期权所得到的期权费，最大损失随着基础金融工具价格的上涨水平而定	买方收益公式：买方收益$=-C$，(如果$P>X$)；买方收益$=X-P-C$，(如果$P \leqslant X$)	最大利润是出售期权所得到的期权费，最大损失按照基础金融工具价格的下跌水平而定

说明：表中C代表期权费，X代表执行价格，P代表到期市场价格

4. 金融互换

金融互换是通过银行进行的场外交易。互换市场存在一定的交易成本和信用风险，互换双方都必须关注对方的信用。金融互换包括利率互换和货币互换两种类型。

例题13 期货交易主要是以( )为保障，从而保证到期兑现。(单项选择题)

A. 行业规则　　　　B. 法律制度　　　　C. 保证金制度　　　　D. 市场制度

答案 C

解析 期货交易具有高信用的特征，这种高信用特征集中表现为期货交易的保证金制度。保证金制度的实施，不仅使期货交易具有"以小博大"的杠杆原理，吸引众多交易者参与，而且使得结算所为交易所内达成并经结算后的交易提供履约担保，确保交易者能够履约。

例题14 期货交易买卖的直接对象是期货合约，而不是商品本身。(   )(判断题)

答案 √

解析 期货交易是在交纳一定数量的保证金后在期货交易所内买卖标准化合约的交易方式。期货交易买卖的直接对象是期货合约，而不是商品本身。

例题15 下列不是现货期权的是(   )。(单项选择题)

A. 外汇期权　　　　B. 利率期权　　　　C. 股指期权　　　　D. 股指期货期权

答案 D

解析 D是期货期权，不是现货期权。

例题16 以下关于金融互换市场的说法正确的是(   )。(单项选择题)

A. 金融互换包括利率互换和货币互换两种类型

B. 互换合约可以单方面更改

C. 金融互换是通过银行进行的场内交易

D. 互换市场上，交易双方都提供了履约保证

答案 A

解析 金融互换是通过银行进行的场外交易。互换市场存在一定的交易成本和信用风险。首先，为了达成交易，互换合约的一方必须找到愿意与之交易的另一方。如果一方对期限或现金流等有特殊要求，常常很难找到交易对手。其次，由于互换是两个对手之间的合约，如果没有双方的同意，互换合约是不能单方面更改或终止的。最后，对于期货和在场内交易的期权而言，交易所对交易双方都提供了履约保证，而互换市场则没有人提供这种保证。因此，互换双方都必须关注对方的信用。金融互换包括利率互换和货币互换两种类型。

■ 考点15　金融衍生品市场在个人理财中的运用

金融衍生品的重要功能就是管理风险，利用衍生品进行风险管理，可大大提高理财的效率。在持有股票的同时，买入该股票的看跌期权，那么股价涨时照样赚钱，股价跌时也不赔钱，代价只是少量的期权费。目前在我国，投资者可以主动参与衍生品的交易，如期货、期权交易。

第7节　外汇市场

■ 考点16　外汇市场概述

1. 外汇市场概念

外汇是一种以外国货币表示或计值的各国间结算的支付手段，通常包括可自由兑换的外国货币、外币支票、汇票、本票、存单等。广义的外汇还包括外币有价证券。

外汇市场是指由银行等金融机构、自营交易商、大型跨国企业参与的，通过中介机构或电

讯系统联结的，以各种货币为买卖对象的交易市场。

2. 外汇市场的特点

空间统一性和时间连续性。

3. 外汇市场的功能

充当国际金融活动的枢纽，形成外汇价格体系，调剂外汇余缺，调节外汇供求，实现不同地区间的支付结算，运用操作技术规避外汇风险。

> **例题17** 外汇市场最主要的参加者是(   )。(单项选择题)
>
> A.中央银行　　　　　B.进出口商　　　　　C.商业银行　　　　　D.客户
>
> **答案**　C
>
> **解析**　外汇市场的交易可以分为三个层次，即商业银行与客户之间，商业银行同业之间和商业银行与中央银行之间的交易，商业银行是外汇市场最主要的参加者。

考点17　外汇市场的分类

外汇市场的分类如表3.5所示。

表3.5　外汇市场的分类

1	有形市场	有供交易者做交易的固定场所，由一些既定的银行、外汇经纪人和客户共同参与组成的外汇交易场所
	无形市场	没有具体交易场所的外汇市场，在这类市场中，外汇买卖都是用电话、电脑及其他通讯工具，由外汇经纪人充当买卖中介或由外汇交易员而使交易得以进行的市场
2	区域性外汇市场	一般规模比较小，参与者主要为本地或本国的外汇供需者，在市场上使用的货币也只限于本国货币与少数外国货币
	国际性外汇市场	一般多位于世界金融中心，交易种类多，交易额巨大
3	自由外汇市场	任何外汇交易都不受所在国主管当局控制的外汇市场，即每笔外汇交易从金额、汇率、币种到资金出入境都没有任何限制，完全由市场供求关系决定
	官方外汇市场	受所在国政府主管当局控制的外汇市场
4	批发外汇市场	银行之间进行外汇交易的行为和场所，也称为狭义的外汇市场
	零售外汇市场	企业和个人为了自身需要而进行外汇交易的场所
5	即期外汇市场	从事即期外汇买卖的外汇市场，又叫现汇交易市场
	远期外汇市场	远期外汇交易的场所，又叫期汇交易市场

> **例题18**　以下关于外汇市场及外汇产品的说法正确的是(   )。(单项选择题)
>
> A.目前，外汇市场交易以远期外汇交易占主要地位
>
> B.为稳定汇价，当外汇市场的外汇供给持续大于需求时，中央银行应在外汇市场上卖出外汇
>
> C.远期外汇交易的交割期一般按周计算
>
> D.国际货币市场外汇期货合约的交割月份为每年的3月、6月、9月和12月
>
> **答案**　D
>
> **解析**　A项中，外汇市场交易以即期外汇交易为主；B项中，在这种情形下，中央银行应当在外汇市场上买入外汇，以增加外汇需求。C项中，外汇交易的交割期一般按月计算。

考点18　外汇市场在个人理财中的运用

目前，我国与个人理财相关的外汇产品主要分为交易类产品和非交易类产品两大类。与本币产品相比，外汇理财产品风险除了标的投资风险外，还有汇率换算风险。

第8节　保险市场

考点19　保险市场概述

1. 保险的概念

保险是指投保人根据合同约定，向保险人支付保险费，保险人对于合同约定的可能发生的事故及相应的财产损失承担赔偿保险金责任，或者当被保险人死亡、伤残、疾病及达到合同约定的年龄、期限等条件时，承担给付保险金责任的商业保险行为。

2. 保险的相关要素

保险合同、投保人、保险人、保险费、保险标的、被保险人、受益人、保险金额。其中，被保险人是指其财产或者人身受保险合同保障，享有保险金请求权的人，投保人可以为被保险人。受益人是指保险合同中由被保险人或者投保人指定的享有保险金请求权的人。投保人、被保险人都可以是受益人。

3. 保险产品的功能

转移风险，分摊损失，补偿损失，融通资金。

考点20　保险市场的主要产品

保险市场的主要产品分类如表3.6所示。

表3.6　保险市场的主要产品分类

分类依据	类别	概念及特点
经营性质	社会保险	通过国家立法形式，以劳动者为保障对象，政府强制实施，提供基本生活保障，具有非营利性、社会公平性和强制性等特点
	商业保险	基于自愿原则，与投保人签订保险合同，以盈利为目的
保险标的	人身保险	以人的身体和寿命作为保险标的，分为人寿保险、意外伤害保险和健康保险
	财产保险	以财产及其有关利益为保险标的，保险人对保险事故导致的财产损失给予补偿。保险标的必须是有形财产和经济性利益。财产保险分为物质财产保险和责任保险
	投资型保险产品	具有保障功能和投资功能。保险费中含有投资保费，保险金由风险保障金和投资收益组成。费用较高，流动性相对较弱
承保方式	直接保险	投保人与保险人直接签订保险合同而建立保险关系
	再保险	直接保险人为转移自己承保的部分或全部风险而向其他保险人购买保险

例题19　下列不属于人身保险的是(　　　　)。(单项选择题)

A. 人寿保险

B. 意外伤害保险

C. 健康保险

D. 责任保险

答案　D

解析　责任保险是指以保险客户的法律赔偿风险为承保对象的一类保险，按业务内容可分为公众责任保险、产品责任保险、雇主责任保险、职业责任保险和第三者责任保险五类业务。

例题20　投资型保险产品与普通的保障型保险产品相比，具有的特点包括(　　)。(多项选择题)

A. 保费中含有投资保费

B. 同时具有保障功能和投资功能

C. 给付的保险金由风险保障金和投资收益组成

D. 费用较低

E. 流动性较强

答案　ABC

解析　投资型保险产品在保险基本的保障功能上又加入了投资功能，其费用往往较高。保障型保险产品属于长期投资，流动性较差。

考点21　保险市场在个人理财中的运用

虽然投资回报与其他投资工具相比偏低，但人们大都接受将保险作为一种理财工具，并且目前综合了保障与储蓄、养老、教育、重大疾病和投资的保险计划受到越来越多城市居民的青睐。

第9节　贵金属及其他投资市场

考点22　贵金属市场及产品

1. 黄金基础知识

(1) 黄金的特性：具有储藏、保值、获利等金融属性，极易变现。

(2) 重量与成色：国际通用的伦敦交割标准金条的标准重量是350～430盎司(1盎司等于31.103 5克)，最常用的是400盎司，也就是12.5千克。金条含金量的多少被称为成色，通常用百分或千分含量表示。

2. 黄金市场

(1) 黄金市场的主要参与者包括供给方和需求方。

供给方：产金商、出售或借出黄金的中央银行、打算出售黄金的私人或集团。

需求方：黄金加工商、购入或回收黄金的中央银行、进行保值或投资的购买者。

(2) 国际主要黄金市场：伦敦、纽约、苏黎世、香港等地的黄金市场。

3. 影响黄金价格的因素

(1) 供求关系及均衡价格。

(2) 通货膨胀。通货膨胀时，黄金的名义价格也会相应上升。

(3) 利率。实际利率较高时，黄金价格下降，反之则上升。

(4) 汇率。通常美元是黄金的主要标价货币。

黄金的收益和股票市场的收益不相关甚至负相关，这个特性通常使它成为投资组合中一个重要的分散风险的组合资产。黄金理财产品抗系统性风险的能力强，但也存在市场不充分风险和自然风险。

4. 黄金市场在投资中的运用

对普通投资者而言，实物黄金和纸黄金是较为理想的黄金投资渠道，但黄金饰品对家庭理财没有太大意义，因为黄金饰品的价格包含了加工成本。金条、金块比较适合长期投资，并可对家庭资产起到保值、增值的作用，对抗通货膨胀。账户黄金投资更适合具备专业知识的投资者。黄金期货投资门槛和风险太高，不太适合普通投资者。

例题21 下列关于黄金理财产品的特点，说法不正确的是( )。(单项选择题)

A. 抗系统性风险的能力弱　　　　　　　B. 具有内在价值和实用性

C. 存在市场不充分风险和自然风险　　　D. 收益和股票市场的收益负相关

答案 A

解析 黄金理财产品和其他实物投资理财产品一样，具有内在价值和实用性，抗系统性风险的能力强，但也存在市场不充分风险和自然风险。

例题22 近年来，国际黄金价格一路走高，投资黄金看起来是一个非常不错的选择。下列关于黄金理财产品的特点，说法不正确的是( )。(单项选择题)

A. 面对通货膨胀的压力，黄金投资具有保值增值的作用

B. 抗系统性风险的能力强，所以任何情况下都可以无风险地投资黄金理财产品

C. 影响黄金价格的直接因素有美元走势、通货膨胀、石油价格和国际金融市场的重大事件等

D. 黄金的投资方式主要有：金块、金币、黄金基金和"纸黄金"

答案 B

解析 投资黄金存在市场不充分风险和自然风险，贵金属的国际市场价格下降，投资者会面临资产价值缩水的风险。

考点23　房地产市场

1. 房地产的概念及其特征

概念：房地产即不动产，是指土地、建筑物以及附着在土地或建筑物上的不可分离的部分和附带的各种权益。

房地产资产的特点：固定性、有限性、差异性和保值增值性。

2. 房地产的投资方式

房地产购买、房地产租赁和房地产信托。

3. 房地产投资的特点

价值升值效应，财务杠杆效应，变现性相对较差，政策风险。

4. 房地产价格构成及影响因素

价格构成的基本要素：土地价格或使用费、房屋建筑成本、税金和利润等。

价格影响因素：①行政因素，指影响房地产价格的制度、政策、法规等方面的因素，包括土地制度、住房制度、城市规划、税收政策与市政管理等；②社会因素；③经济因素，主要有供求状况、物价水平、利率水平、居民收入和消费水平等，利率上升一般会导致房地产价格的下降，但在市场投机状况严重或利率水平过低的情况下，利率上升并不必然导致房地产价格下降；④自然因素。

5. 房地产投资在个人理财中的应用

投资者应对宏观和微观风险进行全面了解，特别是房地产投资会面临资产损失的风险。投资者要求的回报类型对其投资决策也有很大影响。

例题23　2010年4月17日，国务院为了坚决遏制部分城市房价过快上涨，发布《国务院关于坚决遏制部分城市房价过快上涨的通知》简称"新国十条"，这主要体现了影响房地产价格的(　　)。(单项选择题)

A. 行政因素　　　　　B. 社会因素　　　　　C. 经济因素　　　　　D. 自然因素

答案　A

解析　房地产价格受到很多因素的影响，其中行政因素指影响房地产价格的制度、政策、法规等方面的因素。

例题24　投资于房地产需要承担经济周期性变动所带来的购买力下降的风险。(　　)(判断题)

答案　√

解析　当经济过热，政府采取紧缩的宏观经济政策时，房地产业通常会步入下降周期，房地产价格降低，投资者面临资产损失的风险。

考点24　收藏品市场

1. 艺术品

艺术品投资是一种中长期投资，其价值随着时间而提升。收益率较高但具有明显的阶段性，具有较大的风险、流通性差、保管难、价格波动较大等特点。

2. 古玩

古玩包括玉器、陶瓷、古籍和古典家具、竹刻牙雕、文房四宝、钱包。

特点：①交易成本高、流动性低；②要有鉴别能力；③价值一般较高。

3. 纪念币和邮票

邮票投资的盈利性大于其风险性，且其风险低于股票等证券产品。邮票投资增值多少取决于时间的长短。其特点是较为平民化，每个人都可以根据自己的财力进行投资。

4. 收藏品市场在个人理财中的运用

在国外，艺术品已与股票、房地产并列为三大投资理财对象。

艺术品投资理财的优点：风险较小；回报收益率高。

例题25　收藏品的投资在国内越来越盛行，下列关于收藏品投资的说法不正确的是(　　)。(单项选择题)

A. 流动性较差

B. 价格波动主要受市场偏好的影响

C. 需要投资者有相当高程度的鉴别能力

D. 收益率较高，是适合普通投资者的投资理财方式

答案 D

解析 收藏品中，如古玩、字画和玉器类收藏品的价值较高，适合有经济实力的投资者；而像纪念币和邮票等，投资者可以根据自己的财力进行投资，比较适合普通投资者。

第10节 同步强化训练

一、单项选择题

1. 金融市场最基本、最重要的功能是(　　)。

A. 融通货币资金　　　　　　　　　　B. 资源配置

C. 交易　　　　　　　　　　　　　　D. 调节经济

2. 金融市场引导众多分散的小额资金汇聚且投入社会再生产，这是金融市场的(　　)。

A. 财务功能　　　　　　　　　　　　B. 风险管理功能

C. 聚敛功能　　　　　　　　　　　　D. 流动性功能

3. 金融市场是国民经济的"气象台"是因为金融市场具有(　　)。

A. 资源配置功能　　B. 反映功能　　C. 调节功能　　D. 风险再分配功能

4. 金融市场主体是指(　　)。

A. 金融交易的工具　　　　　　　　　B. 金融中介机构

C. 金融市场上的交易者　　　　　　　D. 金融监管部门

5. 金融市场按照(　　)划分为货币市场、资本市场、外汇市场、金融衍生品市场、保险市场和黄金市场。

A. 按照金融市场构成要素　　　　　　B. 按照金融工具发行和流通特征

C. 按照金融市场交易标的物　　　　　D. 按照金融商品交易的分割方式

6. 下列组织不能作为货币资金供方或需方而参与金融市场交易的是(　　)。

A. 中央银行　　　　B. 财政部　　　　C. 证监会　　　　D. 私营企业

7. 下列不属于金融市场客体的是(　　)。

A. 股票价格指数　　　　　　　　　　B. 保险单

C. 中央银行票据　　　　　　　　　　D. 债券

8. 金融中介可以分为交易中介和服务中介，下列不属于交易中介的是(　　)。

A. 上海证券交易所　　　　　　　　　B. 上海黄金交易所

C. 大连商品交易所　　　　　　　　　D. 会计师事务所

9. 金融市场中介分为交易中介和服务中介，则按这种划分方式，下列机构中有一个机构的性质与其他机构不同，这一机构是(　　)。

A. 深圳证券交易所　　　　　　　　　B. 美国标准普尔公司

C. 普华永道会计师事务所　　　　　　D. 天元律师事务所

10. 金融市场可以按照(　　)分为发行市场、二级市场、第三市场和第四市场。

A. 金融市场的重要性　　　　　　　　　　　　B. 金融产品的期限

C. 金融产品交易的交割方式　　　　　　　　　D. 金融工具发行和流通特征

11. 证券的发行市场又称为(　　)。

A. 一级市场　　　　　　　　　　　　　　　　B. 二级市场

C. 交易所市场　　　　　　　　　　　　　　　D. 场外交易市场

12. 下列关于金融市场的分类正确的是(　　)。

A. 按交易场所划分为期货市场和现货市场

B. 按交割时间划分为货币市场和资本市场

C. 按金融工具划分为债券市场、股票市场、外汇市场、保险市场等

D. 按交易阶段划分为场外市场和场内市场

13. 金融资产首次出售给公众时形成的交易市场是(　　)。

A. 证券发行市场　　　　　　　　　　　　　　B. 证券次级市场

C. 现货市场　　　　　　　　　　　　　　　　D. 第三市场

14. (　　)是指以期限在一年以下的金融资产为交易标的物的短期金融市场。

A. 债券市场　　　　　　　　　　　　　　　　B. 货币市场

C. 开放式基金市场　　　　　　　　　　　　　D. 股票市场

15. 货币市场是融资期限在(　　)的金融市场。

A. 半年以内　　　　　　B. 一年以内　　　　　　C. 一年以上　　　　　　D. 五年以上

16. 以下各类金融资产不属于货币市场工具的是(　　)。

A. 银行承兑汇票　　　　　　　　　　　　　　B. 三年期国债

C. 可转让大额定期存单　　　　　　　　　　　D. 回购协议

17. 下列不属于我国货币市场组成部分的是(　　)。

A. 同业拆借市场　　　　　　　　　　　　　　B. 公司债券市场

C. 债券回购市场　　　　　　　　　　　　　　D. 票据市场

18. 下列对货币市场特征的描述正确的是(　　)。

A. 风险性低，收益高　　　　　　　　　　　　B. 收益高，安全性也高

C. 流动性低，安全性也低　　　　　　　　　　D. 风险性低，流动性高

19. 商业票据的主要投资者一般不包括(　　)。

A. 商业银行　　　　　　　　　　　　　　　　B. 非金融公司

C. 保险公司　　　　　　　　　　　　　　　　D. 个人投资者

20. 下列金融机构不参与同业拆借市场交易的是(　　)。

A. 国有控股商业银行　　　　　　　　　　　　B. 银行业监督管理委员会

C. 邮政储蓄银行　　　　　　　　　　　　　　D. 证券投资公司

21. 以下对银行承兑汇票的特征，描述错误的是(　　)。

A. 安全性高　　　　　　B. 信用度高　　　　　　C. 灵活性好　　　　　　D. 收益率高

22. 从本质上说，回购协议是一种(　　)。

A. 以证券为抵押品的抵押贷款　　　　　　　　B. 融资租赁

C. 信用贷款   D. 金融衍生产品

23. 下列对资本市场特征的描述正确的是(　　)。

A. 风险性高，收益也高　　　　　　　　　B. 收益高，安全性也高

C. 流动性低，风险性也低　　　　　　　　D. 风险性低，安全性也低

24. 按股东承担的风险和享有权益情况来划分，股票可以划分为(　　)。

A. 记名股和无记名股　　　　　　　　　　B. 面额股和无面额股

C. 流通股和非流通股　　　　　　　　　　D. 普通股和优先股

25. 通常所说的股市行情，即股票价格是指(　　)。

A. 股票的账面价值　　　　　　　　　　　B. 股票的市场价值

C. 股票的票面价值　　　　　　　　　　　D. 股票的内在价值

26. 下列对于影响股票价格波动的微观因素，理解错误的是(　　)。

A. 增加股息派发往往比股票分割对股价上涨的刺激作用更大

B. 通常，股价与公司派发的股息成正比

C. 公司资产净值增加，股价上升

D. 公司股价的涨跌和公司盈利的变化并不是同时发生的

27. 以下债券中风险最高的是(　　)。

A. 国债   B. 地方政府债券   C. 公司债   D. 垃圾债券

28. 以下关于债券的分类不正确的是(　　)。

A. 按债券发行主体可分为政府债券、金融债券、公司债券和国际债券等

B. 按债券期限可分为短期债券、中期债券和长期债券等

C. 按利息支付方式可分为附息债券、一次还本付息债券、贴现债券和可赎回债券等

D. 按债券性质可分为信用债券、不动产抵押债券、担保债券等

29. 下列关于可转换债券收益的说法，不正确的是(　　)。

A. 可转换债券转换为股票前，持有人只享有利息

B. 可转换债券转换为股票后，持有人成为公司股东

C. 可转换债券转换为股票后，其收益水平与债券类似

D. 可转换债券适合在低风险—低收益与高风险—高收益这两种不同收益结构之间作出灵活选择的投资者

30. 买卖双方在交易所签订的，在确定的将来时间按成交时确定的价格购买或出售某项资产的标准化协议是(　　)。

A. 远期   B. 期货   C. 期权   D. 互换

31. 交易双方在场外市场上通过协商，按约定价格在约定的未来日期买卖某种标的金融资产的合约是(　　)。

A. 远期   B. 期货   C. 期权   D. 互换

32. 以下有关期货的说法错误的是(　　)。

A. 期货交易是以公开、公平竞争的方式进行交易的，私下谈判交易被视为违法

B. 期货交易可以在交易所内进行，也可以在场外交易

C. 大多数期货合约都在到期前以对冲方式了结

D. 期货合约对商品质量、规格、交货时间、地点等都作了统一规定，是标准化合约

33. 外汇期权的购买者，其(　　)。

A. 风险是无限的，收益也是无限的　　　　B. 风险是有限的，收益也是有限的

C. 风险是有限的，收益是无限的　　　　　D. 风险是无限的，收益是有限的

34. 投资者之所以买入看涨期权，是因为他预期这种金融资产的价格在近期内将会(　　)。

A. 上涨　　　　　　B. 下跌　　　　　　C. 不变　　　　　　D. 都有

35. 交易者只能在期权到期日办理交割的期权交易称为(　　)。

A. 美式期权　　　　B. 英式期权　　　　C. 定期期权　　　　D. 欧式期权

36. 以下关于金融互换市场的说法中，不正确的是(　　)。

A. 互换中可以包含两个以上的当事人

B. 货币互换需要交换等价的本金，而利率互换不需要交换本金

C. 金融互换是通过银行进行的场内交易

D. 货币互换中需要事先敲定汇率

37. 下列关于保险相关要素的说法，错误的是(　　)。

A. 保险人承担赔偿或者给付保险金责任

B. 投保人按保险合同负有支付保险费的义务

C. 保险合同是投保人与保险人约定保险权利义务的协议

D. 投保人和被保险人不能是同一人

38. 投资者在银行购买纸黄金，依据的价格是(　　)。

A. 国际黄金现货价格　　　　　　　　　　B. 中国黄金期货交易所公布价格

C. 银行公布的价格　　　　　　　　　　　D. 银行和客户的协议价格

39. 对个人投资者而言，房地产投资的方式不包括(　　)。

A. 房地产购买　　　　　　　　　　　　　B. 房地产租赁

C. 房地产信托　　　　　　　　　　　　　D. 购买房地产公司的股票

40. 房地产投资者以所购买的房地产为抵押，借入相当于其购买成本的绝大部分款项，这被称为房地产投资的(　　)。

A. 价值升值效应　　　　　　　　　　　　B. 财务杠杆效应

C. 现金流和税收效应　　　　　　　　　　D. 风险效应

41. 房地产投资的优点不包括(　　)。

A. 变现性相对较强　　　　　　　　　　　B. 可运用财务杠杆

C. 具有价值升值效应　　　　　　　　　　D. 能抵御通胀

42. 下列关于房地产投资特点的说法，不正确的是(　　)。

A. 一项房地产的估价等于持有资产的现金流收入的折现值

B. 房地产投资可以使用高财务杠杆率

C. 房地产价值受政策环境、市场环境和法律环境等因素的影响较大

D. 房地产的流动性比证券类产品要弱

43. 下列关于艺术品投资的说法，不正确的是(　　)。

A. 流通性好　　　　　　　　　　　　　　B. 保管难

C. 价格波动大　　　　　　　　　　　　　D. 一般是中长期投资

44. 将金融产品以流动性、收益性、风险性和利率标准进行一般的排序，下列选项不正确的是(　　)。

A. 按金融产品的风险由大到小排序为：外汇保证金交易、期货、公司债券、储蓄

B. 按金融产品的流动性由大到小排序为：活期存款、货币市场基金、国债

C. 按金融产品的收益率由大到小排序为：股票、债券、定期存款

D. 按金融产品的利率由大到小排序为：同业拆借、回购协议、银行承兑汇票

二、多项选择题

1. 金融市场的微观经济功能有(　　)。

A. 资源配置　　　　　　　　　　　　　　B. 储存财富、增值财富

C. 风险管理　　　　　　　　　　　　　　D. 聚敛社会资金，融通资金供需

E. 流动性功能

2. 按照交易标的物来对金融市场进行分类，可以分为(　　)。

A. 金融衍生产品市场　　　　　　　　　　B. 柜台市场

C. 货币市场　　　　D. 资本市场　　　　E. 外汇市场

3. 以下(　　)属于短期资金市场。

A. 同业拆借市场　　　B. 票据市场　　　C. 大额定期存单市场

D. 股票市场　　　E. 回购协议市场

4. 短期政府债券二级市场的参与者包括(　　)。

A. 中央银行　　　B. 其他国家的政府　　　C. 商业银行

D. 保险公司　　　E. 个人投资者

5. 银行承兑汇票的特点包括(　　)。

A. 安全性高　　　B. 信用度高　　　C. 灵活性好

D. 流动性差　　　E. 期限长

6. 以下对银行承兑汇票特征的描述，正确的是(　　)。

A. 票据的主债务人是银行

B. 票据以银行信用为基础，信用风险较低

C. 可以拿票据到中央银行贴现，流动性较高

D. 票据的承兑人是出票人，安全性较高

E. 对借款人而言，使用银行承兑的成本要低于银行贷款

7. 可转让大额定期存单与定期存款的区别体现在(　　)。

A. 定期存款记名，不可流通

B. 可转让大额定期存单可以在市场流通

C. 定期存款的金额不固定，可转让大额定期存单有固定的面额

D. 定期存款的利率固定，可转让大额定期存单的利率可以是浮动的

E. 定期存款可以提前支取，可转让大额定期存单不可以提前支取

8. 以下属于资本市场的有(　　)。

A. 中长期国债市场　　　B. 中长期公司债市场

C. 商业票据市场　　　D. 股票市场　　　E. 同业拆借市场

9. 下列金融交易中属于资本市场交易的项目是(　　)。

A. 从银行获得半年期贷款购买一辆小汽车

B. 在银行购买了9 800元的短期国库券

C. 普通股价格上涨，买入100股该公司的股票

D. 获得一笔收入，买入15 000元证券投资基金

E. 为家庭主要经济来源人购买20万元人身意外保险

10. 股票的特征有(　　)。

A. 收益性　　　　　　　B. 风险性　　　　　　C. 稳定性

D. 流动性　　　　　　　E. 经营决策的参与性

11. 按照发行主体不同，股票可以划分为(　　)种类。

A. 普通股票　　　　　　B. 优先股票　　　　　C. 国有股

D. 法人股　　　　　　　E. 社会公众股

12. 投资者购买债券时能直接看到的债券的要素是(　　)。

A. 面额　　　　　　　　B. 到期日　　　　　　C. 息票率

D. 债券发行者名称　　　E. 到期收益率

13. 债券的特征有(　　)。

A. 收益性　　　　　　　B. 安全性　　　　　　C. 流动性

D. 偿还性　　　　　　　E. 参与性

14. 债券市场的功能包括(　　)。

A. 是债券流通和变现的理想场所

D. 是聚集资金的重要场所

C. 能够反映企业经营实力和财务状况

D. 是中央银行对金融进行宏观调控的重要场所

E. 是进行套期保值，规避风险的重要场所

15. 理财产品自身的特点影响到其收益率，对此论述正确的是(　　)。

A. 理财产品的收益与风险特征通常是一致的，高收益伴随着高风险

B. 理财产品的流动性对其收益率的影响可以忽略

C. 股票基金分散了风险，所以无论何时其收益率总是低于个股收益率

D. 公司债的预期收益率必然低于该公司股东获得的预期收益率

E. 金融衍生产品具有很大的杠杆效应，在放大了投资风险的同时，也成倍地放大了预期收益率

16. 下列对不同理财产品的收益性的论述正确的是(　　)。

A. 基础金融衍生产品的风险很高，其预期收益也很高

B. 股权类产品的收益主要来自股利和资本利得

C. 在各类基金中，收益特征最高的是股票型基金

D. 信托机构通过管理和处理信托财产而获得的收益，全部归收益人所有

E. 优先股的收益固定，普通股收益波动大

17. 证券类理财产品包括(　　)。

A. 债券　　　　　　　　B. 股票　　　　　　　C. 外汇期权

D. 证券投资基金　　　　　　E. 权证

18. 金融衍生理财产品包括(　　)产品。

A. 金融期货　　　　　　B. 金融期权　　　　　　C. 金融互换

D. 金融远期　　　　　　E. 结构性金融衍生品

19. 下列选项中,属于金融衍生品市场的有(　　)。

A. 期权市场　　　　　　B. 抵押贷款市场

C. 远期协议市场　　　　D. 互换市场　　　　　　E. 期货市场

20. 金融期货和金融远期合约的重要区别在于(　　)。

A. 金融远期合约能够降低风险,但金融期货合约不能

B. 金融远期合约大多在场外进行交易,金融期货合约在交易所内进行交易

C. 金融远期合约的收益和损失一般在合约到期日实现,金融期货合约的盈利和亏损在每个交易日结束前清算和执行

D. 金融远期合约买卖双方一般不进行实物交割,金融期货合约一般都进行实物交割

E. 金融远期合约的二级市场非常活跃,金融期货合约的二级市场非常不活跃

21. 关于期货合约和远期合约,以下说法正确的是(　　)。

A. 期货合约是标准化的远期和约

B. 期货和约的流动性要比远期合约的高

C. 期货合约不具有远期合约的套期保值功能

D. 绝大多数期货合约会通过对冲方式履约

E. 金融远期合约可以规避价格风险

22. 下列关于期货交易保证金制度的说法,正确的是(　　)。

A. 期货交易所向会员、期货公司向客户收取的保证金不得低于国务院期货监督管理机构、期货交易所规定的标准

B. 期货交易所向会员、期货公司向客户收取的保证金应当与自有资金分开,专户存放

C. 期货交易所向会员收取的保证金,属于期货交易所所有

D. 期货公司向客户收取的保证金,属于客户所有

E. 在期货交易中,交易者可以与期货交易所约定不予缴纳保证金

23. 下列关于期权的叙述正确的是(　　)。

A. 期权买方拥有权利但没有义务执行合约

B. 看涨期权赋予持有者在一时期内买入特定资产

C. 看涨期权卖方的获利是有限的

D. 看跌期权的买方通常会认为标的资产的价格会上涨

E. 看跌期权卖方的获利是有限的

24. 下列关于即期外汇交易的说法,正确的有(　　)。

A. 即期外汇交易的汇率称为现汇汇率

B. 即期外汇交易通常采用以美元为中心的计价方式

C. 外汇银行同业间买卖外汇,按照惯例都是在成交后当天办理交割

D. 英镑采用直接报价法

E. 即期外汇交易中，交易双方以当时外汇市场的价格成交

25. 保险产品理财产品包括(　　)产品。

A. 金融期货　　　　　　B. 金融期权　　　　　C. 人身保险

D. 财产保险　　　　　　E. 投资理财类保险

26. 保险产品的功能包括(　　)。

A. 转移风险　　　　　　B. 分摊损失　　　　　C. 补偿损失

D. 融通资金　　　　　　E. 套期保值

27. 下列属于人身保险的是(　　)。

A. 人寿保险　　　　　　B. 意外伤害保险　　　C. 健康保险

D. 责任保险　　　　　　E. 财产保险

28. 黄金投资的方式有(　　)。

A. 条块现货　　　　　　B. 纯金币　　　　　　C. 黄金基金

D. 黄金存折　　　　　　E. 纪念金币

29. 以下有关黄金价格的说法正确的是(　　)。

A. 黄金价格与其他竞争性投资收益率呈反向关系

B. 国际局势紧张时，黄金价格会上升

C. 一般而言，世界经济状况趋好，黄金首饰需求增加，将促使金价上升

D. 美元的坚挺往往会推动金价的上涨

E. 通货膨胀时黄金的名义价格会相应下降

30. 下列关于黄金理财产品的特点，说法正确的是(　　)。

A. 抗系统性风险的能力强　　　　　　　B. 具有内在价值和实用性

C. 存在市场不充分风险和自然风险　　　D. 收益和股票市场的收益正相关

E. 实际利率较高时，会促使黄金价格的下降

31. 一般来说，下列可能会导致房地产价格升高的有(　　)。

A. 土地供给减少　　　　B. 经济衰退　　　　　C. 房地产需求下降

D. 房地产周边交通状况大幅改善　　　　E. 居民收入下降

32. 房地产投资的特征体现在(　　)。

A. 某些类型的房地产升值非常快

B. 可以使用高财务杠杆率

C. 通过资产证券化可以消除房地产差异化带来的低流动性

D. 变现性相对较差

E. 房地产价值受政策环境、市场环境和法律环境等因素的影响较大

33. 银行的个人理财客户经理推荐客户进行房地产投资时，可以向客户推荐的投资方式包括(　　)。

A. 客户用自有资金或银行贷款购买住房

B. 客户支付首付款获得住房，然后将住房出租收取租金偿还月供

C. 客户直接购买房地产公司发行的股票(组合)

D. 客户将自有资金交给信托公司，委托信托公司将资金投向房地产行业

E. 客户将自有闲置住房委托专门的信托机构经营管理，获得相应的回报

三、判断题

1. 金融市场最主要的交易机制是价格机制。（　　）

2. 金融市场的主体包括企业、证券评级机构、金融机构和居民个人。（　　）

3. 金融市场上，居民个人是金融市场运行的基础，企业是最大的资金供给者。（　　）

4. 个人既可以是金融市场上的资金供给方，亦可以是资金需求方。（　　）

5. 理财客户将资金投资于货币市场，既可以保障资金的流动性，又可以获得资金的时间价值。（　　）

6. 货币市场工具包括政府发行的长期政府债券、商业票据、可转让的大额定期存单以及货币市场共同基金等。（　　）

7. 普通工商企业可以成为同业拆借市场的主体。（　　）

8. 银行承兑汇票特点是安全性高、信用度好，但灵活性差。（　　）

9. 从本质上说，回购协议是一种以证券为抵押品的抵押贷款。（　　）

10. 债券的性质是所有权凭证，反映了筹资者和投资者之间的债权债务关系。（　　）

11. 短期政府债券具有违约风险小、流动性强、交易成本低和收入低税负的特点。（　　）

12. 大额可转让定期存单市场可以提前支取，也可以在二级市场上流通转让。（　　）

13. 目前，我国的债券流通市场由银行间债券市场和交易所债券市场组成。（　　）

14. 金融衍生产品的主要功能是风险管理，所以其自身的风险是较低的。（　　）

15. 金融衍生品交易所可以直接参与金融衍生品的交易。（　　）

16. 金融远期合约是为了赚取交易价差而产生的。（　　）

17. 对期权购买者来说，欧式期权比美式期权更有利，买进这种期权后，购买者可以在期权有效期内根据市场价格的变化和自己的实际需要比较灵活地选择执行时间。（　　）

18. 当期权的标的资产的价格高于期权协定的执行价格时，期权处于溢价状态。（　　）

19. 期货是标准化的远期协议，其流动性要比远期高。（　　）

20. 期货交易所向会员收取的保证金，可以用于会员的交易结算和期货公司的经营周转。（　　）

21. 投资者可以通过买入股票现货，卖出股票价格指数期货，在一定程度上抵消股票价格变动的风险损失。（　　）

22. 理论上，看涨期权的多头所可能获得的收益是有限的，可能的损失是无限的。（　　）

23. 卖出看涨期权的交易者，其最大利润是出售期权所得到的期权费，最大损失随着基础金融工具价格的上涨水平而定，从理论上讲，损失无限。（　　）

24. 在外汇市场上，商业银行与客户之间的外汇交易额占90%以上，它决定外汇汇率的高低。（　　）

25. 如果某种外汇兑换本币的汇率低于期望值，中央银行就会从外汇银行购入该种外币，增加市场对该种外币的需求量，推动该汇率上行；反之则向商业银行出售该种外汇的储备，促使其汇率下降。（　　）

26. 人身保险合同保险费中的储蓄部分是保险人对投保人的债权。（　　）

27. 保险产品是为了给家庭的财产及平稳消费提供保障的，仅具有保障的功能。（　　）

28. 保险人是与保险公司订立保险合同，并按照保险合同负有支付保险费义务的人。（　　）

29. 理财客户购买财产保险可以实现资产增值的理财目标。（　　）

30. 利率上升不仅带来开发成本的提高，也将提高房地产投资者的机会成本，因此会降低房地产的社会需求，从而必然会导致房地产价格的下降。（　　）

答案与解析

一、单项选择题

1. 答案与解析 A

金融的最初意义即资金融通，金融市场正是为满足资金盈余者和资金短缺者之间资金融通的需要所产生的，其他功能都是在金融市场不断发展中派生出来的。

2. 答案与解析 C

题干已经描述得非常清楚了，汇聚资金即聚敛功能。

3. 答案与解析 B

国民经济的"气象台"自然就是提前反映经济发展状况的。由于预期等因素的影响，金融资产的价格往往会先于实际经济状况的变化而变化，从而能够发挥反映经济状况的功能，成为国民经济景气度指标的重要信号系统。

4. 答案与解析 C

金融市场主体是指金融市场交易的当事人，包括企业、政府及政府机构、金融机构、居民个人。A是金融市场交易的客体，B项是金融市场的中介，D是监管机构。

5. 答案与解析 C

金融市场按照金融市场交易标的物划分为货币市场、资本市场、金融衍生品市场、外汇市场、保险市场和黄金市场等。

6. 答案与解析 C

证监会是监督管理方，不能作为供需方进入。

7. 答案与解析 A

金融市场的客体即金融工具，是金融市场的交易对象，包括：货币头寸、票据、债券、股票、外汇等。保险市场以保险单和年金单的发行与转让为交易对象，故保险单可以成为金融市场的客体。股票价格指数简称股价指数，是用来衡量计算期一组股票价格相对于基期一组股票价格的变动状况的指标，是股票市场总体或局部动态的综合反映，不是交易的对象。

8. 答案与解析 D

会计师事务所、律师事务所、投资顾问咨询公司和证券评级机构等属于服务中介。

9. 答案与解析 A

A项属于交易中介，其余各项属于服务中介。

10. 答案与解析 D

发行市场是首次出售的市场。二级市场是交易已发行证券的市场，包括交易所市场、场外市场、第三市场和第四市场。第三市场是指在场外交易已在交易所上市的股票的市场。第四市场是指投资者不通过经纪人直接进行交易的市场。

11. 答案与解析 A

证券发行是证券流通的基础，是证券交易流通的第一步，所以其市场为一级市场。一级市场是证券发行市场，相当于批发市场；二级市场是交易已发行证券的市场或流通市场，相当于零售市场。按照交易场所，二级市场又可分为交易所市场(场内市场)和场外市场。

12. 答案与解析　C

A是按交割时间划分的，B是按交易工具的期限划分的，D是按是否有固定交易地点划分的。

13. 答案与解析　A

首次出售的市场是发行市场，交易已发行证券的市场为二级市场，第三市场是证券交易所外的上市证券交易市场。

14. 答案与解析　B

货币市场又称短期资金市场，是指专门融通短期资金和交易期限在一年以内(包括一年)的有价证券市场。资本市场是指提供长期(一年以上)资本融通和交易的市场，包括股票市场、中长期债券市场和证券投资基金市场。

15. 答案与解析　B

一年以内是货币市场，一年以上是资本市场。

16. 答案与解析　B

货币市场又称短期资金市场，是指专门融通短期资金和交易期限在一年以内(包括一年)的有价证券市场。货币市场工具包括短期银行信贷、国库券、商业票据、可转让定期存单、银行汇票、短期债券、回购协议等期限在一年以内的金融工具。

股票属于资本市场中的证券市场。

17. 答案与解析　B

公司债券是一种长期投资工具，属于资本市场。

18. 答案与解析　D

高收益往往伴随着高风险，追求高收益，又想同时保持高度流动性和安全性是不可能的。货币市场的特征包括低风险、低收益、高流动性、交易量大等。

19. 答案与解析　D

商业票据是公司为了筹措资金，以贴现的方式出售给投资者的一种短期无担保信用凭证，一般由规模大、信誉好的公司发行。商业票据的面额较大，所以其主要投资者是大的商业银行、非金融公司、保险公司等机构投资者，一般个人投资者较少。

20. 答案与解析　B

同业拆借市场交易是银行等金融机构间为满足头寸需要而进行的短期资金借贷活动，交易主体是金融机构。银监会是监督管理部门，不参与交易。

21. 答案与解析　D

银行承兑汇票属于银行信用，风险较低，因而收益也较低。

22. 答案与解析　A

回购协议中出售的证券，只是在约定期间内短期由买入方支配，到期后又由回购协议的卖方买回，所有权只是短期转移，因而，回购协议是一种短期融资行为。从本质上说，它是一种以证券为抵押品的抵押贷款。

23. 答案与解析　A

资本市场上交易的工具期限在一年以上，期限长，流动性较差，价格波动的可能性大，风险大，收益一般也较高。

24. 答案与解析　D

A是按票面是否记载投资者姓名划分的，B是按有无票面金额划分的，C是按是否可以在市场上流通划分的。此外，普通股和优先股在风险和权益方面的区别也是应当注意的知识点。

25. 答案与解析　B

股票在市场上进行交易，其买卖价格自然指的是市场价值。

26. 答案与解析　A

股票分割对投资者持有股票的市值总额没有直接影响，但是投资者持有的股票总数增加了，股价的上升空间更大，因此股票分割往往比增加股息派发对股价上涨的刺激作用更大。

27. 答案与解析　D

国债是国家信用，是以税收为担保发行的债券；地方政府债券是地方政府发行的，用于基础设施建设或项目投资筹集资金的债券；公司债是公司发行的债券；垃圾债券是指信用差、违约风险较高、以高收益吸引投资者的债券。国债的风险最低，地方政府债券较高，公司债更高，垃圾债券最高。

28. 答案与解析　C

按利息的支付方式不同，债券可划分为附息债券、一次还本付息债券和贴现债券等，不包括可赎回债券。

29. 答案与解析　C

可转换债券在转换成股票之前是纯粹的债券，但在转换成股票之后，原债券持有人就由债权人变成了公司的股东，可参与企业的经营决策和红利分配，获得股票的收益。

30. 答案与解析　B

金融期货合约是指协议双方同意在约定的将来某个日期，按约定的条件买入或卖出一定标准数量的金融工具的标准化协议。

31. 答案与解析　A

金融远期合约是指双方约定在未来的某一确定时间，按确定的价格买卖一定数量某种金融工具的合约。未来买卖，现在约定价格的都属于远期交易。期货是一种标准化的远期合约，一般在交易所(场内市场)内进行。

32. 答案与解析　B

由于期货交易的交易对象是期货合约，期货交易应当在交易所内进行，不能进行场外交易。

33. 答案与解析　C

外汇期权购买者的最大损失是期权费用，收益为市场价格与协议价格的差额，因此其风险有限，收益无限。大家可以记住，不管是什么期权，买入者的风险有限、收益无限；卖出者风险无限、收益有限。

34. 答案与解析　A

看涨期权又叫买权，赋予投资者在未来一定时期内以固定价格买入某种证券的权利。对看涨期权的购买者来说，他是预期标的资产的价格会上涨，希望能够以固定的执行价格(低于上涨后的市场价格)来购买以获利。

35. 答案与解析　D

欧式期权是期权的持有者只有在期权到期日才能执行期权，美式期权则允许期权持有者在期权到期日前的任何时间执行期权。

36. 答案与解析　C

金融互换是通过银行进行的场外交易。

37. 答案与解析　D

被保险人是指其财产或者人身受保险合同保障，享有保险金请求权的人，投保人可以为被保险人，故选D。

38. 答案与解析　C

客户在银行办理纸黄金业务，是按银行公布的价格进行纸黄金的购买。

39. 答案与解析　D

房地产的投资方式包括房地产购买、房地产租赁和房地产信托。购买房地产公司的股票属于股票投资。

40. 答案与解析　B

财务杠杆效应是指通过借入资金，用较少的自有资金投入获得数倍于自有资金的收益。当房地产收益高于借款成本时，杠杆投资的价值优势十分明显。价值升值效应是指某些房地产，特别是土地升值非常快。在很多情况下，房地产升值对房地产回报率的影响要大大高于年度净现金流的影响。其他两项不是房地产投资的特点。

41. 答案与解析　A

房地产投资品单位价值高，且无法转移，其流动性较弱，特别是在市场不景气时期变现难度更大。A项表述错误，为应选项。

42. 答案与解析　A

房地产投资的特点包括价值升值效应，财务杠杆效应，变现相对较差和政策风险，BCD三项均是房地产投资的特点，A项说法错误。很多情况下，房地产升值对房地产回报率的影响要大大高于年度净现金流的影响，因此，一项房地产的估价应等于持有资产的现金流收入的折现值加预期房地升值的折现值。

43. 答案与解析　A

艺术品投资是一种中长期投资，其价值随着时间而提升。艺术品投资具有较大的风险，主要体现在流通性差、保管难、价格波动较大。

44. 答案与解析　D

回购利率一般是参照同业拆借市场的利率水平决定的。在期限相同的情况下，回购协议利率与货币市场利率的关系为：同业拆借利率＞可转让定期存单利率＞银行承兑汇票利率＞回购协议利率＞短期政府债券利率。

二、多项选择题

1. 答案与解析　BCDE

微观经济功能是通过影响单个投资者实现的。资源配置功能是指金融市场通过将资源在效率不同的部门之间进行转移，实现稀缺资源的合理配置和有效运用，是资源在部门间而非个人投资者间的配置，属于宏观经济功能。

2. 答案与解析 ACDE

柜台市场是根据是否存在固定交易场所划分的。货币市场是交易期限在一年以下的金融工具的市场，资本市场是一年以上。

3. 答案与解析 ABCE

股票是长期投资工具，属于资本市场。

4. 答案与解析 ABCDE

本题考查金融市场的主体。

5. 答案与解析 ABC

银行承兑汇票是货币市场上的交易工具，期限短，流动性好。

6. 答案与解析 ABCE

银行承兑汇票的特点如下。①安全性高、信用度好。银行承兑汇票的承兑人是银行，银行是主债务人，相对于企业而言，银行承担债务的安全性较强，信用度较好。②灵活性好。对于持有银行承兑汇票的商业银行，在资金短缺时，可以向中央银行办理再贴现或向其他商业银行办理转贴现。

7. 答案与解析 ABCDE

大额可转让定期存单市场是银行大额可转让定期存单发行和买卖的场所。大额可转让定期存单(CDs)是银行发行的有固定面额、可转让流通的存款凭证。其特点主要有：①不记名；②金额较大；③利率既有固定的，也有浮动的，一般比同期限的定期存款的利率高；④不能提前支取，但是可以在二级市场上流通转让。

8. 答案与解析 ABD

资本市场上的工具期限在一年以上。商业票据市场和同业拆借市场属于货币市场。

9. 答案与解析 CD

资本市场交易的项目期限在一年以上，股票、中长期债券、基金都属于资本市场投资工具。

10. 答案与解析 ABCDE

以上各项都是股票的特征。其中可能把握不准的是C项，很多人可能会认为相对于存款和债券，股票价格波动较大，风险大，不稳定。但这里所说的稳定性是指只要公司正常运营，股票持有人就可以定期收到股息和红利。

11. 答案与解析 CDE

普通股和优先股是按照股息分配和享有的权利不同分类的。

12. 答案与解析 ABCD

债券票面上有四个基本要素：①债券的票面价值(票面金额)；②债券的到期期限；③债券的票面利率；④债券发行者的名称。

13. 答案与解析 ABCD

股票才有参与性。

14. 答案与解析 ABCD

套期保值、规避风险是金融衍生品市场的功能。

15. 答案与解析　AE

理财产品既要考虑其流动性，也要考虑变现能力和二级市场的活跃程度，流动性较差的理财产品一般需要提供较高的收益率。股票基金由于分散了风险，它的收益率会在个股收益率的最低值和最高值之间，不总是低于个股收益率。公司债的风险小于股票，根据风险和收益相匹配的原则，其收益应当低于股票收益。

16. 答案与解析　ABCDE

金融衍生品的高风险高收益是因为其交易制度所决定的高杠杆倍数；信托机构管理和处理信托财产而产生的风险，全部由信托者承担；优先股与普通股的区别在于优先股股息固定且股息支付先于普通股。

17. 答案与解析　ABDE

外汇期权属于外汇理财产品。

18. 答案与解析　ABCDE

ABCD是传统的金融衍生品，E是新型金融衍生品，是嵌入衍生品的固定收益证券产品。

19. 答案与解析　ACDE

金融衍生品市场是以金融衍生工具为交易对象的市场，可划分为期货市场、期权市场、远期协议市场和互换市场。

20. 答案与解析　BC

金融期货是标准化的金融远期合约，一般在交易所里进行。由于其标准性，金融期货的流动性较强，二级市场活跃。期货合约实行每日结算制度，盈利和亏损在每个交易日结束前清算和执行。远期交易主要是为了避险，所以一般都进行实物交割，金融期货主要的功能是套期保值，很少进行实物交割，到期日前平仓即可。

21. 答案与解析　ABDE

期货合约是标准化的远期合约，在期货交易所内交易。由于其标准性，期货合约流动性较高，不需等待到期就可转手以实现损益。期货合约具有远期合约的各种性质，也具有相应的套期保值功能。

22. 答案与解析　ABD

保证金是指期货交易者按照规定标准向交易所缴纳的资金，用于结算和保证履约，归客户所有，C项错误。在期货交易中，任何交易者必须按照其所买卖期货合约价值的一定比例(通常为5%～10%)缴纳资金，用于结算和保证履约，E项错误。

23. 答案与解析　ABCE

看跌期权是认为标的资产价格下跌才买进的期权，D项错误。

24. 答案与解析　ABE

C项应当是第二日办理交割。D项英镑采用的是间接标价法。

25. 答案与解析　CDE

AB属于金融衍生品。

26. 答案与解析　ABCD

套期保值是金融衍生品的功能。

27. 答案与解析　ABC

责任保险的保障对象是投保人按照法律应当承担的损害赔偿责任。责任保险和物质财产保险都属于财产保险。人身保险包括人寿保险、意外伤害保险和健康保险三种。

28. 答案与解析　ABCDE

ABCDE都是黄金投资的方式。

29. 答案与解析　ABC

其他竞争性投资收益率是黄金投资的机会成本，因而其他收益率越高，黄金需求越少，价格越低。国际局势紧张时，纸币可能价值不稳，人们出于恐慌会持有更多的黄金保值。美元的坚挺会导致金价的下降，因为投资者会选择更多地持有美元，而减少对黄金的需求，D项错误。通货膨胀时产品的名义价格发生普遍上涨，黄金的名义价格也会相应上升，E项错误。

30. 答案与解析　ABCE

黄金的收益和股票的收益不相关甚至负相关，D项错误。黄金理财产品和其他实物投资理财产品一样，具有内在价值和实用性，抗系统性风险的能力强，但也存在市场不充分风险和自然风险，ABC项正确。实际利率较高时，持有黄金的机构就会卖出黄金，将所得货币用于购买债券或者其他金融资产来获得更高收益，因此会导致黄金价格的下降，E项正确。

31. 答案与解析　AD

土地供给减少会导致土地价格上升，房地产成本上升，价格升高。经济衰退、居民收入下降都会带来房地产需求下降，从而降低房地产价格。房地产周边交通状况改善会增加房地产需求，导致价格上升。

32. 答案与解析　ABDE

C项只能降低，不能消除。

33. 答案与解析　ABCDE

房地产的投资方式包括：房地产购买、房地产租赁和房地产信托。本题中A项为房地产购买，B项为房地产租赁，后三项都属于房地产信托。

三、判断题

1. 答案与解析　√

金融市场的基础是价格机制，在外汇市场上表现为汇率机制，债券市场上表现为利率机制。

2. 答案与解析　×

参与金融市场交易的当事人是金融市场的主体，包括企业、政府及政府机构、金融机构、居民个人。证券评级机构属于金融市场的中介，不是金融市场的主体。

3. 答案与解析　×

金融市场上，企业是金融市场运行的基础；居民个人是最大的资金供给者。

4. 答案与解析　√

5. 答案与解析　√

货币市场的资金融通期限通常在一年以内，流动性强；同时又可以获得资金的时间价值。

6. 答案与解析　×

货币市场工具包括政府发行的短期政府债券、商业票据、可转让的大额定期存单以及货币市场共同基金等。

7. 答案与解析　×

同业拆借市场的主体是银行等金融机构。

8. 答案与解析　×

银行承兑汇票特点是安全性高、信用度好，且灵活性好。对于持有银行承兑汇票的商业银行，在资金短缺时，可以向中央银行办理再贴现或向其他商业银行办理转贴现，具有较好的灵活性。

9. 答案与解析　√

回购是指在出售证券时，与证券的购买商签订协议，约定在一定期限后按原价或约定价格购回所卖证券，从而获得即时可用资金的一种交易行为。因此，从本质上说，回购协议是一种以证券为抵押品的抵押贷款。

10. 答案与解析　×

债券的性质是债权凭证，反映了筹资者和投资者之间的债权债务关系。

11. 答案与解析　×

短期政府债券收入免税。短期政府债券具有违约风险小、流动性强、交易成本低和收入免税的特点。

12. 答案与解析　×

大额可转让定期存单市场不能提前支取，但是可以在二级市场上流通转让。

13. 答案与解析　×

目前，我国的债券流通市场由沪深证券交易所市场、银行间交易市场和证券经营机构柜台交易市场组成。

14. 答案与解析　×

金融衍生品的交易制度决定了其具有杠杆特征且杠杆倍数很高，损失和收益都可能是数倍于本金的。杠杆效应放大了金融衍生工具的风险，因为它是建立在对未来市场走向的预期的基础上的，如果预期错误，则会带来巨大的损失。

15. 答案与解析　×

金融衍生品交易所如期货交易所，本身不参与金融衍生品的交易。

16. 答案与解析　×

远期合约是为规避价格风险产生的。

17. 答案与解析　×

按行权日期不同，金融期权可分为欧式期权和美式期权。对期权购买者来说，美式期权比欧式期权更有利，买进这种期权后，购买者可以在期权有效期内根据市场价格的变化和自己的实际需要比较灵活地选择执行时间。

18. 答案与解析　√

19. 答案与解析　√

20. 答案与解析　×

据《期货交易管理条例》可知，期货交易所向会员收取的保证金，属于会员所有，除用于会员的交易结算外，严禁挪作他用。

21. 答案与解析　√

股价指数大体反映了股票市场价格的整体变动，可以通过买入股票现货，卖出股票价格指数期货，进行套期保值。

22. 答案与解析 ×

期权的买方，也称期权的多头；期权的卖方，也称期权的空头。理论上，看涨期权的买入者即多头所可能获得的收益是无限的，可能的损失是有限的，即限于支出的期权费。

23. 答案与解析 √

不管是什么期权，买入者的风险有限、收益无限；卖出者风险无限、收益有限。

24. 答案与解析 ×

在外汇市场上，商业银行同业市场交易额占90%以上，它决定外汇汇率的高低。

25. 答案与解析 √

26. 答案与解析 ×

应当是投保人对保险人的债权。

27. 答案与解析 ×

保险市场的主要产品包括人身保险、财产保险与投资型保险产品，其中，投资型保险产品同时具有保障功能和投资功能，能够满足个人和家庭的风险保障与投资需要。

28. 答案与解析 ×

保险人是指与投保人订立保险合同，并承担赔偿或者给付保险金责任的保险公司。投保人是指与保险人订立保险合同，并按照保险合同负有支付保险费义务的人。

29. 答案与解析 ×

财产保险是指以财产及其有关利益为保险标的，保险人对保险事故导致的财产损失给予补偿的一种保险，可以实现风险保障但不能够实现资产增值；投资型保险产品同时具有保障功能和投资功能，能够满足个人和家庭的风险保障与投资需要，可以实现资产增值的理财目标。

30. 答案与解析 ×

利率水平是资金使用成本的反映，利率上升不仅带来开发成本的提高，也将提高房地产投资者的机会成本，因此会降低房地产的社会需求，导致房地产价格的下降。但是，房地产价格受多种因素的影响，在市场投机状况严重或利率水平过低的情况下，利率的上升并不必然导致房地产价格的下降。

银行理财产品

本章首先对我国银行理财产品市场的发展状况进行概述，然后对银行理财产品的要素特征及其分类方法进行总结，并结合案例对当前市场中较为常见的银行理财产品进行分析。

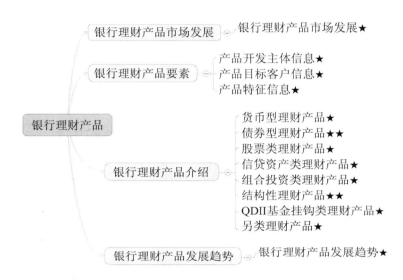

第1节 银行理财产品市场发展

考点1　银行理财产品市场发展

2002年，第一个银行理财产品问世，标志着银行个人理财业务达到了新的水平。

2005年年初出现了国内首个人民币结构性理财产品，以人民币本金投资，利用海外成熟的金融市场分享国际市场金融产品的收益。

2005年12月，银监会允许获得衍生品业务许可证的银行发行股票类挂钩产品和商品挂钩产品，为中国银行业理财产品的大发展提供了制度上的保证。

第2节 银行理财产品要素

考点2　产品开发主体信息

1. 产品发行人：指理财产品的发行主体。一般而言，银行理财产品是由商业银行自己开发的。
2. 托管机构：资产托管人主要由符合特定条件的商业银行担任。其职责主要包括：安全保管委托资产，根据投资管理人的合规指令及时办理清算、交割事宜；负责委托资产的会计核算和估值，复核、审查投资管理人计算的资产净值；及时与投资管理人核对报表、数据，按照规定监督投资管理人的投资运作；定期向委托人和有关监管部门提交托管报告和财务会计报告；法律、法规规定的其他职责。

3. 投资顾问：指为商业银行理财产品所募集资金投资运作提供咨询服务、承担日常的投资运作管理的第三方机构，如基金公司、阳光私募基金公司、资产管理公司、证券公司、信托公司等。

服务内容：提供投资原则和投资理念建议；提供投资策略建议；提供投资组合建议；提供投资计划建议；提供具体投资建议以及约定的其他投资顾问服务。

考点3　产品目标客户信息

1. 客户风险承受能力：此类信息主要通过银行的客户风险承受能力评估得到。

2. 客户资产规模和客户等级：商业银行根据客户资产规模对客户分类，向不同等级的客户推出不同的理财产品。

3. 产品发行地区：一些理财产品说明书中会限定理财产品的发行区域。

4. 资金门槛和最小递增金额：理财产品的销售起点金额不得低于五万元人民币(或等值外币)，实际销售时，商业银行往往根据产品目标客户限定资金门槛和最小递增金额。

考点4　产品特征信息

1. 银行理财产品收益类型(如表4.1所示)

表4.1　银行理财产品收益类型

类型 / 内容	保本类理财产品	非保本类理财产品
特点	投资者在到期日可以获得100%的本金并有机会获得更高投资回报	银行不保证在到期日投资者可以获得100%的本金，投资者可能损失部分或者全部的本金
适合	投资风险承受程度为"保守型"或"保守型"以上客户	能承受一定风险的投资者
备注	也有一定风险，如投资期间不能使用投资本金、汇率风险、利率风险和通货膨胀	包含部分保本产品，客户到期可获得本金的一定比例

2. 理财产品交易类型

开放式产品：总体份额与总体金额都可变的，可发行新份额或被投资者赎回。

封闭式产品：总体份额在存续期不变，总体金额可能变化，投资者在产品存续期既不能申购也不能赎回，或只能赎回不能申购。

3. 产品期次性

期次类产品：只在一段销售时间内销售，到期后利随本清，产品结束。

滚动发行产品：采取循环销售方式，投资者可连续投资，拥有更多的选择机会。

4. 产品投资类型：可分为利率挂钩、股票挂钩、基金挂钩、外汇挂钩、商品挂钩、信用挂钩、保险挂钩、混合挂钩八大类。

5. 产品期限分类(如图4.1所示)

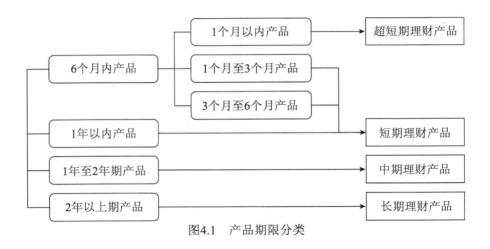

图4.1　产品期限分类

第3节 银行理财产品介绍

考点5 货币型理财产品

1. 定义：货币型理财产品是投资于货币市场的银行理财产品。它主要投资于信用级别较高、流动性较好的金融工具，包括国债、金融债、中央银行票据、债券回购，高信用级别的企业债、公司债、短期融资券，以及法律法规允许投资的其他金融工具。

2. 特点：投资期短，资金赎回灵活，本金、收益安全性高，通常被作为活期存款的替代品。

3. 风险：信用风险低，流动性风险小，属于保守、稳健型产品。

考点6 债券型理财产品

1. 定义：债券型理财产品是以国债、金融债和中央银行票据为主要投资对象的银行理财产品。

2. 特点：产品结构简单、投资风险小、客户预期收益稳定。市场认知度高，客户容易理解。

3. 收益及风险特征：投资风险较低，收益不高，属于保守、稳健型产品。目前债券型理财产品的最大风险来自利率风险、汇率风险和流动性风险。

目标客户群：主要为风险承受能力较低的投资者。

4. 投资方向：主要投向银行间债券市场、国债市场和企业债市场。银行募集客户资金，进行统一投资，产品到期之后向客户一次性归还本金和收益。

> **例题1** 根据分类方式不同，债券种类很多，下列关于各类债券的风险和收益的比较，正确的是（　　）。(多项选择题)
>
> A. 金融债券是信用风险最小的债券
>
> B. 付息债券的名义收益率是不变的，所以属于固定收益证券，但面临通货膨胀和市场价格波动，投资债券也是存在风险的
>
> C. 长期债券是对抗通货膨胀的好工具
>
> D. 债券的价格因市场利率变化而涨跌，这称为债券的利率风险

E. 投资者在债券到期前若想收回债券，则需要在债券市场贴现，从而可能带来一定损失，这称为流动性风险。

答案　BDE

解析　金融债券的风险小于普通的公司债券，但风险最小的是国债，A项错误；长期债券如果是固定收益的话，则无法对抗通货膨胀，C项错误。

考点7　股票类理财产品

股票类理财产品品种较多，包括商业银行推出的一些FOF(基金中的基金)产品、私募理财产品等。

私募基金是指通过非公开的方式向特定投资者、机构或个人募集资金，按投资方向和管理方协商回报进行投资理财的基金产品。

阳光私募理财产品风险较高，属于成长、积极型产品，但是由于银行对产品进行全面的监控，并且有效地规范私募机构的投资运作，在一定程度上保证了资金的安全。

考点8　信贷资产类理财产品

1. 定义：信贷资产类理财产品是指信托公司作为受托人成立信托计划，接受银行委托，将银行发行理财产品所募集来的客户资金，向理财产品发售银行或第三方购买信贷资产。

2. 特点：信贷资产本身是银行的资产业务，受宏观经济政策和监管政策限制。但宏观经济政策收紧、信贷规模受到严格控制时，信贷资产类产品的大规模开发会影响宏观经济政策的有效性，因此受到监管部门的重视。

3. 风险：信用风险；收益风险；流动性风险。

考点9　组合投资类理财产品

1. 概念：组合投资类理财产品通常投资于多种资产组成的资产组合或资产池，包括债券、票据、债券回购、货币市场存拆放交易、新股申购信托计划、信贷资产类信托计划以及他行理财产品等，同时发行主体往往采用动态的投资组合管理方法和资产负债管理方法对资产池进行管理。

2. 优势：①产品期限覆盖面广；②组合资产池的投资模式分散了投资风险，扩大了银行的资金运用范围和客户收益空间；③最大限度地发挥了银行在资产管理及风险防控方面的优势。

缺点：①信息透明度不高；②更依赖发行主体的管理水平，对资产管理和风险防控能力提出更高要求；③复杂性，产品投资风险加大。

3. 现状：组合投资类理财产品是2009年银行理财产品市场的投资热点之一，包括保本浮动收益和非保本浮动收益两类。

考点10　结构性理财产品

1. 概念

结构性理财产品是运用金融工程技术，将存款、零息债券等固定收益产品与金融衍生品(如远期、期权、掉期等)组合在一起而形成的一种金融产品。

2. 主要类型

结构性理财产品的回报率通常取决于挂钩资产(即挂钩标的)的表现。根据挂钩资产的属性，结构性理财产品大致可以细分为外汇挂钩类、利率/债券挂钩类、股票挂钩类和商品挂钩类等。

3. 外汇挂钩类理财产品

(1) 定义：外汇挂钩类理财产品的回报率取决于一组或多组外汇的汇率走势，即挂钩标的是一组或多组外汇的汇率。对于这样的产品我们称之为外汇挂钩类理财产品。

(2) 期权拆解：对于外汇挂钩结构性理财产品的大多数结构形式而言，目前较为流行的是看好/看淡，或区间式投资，基本上都可以有一个或一个以上触及点。

① 一触即付期权，指在一定期间内，若挂钩外汇在期末触碰或超过银行所预先设定的触及点，则买方将可获得当初双方所协定的回报率。

② 双向不触发期权，指在一定投资期间内，若挂钩外汇在整个期间未曾触及买方所预先设定的两个触及点，则买方将可获得当初双方所协定的回报率。

外汇挂钩保本理财产品的风险：①流动性风险，有预设的投资期；②集中投资风险；③保本理财产品回报的风险；④到期时收取保证投资金额的风险，在未到期前将不会获得任何定期的收入；⑤影响潜在回报的市场风险，任何潜在回报概无保证；⑥汇率风险；⑦提前终止的风险，投资者不可提前终止保本投资产品，银行拥有唯一的、绝对的权利决定提前终止投资产品；⑧未能成功认购保本理财产品的风险；⑨投资者自身状况的风险。

4. 结构性产品案例分析

例一：利率/债券挂钩类理财产品

(1) 概念：利率挂钩类理财产品与境内外货币的利率相挂钩，产品的收益取决于产品结构和利率的走势。债券挂钩类理财产品主要是指在货币市场和债券市场上进行交换和交易，并由银行发行的理财产品，其特点是收益不高，但非常稳定，一般投资期限固定，不得提前支取。

利率/债券挂钩类理财产品包括与利率正向挂钩产品、与利率反向挂钩产品、区间累积产品和达标赎回型产品。

(2) 挂钩标的

① 伦敦银行同业拆放利率。伦敦银行同业拆放利率(LIBOR)是全球贷款方及债券发行人的普遍参考利率，是目前国际间最重要和最常用的市场基准利率。该利率一般分为贷款利率和存款利率，两者之间的差额为银行利润。

② 公司债券。公司债券是股份制公司发行的一种债务契约，公司承诺在未来的特定日期，偿还本金并按事先规定的利率支付利息，主要分为记名公司债券和不记名公司债券，可提前赎回公司债券和不可提前赎回公司债券。

例二：股票挂钩类理财产品

(1) 概念：股票挂钩类理财产品又称联动式投资产品，指通过金融工程技术，针对投资者对资本市场的不同预期，以拆解或组合衍生性金融产品如股票、一篮子股票、指数、一揽子指数等，并搭配零息债券的方式组合而成的各种不同报酬形态的金融产品。

分类：按是否保障本金划分，股票挂钩类理财产品可归纳为不保障本金理财产品和保障本金理财产品两大类。

(2) 挂钩标的：①单只股票；②股票篮子，通常理财产品会根据股票篮子里的所有股票或表现最差股票的价格作为收益回报的基准。

(3) 期权拆解：按结构来划分，股票挂钩类理财产品包括可自动赎回、价幅累积及其他在上述二者基础上改进的结构。这些结构可以被分解为一系列的期权，比如认沽期权、认购期权。

5. 结构性理财产品的主要风险

①挂钩标的物的价格波动；②本金风险；③收益风险；④流动性风险，通常无法提前终止。

例题2 结构性金融衍生品的特点包括( )。(多项选择题)

A. 一般风险很低　　　　　　　　　B. 以场外交易为主

C. 传统金融工具与衍生工具相结合　　D. 灵活性强

E. 无风险

答案 BCD

解析 结构性金融衍生品一般风险较高。

例题3 银行结构性理财产品通常是无法提前终止的，其终止是事先约定的条件发生才出现，这体现了结构性理财产品面临的哪一类主要风险? ( )(单项选择题)

A. 价格波动风险　　B. 本金风险　　　　C. 流动性风险　　　　D. 收益风险

答案 C

解析 流动性风险是指由于保本理财产品均有其预设的投资期，故投资者应考虑其在投资期内对流动资金的需求，再作出投资决定。

例题4 投资结构性外汇理财产品的客户面临的风险由下列哪些因素导致( )。(多项选择题)

A. 市场利率和外汇市场汇率波动

B. 提前终止权掌握在银行手里

C. 债券市场投资者信心不足

D. 不能提前支取，可能导致很高的机会成本

E. 股票市场价格指数波动

答案 ABD

解析 结构性外汇理财产品的风险主要是利率风险、汇率风险、流动性风险、集中投资风险和提前终止的风险，不涉及股指的波动和债券市场的运行状况。

考点11　QDII基金挂钩类理财产品

1. 概念：QDII即合格境内机构投资者，它是在一国境内设立，经中国有关部门批准从事境外证券市场的股票、债券等有价证券业务的证券投资基金。QDII意味着将允许内地居民使用外汇投资境外资本市场，QDII将通过中国政府认可的机构实施。

2. 挂钩标的：①基金；②交易所上市基金(ETF)。ETF在本质上是开放式基金，其本身有三个鲜明特征：它可以在交易所挂牌买卖；ETF基本是指数型开放式基金，但交易非常便利；投资

者只能用与指数对应的一篮子股票申购或者赎回ETF。

例题5 基金资本来源于国外，并投资于国外证券市场的投资基金是QDII基金。（　　）(判断题)

答案 ×

解析 QDII基金的资金来源于内地居民，使用外汇投资境外资本市场。

■ 考点12　另类理财产品

1. 概念：另类资产是指除传统股票、债券和现金之外的金融资产和实物资产，如房地产、证券化资产、对冲基金、私募股权基金、大宗商品、巨灾债券、低碳产品、酒和艺术品等。

特点：①交易策略还可采用卖空策略；②操作方式还可采用杠杆投资策略。

优点：①多属新兴行业，带来潜在高收益；②提高了资产组合的抗跌性和顺周期性；③有些另类投资产品为客户提供以现金形式或实物形式获取投资本金收益的选择权。

2. 产品风险：信用风险；市场风险；周期风险；投机风险；小概率事件并非不可能事件；损失即高亏的极端风险。

3. 发展现状：信息透明度低，主要投资领域为艺术品、饮品和私募股权等。

第4节　银行理财产品发展趋势

■ 考点13　银行理财产品发展趋势

1. 同业理财的逐步拓展
2. 投资组合保险策略的逐步尝试
3. 动态管理类产品的逐步增多
4. POP模式的逐步繁荣
5. 另类投资的逐步兴起

第5节　同步强化训练

一、单项选择题

1. (　　)具有投资期短，资金赎回灵活，本金、收益安全性高等主要特点。该类产品通常被作为活期存款的替代品。

　　A. 货币型理财产品　　　　　　　　　　B. 债券型理财产品

　　C. 贷款类银行信托理财产品　　　　　　D. 结构性理财产品

2. 其他条件相同的情况下，以外币计价的债券的风险高于以本币计价的债券的风险，风险来自于(　　)。

　　A. 信用风险　　　　B. 政策风险　　　　C. 汇率风险　　　　D. 系统性风险

3. ( )是运用金融工程技术，将存款、零息债券等固定收益产品与金融衍生品组合在一起而形成的一种新型金融产品。

A. 贷款类银行信托理财产品　　　　　　B. 新股申购类理财产品

C. 增强型新股申购理财产品　　　　　　D. 结构性理财产品

4. 新股申购类信托理财产品中，无权提前终止的人是( )。

A. 受托人　　　　　　　　　　　　　B. 发行理财产品的银行

C. 投资者　　　　　　　　　　　　　D. 投资对象

5. 下列关于个人外汇理财产品的论述错误的是( )。

A. 目前我国银行推出的利率挂钩型外汇理财产品能保证本金100%的安全

B. 收益固定型个人外汇存款的期限会变动，可被银行提前终止

C. 个人外汇理财产品的客户要想获得高收益则要承担高风险，有时甚至是本金的损失

D. 结构性外汇理财产品也被称为"存款"，亦即没有投资风险

6. 下列关于利率／债券挂钩类理财产品的说法错误的是(   )。

A. 利率挂钩类理财产品与境内外货币的利率相挂钩，产品的收益取决于产品结构和利率的走势

B. 债券挂钩类理财产品收益较高，风险较大

C. 债券挂钩类理财产品一般投资期限固定，不得提前支取

D. 挂钩标的有伦敦银行同业拆放利率、国库券、公司债券等

7. 认沽期权赋予认沽权证持有人在到期日或(   )，根据若干转换比率，以行使价(   )相关股票或收取适当差额付款的权利。

A. 之前；购买　　　　B. 之前；出售　　　　C. 之后；购买　　　　D. 之后；出售

8. 某投资者购买了50 000美元利率挂钩外汇结构性理财产品(一年按360天计算)，该理财产品与LIBOR挂钩，协议规定，当LIBOR处于2%～2.75%时，给予高收益率6%；若任何一天LIBOR超出2%～2.75%，则按低收益率2%计算。若实际一年中LIBOR在2%～2.75%为90天，则该产品投资者的收益为(   )美元。

A. 1 400　　　　　　B. 1 500　　　　　　C. 1 600　　　　　　D. 1 700

二、多项选择题

1. 当前市场主要的银行理财产品有(   )。

A. 货币型理财产品　　　B. 债券型理财产品　　　C. 贷款类银行信托理财产品

D. 新股申购类理财产品　　E. 结构性理财产品

2. 下列关于债券型理财产品说法正确的是(   )。

A. 产品结构简单、投资风险小、客户预期收益稳定

B. 市场认知度高，客户容易理解

C. 目标客户主要为风险承受能力较高的投资者

D. 以国债、金融债和中央银行票据为主要投资对象

E. 通常被作为活期存款的替代品

3. 债券型理财产品资金主要投向(   )。

A. 银行间债券市场　　　B. 国债市场　　　　　C. 股票市场

D. 外汇市场　　　　　　　　E. 企业债市场

4. 对于投资者而言，购买债券型理财产品面临的最大风险来自(　　)。

A. 信用风险　　　　　　B. 流动性风险　　　　　　C. 汇率风险

D. 利率风险　　　　　　E. 政策风险

5. 结构性理财计划包括以下产品(　　)。

A. 利率挂钩型理财计划　　　　　　　　B. 外汇挂钩型理财计划

C. 股权挂钩型理财计划　　　　　　　　D. 信用挂钩型理财计划

E. 商品挂钩型理财计划

6. 外汇挂钩类理财产品的客户投资者面临的风险由(　　)导致。

A. 市场利率波动　　　　　　　　　　B. 外汇市场汇率波动

C. 提前终止权掌握在银行手里　　　　D. 不能提前支取，可能导致很高的机会成本

E. 股票市场价格指数波动

7. 下列关于外汇挂钩类理财产品的说法正确的有(　　)。

A. 外汇挂钩类理财产品的回报率取决于一组或多组外汇的汇率走势，即挂钩标的是一组或多组外汇的汇率

B. 对于外汇挂钩结构性理财产品的大多数结构形式而言，目前大致较为流行的是看好看淡，或区间式投资

C. 外汇挂钩类理财产品都必须有一个以上触及点

D. 一触即付期权严格地说是指在一定期间内，若挂钩外汇在期末触碰或超过银行所预先设定的触及点，则买方将可获得当初双方所协定的回报率

E. 双向不触发期权指在一定投资期间内，若挂钩外汇在整个期间未曾触及买方所预先设定的两个触及点，则买方将可获得当初双方所协定的回报率

8. 利率挂钩结构性金融衍生品的种类有(　　)。

A. 与利率正向挂钩产品　　B. 利率期货产品　　C. 与利率反向挂钩产品

D. 区间累计产品　　　　　E. 达标赎回型产品

9. 某投资者以贴现形式购买了一张面值为1 000元，期限为3年的可提前赎回债券，市场上同期限、同面值并且其他条件与上述可提前赎回债券完全一致的普通债券的购买价格为950元，则上述可提前赎回债券的购买价格可能为(　　)。

A. 1 000元　　　　　　B. 950元　　　　　　C. 930元

D. 900元　　　　　　　E. 890元

10. 下列关于ETF的说法正确的是(　　)。

A. ETF在本质上是开放式基金，与现有开放式基金没什么本质的区别

B. ETF可以在交易所挂牌买卖，投资者可以像交易封闭式基金那样在证券交易所直接买卖ETF份额

C. ETF基本是指数型开放式基金，但在交易所挂牌，交易非常便利

D. ETF的申购赎回也有自己的特色，投资者只能用与指数对应的一篮子股票申购或者赎回ETF

E. ETF与现有开放式基金一样以现金申购赎回

11. 结构性理财产品的主要风险有(　　)。

A. 挂钩标的物的价格波动　　　　　　　　B. 流动性风险

C. 系统性风险　　　　　　D. 收益风险　　　　　　E. 本金风险

12. 影响结构性理财计划收益率的金融市场因素包括(　　)。

A. 通货膨胀水平　　　　B. 客户投资者的风险偏好　　　　C. 金融市场流动性

D. 投资者结构与规模　　E. 金融产品的品种和结构

三、判断题

1. 由于货币型理财产品的投资方向是具有高信用级别的中短期金融工具，所以其信用风险低，流动性风险小。(　　)

2. 资金信托业务是指投资人基于对信托投资公司的信任，将自己合法拥有的资金委托给信托投资公司，由信托投资公司按投资人的意愿，以投资人的名义为受益人的利益或者特定目的管理、运用和处分的业务行为。(　　)

3. 信贷类银行信托理财产品投资的主要技术手段是通过收益的期限结构或者通过收益分层，分出优先级、次级受益人，由优先级受益人承担风险，并优先享受杠杆化收益。(　　)

4. 结构性理财产品的回报率通常取决于挂钩资产(即挂钩标的)的表现。(　　)

5. 通常，外汇挂钩类理财产品所挂钩的一组或多组外汇的汇率大都依据伦敦时间下午三时整在路透社或彭博社相应的外汇展示页中的价格而厘定。(　　)

6. 伦敦银行同业拆放利率(London Interbank Offer Rate，LIBOR)是全球贷款方及债券发行人的普遍参考利率，是目前国际间最重要和最常用的市场基准利率。(　　)

7. 国库券利率与商业票据、存款证等有密切的关系，国库券期货可为其他凭证在收益波动时提供套期保值。(　　)

8. 一般来说，商业银行推出的人民币理财计划等结构性金融衍生品的流动性都比较好。(　　)

9. 有相同名义收益率的利率挂钩型外汇理财产品的实际收益率会因为挂钩利率的变动范围不同而不同。(　　)

答案与解析

一、单项选择题

1. 答案与解析　A

货币型理财产品是投资于货币市场的银行理财产品。它主要投资于信用级别较高、流动性较好的金融工具，包括国债、金融债、中央银行票据、债券回购以及高信用级别的企业债、公司债、短期融资券，以及法律法规允许投资的其他金融工具。货币型理财产品具有投资期短，资金赎回灵活，本金、收益安全性高等主要特点。该类产品通常被作为活期存款的替代品。

2. 答案与解析　C

由于其他条件都相同，只有债券的计价货币不同，外币计价债券的额外风险只能产生于货币兑换过程中。汇率风险是指当债券到期还本付息时，投资者需要将外币收益兑换为本币，汇率的变动会使一定的外币收益能够兑换的本币额发生变化，从而可能给投资者带来损失。

3. 答案与解析　D

结构性理财产品是运用金融工程技术，将存款、零息债券等固定收益产品与金融衍生品(如远期、期权、掉期等)组合在一起而形成的一种新型金融产品。目前，结构性产品已经成为当今国际金融市场上发展最迅速、最具潜力的业务之一。

4. 答案与解析　D

在理财期内，经发行理财产品的银行同意，受托人有权根据市场情况提前终止链式信托，发行理财产品的银行也相应提前终止理财计划。投资人每月可在约定的理财合同提前终止申请日行使提前终止理财合同的权利。

5. 答案与解析　D

虽然结构性外汇理财产品也被称为"存款"，但是它有一定的投资风险，其面临风险包括：一是利率风险；二是汇率风险；三是流动性风险和资金的机会成本。

6. 答案与解析　B

债券挂钩类理财产品特点是收益不高，但非常稳定，一般投资期限固定，不得提前支取。B项表述错误，为应选项。

7. 答案与解析　B

认沽期权赋予认沽权证持有人在到期日或之前，根据若干转换比率，以行使价出售相关股票或收取适当差额付款的权利。

8. 答案与解析　B

90天利率按6%计算，270天按2%计算，则收益=50 000×2%×270/360+50 000×6%×90/360=1 500美元。

二、多项选择题

1. 答案与解析　ABCDE

以上各选项均为当前市场主要的银行理财产品。

2. 答案与解析　ABD

债券型理财产品是以国债、金融债和中央银行票据为主要投资对象的银行理财产品，D项正确。债券型理财产品的特点是产品结构简单、投资风险小、客户预期收益稳定，市场认知度高，客户容易理解，其目标客户主要为风险承受能力较低的投资者，AB正确，C项错误。货币型理财产品通常被作为活期存款的替代品，E项错误。

3. 答案与解析　ABE

债券型理财产品资金主要投向银行间债券市场、国债市场和企业债市场。

4. 答案与解析　BCD

对于投资者而言，购买债券型理财产品面临的最大风险来自利率风险、汇率风险和流动性风险。商业银行推出的债券型理财产品的投资对象主要是国债、金融债和中央银行票据等信用等级高的产品，因此，信用风险小。

5. 答案与解析　ABCDE

结构性理财产品就是嵌入衍生品的固定收益证券产品，较为典型的联系方式有：与利率挂钩、与汇率挂钩、与股票挂钩、与信用挂钩及与商品(商品交易指数或单个商品价格，如石油、黄金等)挂钩等。只要有"与……挂钩"字样的，都属于结构性理财产品。

6. 答案与解析　ABCD

外汇挂钩保本理财产品的风险大致有：流动性风险；保本理财产品回报的风险；到期时收取保证投资金额的风险，在未到期前将不会获得任何定期的收入；影响潜在回报的市场风险；汇率风险；提前终止的风险；未能成功认购保本理财产品的风险；投资者自身状况的风险。

7. 答案与解析　ABDE

外汇挂钩类理财产品基本上都可以有一个或一个以上触及点。

8. 答案与解析　ACDE

利率挂钩类理财产品是指与境内外货币的利率相挂钩，产品的收益取决于产品结构和利率的走势。主要包括：与利率正向挂钩产品、与利率反向挂钩产品、区间累计产品和达标赎回型产品。

9. 答案与解析　CDE

可提前赎回债券赋予了发行人可以赎回的权利，这对投资者不利，因此债券价格要比其他条件与可提前赎回债券完全一致的普通债券的购买价格低。

10. 答案与解析　ABCD

ETF在本质上是开放式基金，但其本身有三个鲜明特征：它可以在交易所挂牌买卖，投资者可以像交易单个股票、封闭式基金那样在证券交易所直接买卖ETF份额；ETF基本是指数型开放式基金，但与现有的指数型开放式基金相比，其最大优势在于，它是在交易所挂牌的，交易非常便利；其申购赎回也有自己的特色，投资者只能用与指数对应的一篮子股票申购或者赎回ETF，而不是现有开放式基金的以现金申购赎回。

11. 答案与解析　ABDE

系统性风险不是结构性理财产品的主要风险。

12. 答案与解析　CDE

A项不影响计划收益率，B项不属于金融市场因素。

三、判断题

1. 答案与解析　√

2. 答案与解析　×

资金信托业务中，信托投资公司按投资人的意愿，以自己的名义为受益人的利益或者特定目的进行管理、运用和处分。

3. 答案与解析　×

信贷类银行信托理财产品投资的主要技术手段是通过收益的期限结构或者通过收益分层，分出优先级、次级受益人，由次级受益人承担风险，但是享受杠杆化收益。

4. 答案与解析　√

5. 答案与解析 ×

通常，外汇挂钩类理财产品所挂钩的一组或多组外汇的汇率大都依据东京时间下午三时整在路透社或彭博社相应的外汇展示页中的价格而厘定。

6. 答案与解析 √

7. 答案与解析 √

8. 答案与解析 ×

结构性金融衍生品由于风险较高，流动性较差。

9. 答案与解析 √

利率挂钩型外汇理财产品的实际收益率=名义收益率×未超出规定范围的天数/投资期限。外汇理财产品的利率必须落入指定范围才能获得收益，因而利率范围越大，客户的实际收益率越高。

银行代理理财产品

　　银行代理理财产品是个人理财业务的重要组成部分，个人理财业务人员需要及时了解和掌握银行代理理财产品的情况。本章首先介绍银行代理理财产品的概念及其销售的基本原则，然后详细介绍六种银行代理理财产品，即基金、股票、保险、国债、信托、黄金。

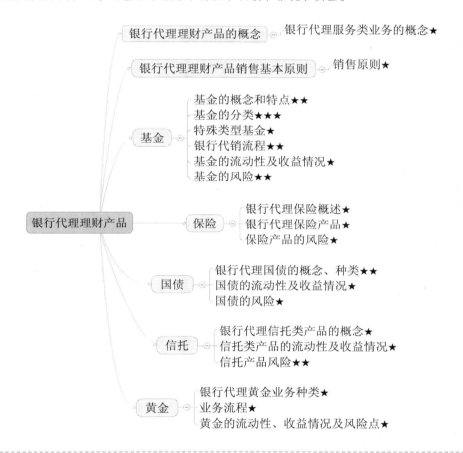

第1节　银行代理理财产品的概念

考点1　银行代理服务类业务的概念

　　银行代理服务类业务简称代理业务，指银行在其渠道代理其他企业、机构办理的、不构成商业银行表内资产负债业务，给商业银行带来非利息收入的业务。

第2节 银行代理理财产品销售基本原则

考点2 销售原则

1. 适用性原则：要综合考虑客户所属的人生周期以及相匹配的风险承受能力、客户的投资目标、投资期限长短、产品流动性等因素，为客户推荐适合的产品。

2. 客观性原则：应客观地向客户说明产品的各种要素。

> **例题1** 综合考虑客户所属的人生周期以及相匹配的风险承受能力、客户的投资目标、投资期限长短、产品流动性等因素，为客户推荐适合的产品是( )的要求。(单项选择题)
>
> A. 适用性原则   B. 合法性原则
>
> C. 客观性原则   D. 客户利益最大化原则
>
> **答案** A
>
> **解析** 银行代理理财产品销售的基本原则包括：适用性原则和客观性原则。适用性原则要求销售人员综合考虑客户所属的人生周期以及相匹配的风险承受能力、客户的投资目标、投资期限长短、产品流动性等因素，为客户推荐适合的产品。客观性原则要求客观地向客户说明产品的各种要素。

第3节 基金

考点3 基金的概念和特点

1. 概念：基金是通过发行基金份额或收益凭证，将投资者分散的资金集中起来，由专业管理人员投资于股票、债券或其他金融资产，并将投资收益按持有者投资份额分配给持有者的一种利益共享、风险共担的金融产品。

2. 特点：①集合理财、专业管理；②组合投资、分散投资；③利益共享、风险共担；④严格监管、信息透明；⑤独立托管、保障安全。

> **例题2** 下列不属于证券投资基金特点的是( )。(单项选择题)
>
> A. 由专家运作、管理   B. 风险小，与证券市场没有任何关系
>
> C. 投资小、费用低   D. 组合投资、分散风险
>
> **答案** B
>
> **解析** 证券投资基金是一种间接的证券投资方式，投资者是通过购买基金而间接投资于证券市场的。证券投资基金的特点为：①规模经营，通过进行规模经营，降低交易成本，从而获得规模收益的好处；②分散投资；③专业化管理；④费用低。

考点4　基金的分类

1. 按收益凭证是否可赎回，分为开放式基金和封闭式基金(如表5.1所示)。

表5.1　封闭式基金与开放式基金的比较

	封闭式基金	开放式基金
交易场所	沪、深证券交易所	基金管理公司或银行等代销机构网点，部分基金可以在交易所上市交易
基金存续期限	有固定期限	没有固定期限
基金规模	固定额度，一般不能再增加发行	规模不固定，但有最低规模要求
赎回限制	在期限内不能直接赎回基金，须通过上市交易套现	可以随时提出购买或赎回申请
价格决定因素	价格主要由市场供求关系决定	价格依据基金的资产净值而定
分红方式	现金分红	现金分红、再投资分红
费用	交易手续费为成交金额的2.5%	申购费不超过申购金额的5%；赎回费不超过赎回金额的5%
投资策略	不可赎回，无须提取准备金，能够充分运用资金，进行长期投资，取得长期经营绩效	随时面临赎回压力，须更注重流动性等风险管理，进行长期投资会受到一定限制；要求基金管理人具有更高的投资管理水平
信息披露	单位资产净值每周至少公告一次	单位资产净值于每个开放日进行公告

2. 按投资对象不同，分为股票型基金、债券型基金、混合型基金、货币市场基金。

股票型基金投资股票的比例不得低于60%，特征是高风险、高收益；债券型基金投资债券的比例不得低于80%，特征是较低风险、较低收益；混合型基金通过不同资产类别的配置投资，实现风险和收益上的平衡；货币市场基金以货币市场工具为投资对象，特征是低风险、低收益、高流动性。

3. 按投资目标的不同，分为成长型基金、收入(收益)型基金和平衡型基金(如表5.2所示)。

表5.2　成长型基金、收入型基金与平衡型基金的比较

	成长型基金	收入型基金	平衡型基金
投资目的	重视长期成长，强调经常性收益	强调单位价格增长，获取稳定的、最大化的当期收入	平衡型基金的资产构造则既要获得一定的当期收入，又要追求组合资产的长期增值
投资工具	常是风险较大的金融产品	一般为风险较小、资本增值有限的金融产品	
资产分布	现金持有量较小，大部分资金投资于资本市场	持有量较大，投资倾向多元化，注重分散风险	
派息情况	一般不直接将股息分配给投资者，而将股息再投资以追求更高的回报率	一般均按时派息给投资者，使投资者有固定的收入来源	

4. 按投资理念不同，分为主动型基金和被动型基金。

主动型基金是通过主动管理，力求取得超越基金组合表现的基金；被动型基金一般选取特定指数作为跟踪对象，以复制跟踪对象的表现，被称为"指数基金"。

5. 按募集方式不同，分为公募基金和私募基金。

6. 按法律地位不同，分为公司型基金和契约型基金(如表5.3所示)。

表5.3　公司型基金和契约型基金的比较

	公司型基金	契约型基金
法律依据	依公司法组建并依公司章程经营	依基金契约组建，依基金契约经营
实体地位	是具有法人资格的股份有限公司	不具有法人资格
投资者地位	是公司股东，有权对公司重大经营决策发表意见	是受益人，对基金运用没有发言权
融资渠道	可以向银行申请借款	一般不向银行借款
资金运营	一般具有永久性，除非到破产、清算阶段	契约期满，基金运营停止

例题3　下列描述中，适于描述开放式基金的有(　　)个，适于描述封闭式基金的有(　　)个。①基金的资金规模具有可变性；②在证券交易所按市价买卖；③所募集到的资金可全部用于投资；④受益凭证可赎回；⑤依据公司法组建，并依据公司章程经营基金资产；⑥投资者欲买入基金时，只有向基金管理公司或销售机构申购这一种渠道。(单项选择题)

A. 2,3　　　　　　　　B. 3,2　　　　　　　　C. 1,2　　　　　　　　D. 2,1

答案　B

解析　证券投资基金按收益凭证是否可赎回，分为开放式基金和封闭式基金。开放式基金是指基金的总份额不固定，基金发行以后，基金持有者可随时向基金管理公司或销售机构申购或要求赎回基金份额，即基金的份额始终处于一种开放的状态。①④⑥适于描述开放式基金。封闭型基金已经发售完毕，基金总额就确定了，基金份额不可赎回也不接受申购。但投资者可以在证券交易所交易已发行的基金份额。由于基金总额不变，筹集到的资金可全部用于投资。②③适于描述封闭型基金。⑤描述的是公司型基金的特点。

考点5　特殊类型基金

基金中的基金FOF：专门投资于其他证券投资基金而间接持有股票、债券等证券资产，是结合基金产品创新和销售渠道创新的基金新品种。

交易型开放式指数基金ETF：跟踪"标的指数"变化且在交易所上市的开放式基金。

上市开放式基金LOF：申购、赎回都是基金份额与现金的交易，可在代销网点交易的开放式基金。

QDII基金：在一国境内设置、经批准可以在境外证券市场进行股票、债券等有价证券投资的基金。

基金"一对多"专户理财：又称基金管理公司独立账户资产管理业务，是基金管理公司向特定对象(主要是机构客户和高端个人客户)提供的个性化财产管理服务。

考点6　银行代销流程

1. 基金开户

进行基金投资，投资者首先需要开立基金交易账户和基金TA账户，办理基金交易账户后，才可以开立基金TA账户；购买不同基金公司发行的基金，需要开立不同的基金TA账户。

2. 基金认购

定义：基金认购是指投资者在开放式基金募集期间申请购买基金份额的行为。

原则：金额认购、面额发行。

办理：投资者办理认购必须在基金份额发售公告规定的募集期限和规定时间内提交申请。认购申请一经成功受理，不得撤销。在募集结束及达到基金合同生效条件时，基金注册与过户登记人为投资者计算认购份额并登记权益。

3. 基金申购

定义：基金申购是指投资者在基金存续期内基金开放日申请购买基金份额的行为。

基金申购时投资者可选择的收费模式：申购前收费份额类别或申购后收费份额类别。

办理：投资者于T日申购基金成功后，正常情况下，基金注册登记人于T+1日为投资者增加权益并办理注册登记手续，投资者于T+2日起可赎回该部分基金份额。

原则："未知价"原则，投资者申购以申购日(T日)的基金份额净值为基础计算申购份额。T日的基金份额净值在当天收市后计算，并在T+1日公告。

定期定额申购：是指投资者通过向开办此业务的销售机构申请，与销售机构约定每期扣款时间、扣款金额及扣款方式，由销售机构于每期约定扣款日在投资者指定银行账户内自动完成扣款及基金申购申请的一种投资方式。

申购费收费方式：前端收费、后端收费。前端收费指投资者在申购基金时缴纳申购费用，按投资金额划分费率；后端收费指投资人在赎回时缴纳申购费用，以持有时间划分费率档次。二者都是针对申购费而言，与赎回费无关。

4. 基金赎回

(1) 定义

基金赎回是指在基金存续期间，将手中持有的基金份额按一定价格卖给基金管理人并收回现金的行为。赎回后的剩余基金份额不能低于基金公司规定的最小剩余份额，否则，基金管理人有权将该基金份额类别的余额部分一并赎回。

(2) 处理原则

① "未知价"赎回原则。投资者赎回基金，只能以赎回日(T日)的基金份额净值为基础计算赎回资金。

② "份额赎回"原则。在未知价情况下，投资者以份额申请赎回。

(3)若发生巨额赎回(单个开放日基金净赎回超过基金总份额的10%时，为巨额赎回)，基金管理人可以根据基金当时的资产组合情况决定采用全额赎回或部分顺延赎回的方式。投资者在赎回基金时，须选择是否顺延赎回。如选择顺延赎回，在遇巨额赎回的情况时，则当日赎回不能全额成交部分延续至下一交易日继续赎回；如选择非顺延赎回，则当日赎回不能全额成交部分，在下一交易日不再继续赎回；如未作选择，则视同顺延赎回。

5. 基金转换

基金转换是指投资者不需要先赎回已持有的基金份额，就可以将其持有的基金份额转换成同一家基金管理公司管理的另一种基金份额的业务模式。

基金注册与过户登记人以申请有效日为基金转换日(T日)，正常情况下，基金注册登记人于T+1日为投资者的转出及转入基金份额分别进行权益扣除和权益增加，转入的基金份额于T+2日可赎回。

6. 基金分红

基金分红是指基金将收益的一部分以现金形式派发给投资人，这部分收益原来就是基金单位净值的一部分。基金管理公司必须以现金形式分配至少90%的基金净收益，并且每年至少一次。

> **例题4** 下列关于基金申购的说法，错误的是( )。(单项选择题)
> A. 基金申购是指投资者在开放式基金募集期间申请购买基金份额的行为
> B. 投资者可以在银行和基金公司的网站上进行基金申购
> C. 投资者于T日申购基金成功后，正常情况下，T+2日起可赎回该部分基金份额
> D. 基金申购采取"未知价"原则
>
> **答案** A
>
> **解析** 基金申购是指投资者在基金存续期内基金开放日申请购买基金份额的行为。

考点7 基金的流动性及收益情况

1. 基金的流动性：开放式基金通过申购和赎回实现转让，流动性强。货币市场基金有"活期储蓄"、"准储蓄"之称，客户可以随时申购、赎回。

2. 证券投资基金的收益主要有：①证券买卖差价，也称资本利得；②红利收入；③债券利息；④存款利息收入。基金收益水平取决于基金管理人管理运用基金资产的能力。

基金可分配收益：也称基金净收益，是基金收益扣除按照国家规定可以扣除费用等项目后的余额。

基金收益分配形式：一般有分配现金(现金分红)和分配基金单位(红利再投资)两种。

影响基金类产品收益的因素：一是来自基金的基础市场，即基金所投资的对象产品；二是来自基金自身的因素。

各类基金的收益由高到低的一般排序：股票型基金、混合型基金、债券型基金和货币市场型基金。

考点8 基金的风险

基金的风险是指购买基金遭受损失的可能性。基金的资产运作无法消灭风险，并且可能由于基金管理人运作不当加剧亏损。

各只基金的风险状况不同，如成长型基金比较适合风险承受能力强、追求高投资回报的投资者；而收入型基金则比较适合退休的、以获得稳定现金流为目的的稳健投资者。

基金产品主要包括两种风险：①价格波动风险；②流动性风险。

> **例题5** 基金的价格波动风险表现在( )。(多项选择题)
> A. 基金组合中股票价格的波动
> B. 基金组合中债券价格的波动
> C. 开放式基金可能发生巨额赎回导致赎回时间延长
> D. 封闭式基金可能会在一定价格下无法及时出售
> E. 基金管理人操作失误
>
> **答案** AB
>
> **解析** 由于股票和债券的价格会有波动，AB是基金的价格波动风险。

例题6 证券投资基金通过集合资金，分散投资组合，使得基金的风险降低到无风险的程度。（　　）（判断题）

答案 ×

解析 证券投资基金通过分散化投资可以分散非系统性风险，不能分散系统性风险，因此不可能将投资组合的风险降低到无风险的程度。

第4节　保险

■ 考点9　银行代理保险概述

1. 概念：银行代理保险是保险公司和商业银行采取相互协作的战略，充分利用和协同双方的优势资源，通过银行的销售渠道代理销售保险公司的产品，以一体化的经营方式来满足客户多元化金融需求的一种综合化的金融服务。

2. 银行代理保险的范围：包括人身保险和财产保险。人身保险中的分红险、万能险占据市场主流。财险主要包括房贷险、企业财产保险、家庭财产保险等。

银行网点开办保险代理业务，必须"取得保险监督管理机构颁发的保险兼业代理业务许可证"，并与保险公司签订代理协议。

3. 保险产品的特点：最显著的特点是具有其他投资理财工具不可替代的保障功能。利用保险产品还可以合理避税并实现财产的完整转移或传承。

例题7 目前，银行代理的保险险种中，占据主流的是（　　）。（多项选择题）

A. 房贷险　　　　　　B. 家庭财产险　　　　　　C. 分红险

D. 万能险　　　　　　E. 投连险

答案 CD

解析 占据市场主流的三大险种全部来自寿险，包括分红险、万能险。

■ 考点10　银行代理保险产品

银行代理保险产品类别如表5.4所示。

表5.4　银行代理保险产品类别

人身保险	分红险	指保险公司在每个会计年度结束后，将上一会计年度该类分红保险的可分配盈余，按一定比例，以现金红利或增值红利的方式，分配给客户的一种人寿保险
	万能险	指可以任意支付保险费以及任意调整死亡保险金给付金额的人寿保险
	投连险	集保障和投资于一身，可以获得保障金的同时还可获得保险公司用保费投资取得的收益
财产保险	房贷险	一种保证保险。目前各银行普遍规定，购房者向银行贷款的同时必须在保险公司购买房贷险
	企业财产保险	指以投保人存放在固定地点的财产和物资作为保险标的的一种保险
	家庭财产保险	指以公民个人家庭生活资料作为保险标的的保险

例题8 保险产品最显著的特点是具有其他投资理财工具不可替代的( )。(单项选择题)

A. 保障功能   B. 投机功能   C. 储蓄功能   D. 投资功能

答案 A

解析 在日常生活中，个人和家庭通过购买保险产品，将风险转移给保险公司而具有保障功能。

考点11 保险产品的风险

保险合同有长期性的特点；应根据自己的实际需要进行合理的险种搭配，并适时地更换保险品种。

例题9 下列关于保险产品的论述正确的是( )。(单项选择题)

A. 利用保险产品还可以合理避税并实现财产的完整转移或传承

B. 保险产品用于规避风险，不能用于投资

C. 保险产品投资收益率高于债券

D. 以上各项都是错误的

答案 A

解析 投资型保险产品同时具有保障功能和投资功能，能够满足个人和家庭的风险保障和投资需要。保险产品的投资收益水平取决于投资账户中投资单位价值总额的高低，这部分的保障水平通常无法事先确定，具有不确定性。BCD错误。

第5节 国债

考点12 银行代理国债的概念、种类

1. 概念：国债是国家信用的主要形式。我国的国债专指财政部代表中央政府发行的国家公债，由国家财政信誉作担保，信誉度非常高，历来有"金边债券"之称。

2. 种类：凭证式国债、电子式储蓄、记账式国债。

① 凭证式国债是一种国家储蓄债，可记名、挂失，以"凭证式国债收款凭证"记录债权，不能上市流通，从购买之日起计息。在持有期内可提前兑取，利息按实际持有天数及相应的利率档次计算，经办机构按兑付本金的2‰收取手续费。

② 电子式储蓄国债是财政部在境内发行的，以电子方式记录债权的不可流通人民币债券，它只面向境内个人投资者发售。

③ 记账式国债以记账形式记录债权，通过银行间市场或证券交易所的交易系统发行和交易，可以记名、挂失。其发行和交易均无纸化，效率高、成本低、交易安全。投资者进行记账式证券买卖，必须在证券交易所设立账户。

例题10 投资者必须在证券交易所设立账户，才能买卖的国债是( )。(单项选择题)

A. 凭证式国债   B. 储蓄式国债

C. 实物式国债   D. 记账式国债

答案 D

解析 记账式国债以记账形式记录债权。通过证券交易所的交易系统发行和交易，可以记名、挂失。投资者进行记账式国债买卖，必须在证券交易所设立账户。

考点13　国债的流动性及收益情况

1. 流动性：国债流动性一般弱于股票但高于公司债券，短期国债的流动性好于长期国债。

2. 收益情况：一般而言，国债的收益高于现金存款或货币市场金融工具，小于股票、基金产品。

主要收益来源：利息收益和价差收益。

收益的影响因素：债券期限、基础利率、市场利率、票面利率、债券的市场价格、流动性、债券信用等级、税收待遇以及宏观经济状况等。

考点14　国债的风险

1. 价格风险，也叫利率风险。债券价格与利率变化成反比。当利率上涨时，债券价格下跌。对于在到期日前转让债券的投资者来说，利率上涨引起的债券价格下跌会减损投资者的资产收益。债券的到期时间越长，利率风险越大。

2. 再投资风险。当市场利率下降，短期债券的持有人若进行再投资，将无法获得原有的较高息票率，这就是再投资风险。利率风险和再投资风险是此消彼长的关系。

3. 违约风险。一般来说，国债的违约风险最低，因此一般也被称为无风险债券，公司债券的违约风险相对较高。公司债券的违约风险一般通过信用评级表示。

4. 赎回风险。可赎回债券往往规定有赎回保护期，在保护期内，发行人不得行使赎回权。常见的赎回保护期是发行后的5～10年。

5. 提前偿付风险。如果利率下降，债券的提前偿付就会使投资者面临再投资风险。

6. 通货膨胀风险。当发生通货膨胀时，投资者投资债券的利息收入和本金都会受到不同程度的价值折损。

第6节　信托

考点15　银行代理信托类产品的概念

1. 定义：银行代理信托类产品是指信托公司委托商业银行代为向合格投资者推介信托计划。商业银行只承担代理资金收付责任，不承担信托计划的投资风险。

2. 特点：①以信任为基础的财产管理制度；②财产权利主体与利益主体相分离；③经营方式灵活、适应性强；④财产具有独立性；⑤管理具有连续性；⑥受托人不承担无过失的损失风险；⑦利益分配、损益计算遵循实绩原则；⑧具有融通资金的职能。

3.种类(如表5.5所示):

表5.5　信托的种类

划分依据	种类
按信托关系建立的方式	任意信托
	法定信托
按委托人或受托人的性质不同	法人信托
	个人信托
按信托财产的不同	资金信托
	动产信托
	不动产信托
	其他财产信托

考点16　信托类产品的流动性及收益情况

1.流动性：流动性比较差。在通常情况下，信托资金不可以提前支取。但如果合同有约定，则在信托合约生效后几个月，委托人(受益人)可以转让信托受益权。

2.收益情况：信托机构根据信托合同约定管理和处理信托财产而获得的收益，全部归受益人所有，发生的亏损全部由委托者承担。信托资产管理人的信誉状况和投资运作水平对资产收益有决定性影响。

例题11　决定信托产品收益和风险的主要因素是(　　)。(单项选择题)

A.国家宏观经济状况　　　　　　　　B.市场投资者的信心

C.信托公司的资产规模　　　　　　　D.投资项目的方向

答案　D

解析　投资项目的方向决定了该信托产品的收益率和风险。

考点17　信托产品风险

1.投资项目风险：包括项目的市场风险、财务风险、经营管理风险等。

2.项目主体风险：银行担保的信托产品风险较低。

3.信托公司风险：主要包括项目评估风险和信托产品的设计风险。信托公司项目评估能力的高低和信托产品设计水平将直接决定信托产品的风险高低。

4.流动性风险：信托产品流动性差，缺少转让平台，存在较大的流动性风险。

信托管理公司通常只对信托产品承担有限责任，绝大部分风险是由信托业务委托人来承担。

例题12　在银行代理的信托理财产品中，产品面临的风险主要有(　　)。(多项选择题)

A.投资项目风险　　　　B.项目主体风险　　　　C.信托公司风险

D.银行信用风险　　　　E.流动性风险

答案　ABCE

解析　信托产品的风险主要包括：投资项目风险；项目主体风险；信托公司风险；流动性风险。

第7节 黄金

考点18 银行代理黄金业务种类

1. 条块现货：保存不便，移动不易。

2. 金币：纯金币和纪念金币。

3. 黄金基金：是将资金委托专业经理人全权处理，用于投资黄金类产品，属于风险较高的投资方式，适合喜欢冒险的积极型投资人。

4. 纸黄金：通常也称为"黄金存折"。

> **例题13** 某商业银行的一位客户计划投资黄金，则银行从业人员可以建议客户选择的投资方式有（　　）。(多项选择题)
>
> A. 条块现货　　　　B. 金币　　　　　C. 黄金基金
>
> D. 纸黄金　　　　　E. 黄金期货
>
> **答案** ABCD
>
> **解析** 目前我国银行代理的黄金业务种类包括：条块现货、金币、黄金基金和纸黄金。

考点19 业务流程

1. 实物黄金业务流程：客户选择开办实物黄金的网点办理业务→填写实物黄金购买申请表→将申请表、身份证、现金或卡折提交柜员→收取或代保管黄金产品、成交单及发票。

2. 纸黄金业务流程：客户只需持现金或在银行开立的储蓄卡折以及身份证等有效证件，即可按银行公布的价格进行纸黄金的购买。

3. 黄金代销：银行可以与公司企业签订代销协议，作为代理设立销售柜台，并接纳黄金产品销售或购买申请。

> **例题14** 个人实盘黄金买卖的投资者在需要时可以向银行申请办理黄金的实物交割。(　　)(判断题)
>
> **答案** ×
>
> **解析** 纸黄金交易只能通过账面反映买卖状况，不能提取实物黄金。

考点20 黄金的流动性、收益情况及风险点

1. 流动性：对于投资者来说，黄金流动性较其他证券类投资品差。

2. 收益情况：黄金可以分散投资总风险，可以保值。

3. 风险点：投资黄金等贵金属不能取得利息和股利，且价格受国际市场影响较大，所以市场风险是第一位的。国内黄金市场不充分，变现相对困难，有流动性风险。

第8节 同步强化训练

一、单项选择题

1. 基金投资者要缴纳的直接费用是(　　)。

A. 申购费用　　　　　　B. 管理费用　　　　　　C. 托管费用　　　　　　D. 基金投机交易费用

2. (　　)是指投资者在开放式基金募集期间申请购买基金份额的行为。

A. 基金开户　　　　　　B. 基金认购　　　　　　C. 基金申购　　　　　　D. 基金赎回

3. 投资者于T日申购基金成功后，正常情况下，基金注册登记人于(　　)日为投资者增加权益并办理注册登记手续。

A. T　　　　　　　　　B. T+1　　　　　　　　C. T+2　　　　　　　　D. T+5

4. 我国市场的证券投资基金均为(　　)。

A. 公司型基金　　　　　B. 契约型基金　　　　　C. 开放式基金　　　　　D. 凭证式国债

5. 证券投资基金可以通过有效的资产组合最大限度地(　　)。

A. 规避通货膨胀风险　　　　　　　　　　B. 降低非系统性风险

C. 降低系统性风险　　　　　　　　　　　D. 降低市场风险

6. 证券投资基金的收益来源不包括(　　)。

A. 证券买卖差价　　　　　　　　　　　　B. 证券价格波动率上升

C. 红利收入　　　　　　　　　　　　　　D. 存款利息收入

7. 注重基金的长期成长，强调为投资者带来经常性收益的是(　　)。

A. 收入型基金　　　　　　　　　　　　　B. 指数型基金

C. 成长型基金　　　　　　　　　　　　　D. 平衡型基金

8. 以下对股票和债券特征的比较，其中不正确的是(　　)。

A. 股票的期限是不确定的，债券通常有确定的到期日

B. 普通股票所有者可以参与公司决策，债券持有者则通常无此权利

C. 股票不具有偿还性，而债券到期时发行人必须偿还债券本息

D. 股票和债券都是权益证券

9. 下列关于保险产品特点的说法错误的是(　　)。

A. 最显著的特点是具有合理避税功能

B. 通过购买保险产品，可以将个人或家庭面临的风险进行分散和转移

C. 购买保险产品是有效的税收筹划方法

D. 个人或家庭购买保险所获得的保险赔偿(给付)金，可依法享受不同程度的税收减免优惠

10. 没有实物形态的票券，利用账户通过电脑系统完成国债发行、交易及兑付的债券是(　　)。

A. 凭证式国债　　　　　B. 记账式国债　　　　　C. 储蓄国债　　　　　　D. 实物国债

11. 一般而言，按收益率从小到大顺序排列正确的是(　　)。

A. 普通债券、普通股票、国债　　　　　　B. 国债、普通债券、普通股票

C. 普通股票、国债、普通债券　　　　　　D. 普通股票、普通债券、国债

12. ( )不属于国债投资的特征。

A. 安全性高　　　　　　　　　　　　　B. 免税待遇

C. 流动性比股票强　　　　　　　　　　D. 收益率比货币市场金融工具高

13. 证券信用评级的主要对象为( )。

A. 中央政府的债券　　　　　　　　　　B. 国际债券和优先股股票

C. 普通股股票　　　　　　　　　　　　D. 各类公司债券

14. ( )指标不能用来衡量债券的收益性。

A. 即期收益率　　　　B. 到期收益率　　　　C. 提前赎回收益率　　　　D. 债券价格波动率

15. 债券的利率风险通常包括再投资风险和( )。

A. 提前赎回风险　　　　B. 价格风险　　　　C. 信用风险　　　　D. 通货膨胀风险

16. 最适合衡量公司债券的违约风险高低的指标是( )。

A. 到期收益率　　　　　　　　　　　　B. 债券价格波动率

C. 信用评级　　　　　　　　　　　　　D. 资产负债率

17. 下列关于债券赎回的说法，不正确的是( )。

A. 有的债券契约赋予发行人在到期日前全部或部分赎回已发行债券的权利

B. 附有赎回权的债券的潜在资本增值有限

C. 在保护期内，发行人可以行使赎回权

D. 发行人可以通过使用这项权利以更低的利率筹集资金

18. CPI上涨了5%，则债券投资者承担的风险是( )。

A. 价格风险　　　　B. 再投资风险　　　　C. 通货膨胀风险　　　　D. 违约风险

19. 人们常说的"纸黄金"是指( )。

A. 黄金基金　　　　B. 黄金存折　　　　C. 金币　　　　D. 黄金期货

20. 基金份额总额不固定，而且可以在基金合同约定的时间和场所申购或者赎回的基金是( )。

A. 契约型基金　　　　B. 公司型基金　　　　C. 封闭式基金　　　　D. 开放式基金

21. 封闭式投资基金和开放式投资基金是对投资基金按( )标准进行的分类。

A. 按投资基金的组织形式　　　　　　　B. 按投资基金能否赎回

C. 按投资基金的投资对象　　　　　　　D. 按投资基金的风险大小

22. 开放式基金的交易价格主要取决于( )。

A. 基金总资产　　　　B. 供求关系　　　　C. 基金净资产　　　　D. 基金负债

23. 投资者在银行购买纸黄金，依据的价格是( )。

A. 国际黄金现货价格　　　　　　　　　B. 中国黄金期货交易所公布的价格

C. 银行公布的价格　　　　　　　　　　D. 银行和客户的协议价格

二、多项选择题

1. 银行代理理财产品销售的基本原则有( )。

A. 适用性原则　　　　B. 收益最大原则　　　　C. 客观性原则

D. 主观性原则　　　　E. 服从客户意愿原则

2. 下列关于基金认购的说法正确的是(　　)。

A. 基金认购是指投资者在开放式基金募集期间申请购买基金份额的行为

B. 基金认购采用"金额认购、面额发行"的原则

C. 认购期一般按照基金面值一元钱购买基金，认购费率通常也要比申购费率优惠

D. 投资者办理认购必须在基金份额发售公告规定的募集期限和规定时间内提交申请

E. 认购申请一经成功受理，必要时可以撤销

3. 下列关于基金申购的说法正确的有(　　)。

A. 投资者在进行基金申购时应选择申购前收费份额类别

B. 投资者于T日申购基金成功后，正常情况下，基金注册登记人于T+1日为投资者增加权益并办理注册登记手续，投资者于T+2日起可赎回该部分基金份额

C. 基金申购采取"未知价"原则，投资者申购以申购日次日(T+1日)的基金份额净值为基础计算申购份额

D. 投资者在办理定期定额申购时，每次供款金额不得少于基金管理人规定的定期定额申购业务最低每期供款金额

E. 投资人必须在申购基金时缴纳申购费用

4. 下列关于基金赎回的说法正确的有(　　)。

A. 基金赎回是指在基金存续期间，将手中持有的基金份额按一定价格卖给基金管理人并收回现金的行为

B. 赎回后的剩余基金份额不能低于基金公司规定的最小剩余份额(一般最低要求持有2 000份)

C. 基金销售机构可以对基金账户在销售机构托管的每只基金份额类别的最低持有份额进行规定

D. 对于赎回业务，注册登记人对份额明细的处理原则为"先进先出"原则，即份额注册日期在前的先赎回，份额注册日期在后的后赎回

E. 依据基金合同，若发生巨额赎回，基金管理人可以根据基金当时的资产组合情况决定采用全额赎回或部分顺延赎回的方式

5. 以下对货币市场基金的论述正确的是(　　)。

A. 国库券、银行定期存单等是货币市场基金的投资工具

B. 货币市场基金所投资的工具风险较低，收益率较高

C. 货币市场基金的管理费用通常比股票基金或债券基金的低

D. 货币市场基金的风险要比银行存款的高

E. 货币市场基金投资的资产的期限比较短，通常在一年以内

6. 货币市场基金的投资对象包括(　　)。

A. 银行短期存款　　　　　B. 短期国库券　　　　　C. 股票组合

D. 银行承兑票据　　　　　E. 股指期货

7. 基金合同应当包括的内容有(　　)。

A. 基金收益的分配原则　　　　　　　　B. 基金托管人报酬费和支付方式

C. 基金财产的投资方向和投资限制　　　D. 争议的解决方式

E. 基金未达到法定要求的处理方式

8. 证券投资基金种类繁多，各个基金的风险状况也不同，投资者在作出决策前应当充分考虑自身的(　　)情况。

A. 投资目标　　　　　B. 风险偏好　　　　　C. 所处的生命周期阶段

D. 税收状况　　　　　　　　E. 其他约束条件

9. 基金的流动性风险表现在(　　)。

A. 基金组合中股票价格的波动

B. 基金组合中债券价格的波动

C. 开放式基金可能发生巨额赎回导致赎回时间延长

D. 封闭式基金可能会在一定价格下无法及时出售

E. 基金管理人操作失误

10. 推荐客户购买保险产品，可以实现客户的(　　)理财目标。

A. 消除风险的不确定性给个人和家庭带来的忧虑

B. 在发生风险事件时可使客户迅速恢复安定生活

C. 使得客户的消费在一定时期内尽量平稳，避免大的波动

D. 通过合法的手段降低客户的税收负担

E. 实现客户资产的最快增值

11. 一般而言，按流动性从高到低顺序排列正确的有(　　)。

A. 股票、公司债券、国债　　　　　　　B. 公司债券、国债、股票

C. 股票、国债、公司债券　　　　　　　D. 短期国债、长期国债

E. 长期国债、短期国债

12. 债券的风险来自于(　　)因素。

A. 股票价格指数的波动率上涨　　　　　B. 消费者物价指数的变动

C. 发行者的信用等级　　　　　　　　　D. 市场利率的波动性增强

E. 流动性因发行公司的财务和经营状况变化而发生变化

13. 下列关于债券投资的价格风险的说法正确的有(　　)。

A. 也叫利率风险，是指市场利率变化对债券价格的影响

B. 债券价格与利率变化成反比。当利率上涨时，债券价格下跌

C. 债券价格与利率变化成反比。当利率上涨时，债券价格上涨

D. 对于在到期日前转让债券的投资者来说，利率上涨会减损投资者的资产收益

E. 债券的到期时间越长，利率风险越小

14. 下列关于信托类产品的收益情况，说法正确的有(　　)。

A. 信托机构通过管理和处理信托财产而获得的收益，全部归受益人所有

B. 信托机构处理受托财产而发生的亏损全部由委托者承担

C. 信托机构处理受托财产而发生的亏损全部由受托者承担

D. 信托资产管理人的信誉状况和投资运作水平对资产收益有决定性影响

E. 委托人的投资决策对资产收益有决定性影响

15. 一般来说，国债发行方式有(　　)。

A. 直接发行　　　　　　B. 代销发行　　　　　　C. 承购包销发行

D. 竞争性招标拍卖发行　　E. 非竞争性招标拍卖发行

16. 证券投资基金按照投资工具的品种，可以分类为(　　)。

A. 股票基金　　　　　　B. 成长型基金　　　　　　C. 债券基金

D. 货币市场基金　　　　　E. 平衡型基金

17. 以下关于封闭式证券投资基金与开放式证券投资基金的区别的论述中，正确的是(　　)。

A. 开放式基金的全部资金都用于证券投资，封闭式基金则保有一部分现金

B. 开放式基金的份额是可变的，而封闭式基金的份额是不变的

C. 投资者可以随时向开放式基金申购或赎回基金份额，投资封闭式基金时，只能按市价买卖

D. 开放式基金的买卖价格是以基金单位的资产净值为基础计算的，封闭式基金若上市交易，则其买卖价格受市场供求的影响较大

E. 开放式基金的单位资产净值每周至少公告一次，封闭式基金的单位资产净值于每个开放日进行公告

18. 成长型基金与收入型基金的区别体现在(　　)。

A. 成长型基金重视基金的长期成长，强调为投资者带来经常性收益

B. 收入型基金强调基金单位价格的增长，使投资者获得稳定的、最大化当期收入

C. 成长型基金投资的资产风险较小，收入型基金投资的资产风险较大

D. 成长型基金中现金持有量较小，收入型基金中现金持有量比较大

E. 成长型基金一般不会直接将股息分配给投资者，而是将股息再投资于市场

19. 公募基金与私募基金的区别表现在(　　)。

A. 公募基金的期望收益率高于私募基金的期望收益率

B. 公募基金募集的对象通常是不固定的，而私募基金募集的对象是确定的

C. 公募基金的最小金额要求较低，私募基金要求较高的投资金额

D. 公募基金投资的领域是国内，私募基金投资的领域是国外

E. 公募基金要定时公开披露信息，私募基金不必公开披露信息

三、判断题

1. 进行基金投资，投资者首先需要开立基金交易账户和基金TA账户。投资者使用银行卡办理基金TA账户后，才可以开立基金交易账户。(　　)

2. 投资者在银行开立一个基金TA账户后，可用其购买不同基金公司发行的基金。(　　)

3. 基金认购以金额申请，认购的有效份额按实际确认的认购金额在扣除相应的费用后，以基金份额面值为基准计算。(　　)

4. 在基金认购期内产生的利息以注册登记中心的记录为准，在基金成立时，自动转换为投资者的基金份额，即利息收入增加了投资者的认购份额。(　　)

5. 基金的前端收费是针对申购费而言的，后端收费是针对赎回费而言的。(　　)

6. 赎回后的剩余基金份额不能低于基金公司规定的最小剩余份额，否则，基金管理人有权拒绝基金赎回。(　　)

7. 投资者在持有某基金公司发行的某一开放式基金后，如果想要申购该基金公司管理的其他开放式基金，应当先赎回已持有的基金单位，再申购目标基金。(　　)

8. 基金分红分为现金分红和红利再投资两种形式。一般银行系统默认为红利再投资。(　　)

9. 一般而言，各类基金的收益特征由高到低的排序依次是：股票型基金、债券型基金、混合型基金和货币市场型基金。(　　)

10. 证券投资基金是一种利益共享、风险共担的集合投资工具。( )

11. 货币市场基金有"活期储蓄"之称，客户可以随时申购、赎回，具备非常好的便利性和流通性。( )

12. 基金的风险是指购买基金遭受损失的可能性，基金损失的可能性取决于基金资产的运作。基金通过组合投资、资产运作可以消除风险。( )

13. 凭证式国债是一种国家储蓄债，在持有期内，持券人如遇特殊情况需要提取现金，可以到购买网点提前兑取。提前兑取时，除偿还本金外，利息按实际持有天数及相应的利率档次计算，经办机构按兑付本息总和的2‰收取手续费。( )

14. 根据我国《保险法》规定，银行网点开办保险代理业务，必须"取得保险监督管理机构颁发的保险兼业代理业务许可证"，并与保险公司签订代理协议。( )

15. 投资者进行凭证式证券买卖，必须在证券交易所设立账户。( )

16. 债券的可赎回条款降低了债券的内在价值和投资者的实际收益率。( )

17. 可赎回债券往往规定有赎回保护期，常见的赎回保护期是发行后的3～5年。( )

18. 信托公司推介信托计划时，可与商业银行签订信托资金代理收付协议，由商业银行代理收付，承担代理资金收付责任，并承担信托计划投资风险的连带责任。( )

19. 由于信托产品是为满足客户的特定需求而设计的，缺少转让平台，因此委托人(受益人)不能转让信托受益权，且信托资金不得提前支取。( )

20. 担保公司的信誉度是决定信托产品风险的重要因素，银行担保的信托产品风险较低。( )

21. 信托管理公司通常对信托产品承担有限责任，绝大部分风险都由信托管理公司承担。( )

22. 对于投资者来说，黄金退出流通领域后，其流动性较其他证券类投资品差，加上国内黄金市场不充分，变现相对困难，所以流动性风险是第一位的。( )

23. 成长型基金资产中，现金持有量较小，大部分资金投资于资本市场；收入型基金现金持有量较大，投资倾向多元化，注重分散风险。( )

答案与解析

一、单项选择题

1. 答案与解析 A

基金的费用由直接费用和间接费用两部分组成。直接费用包括交易时产生的认购费、申购费和赎回费，这部分费用由投资者直接承担；间接费用是从基金净值中扣除的法律法规及基金契约所规定的费用，包括管理费、托管费和运作费等其他费用。

2. 答案与解析 B

基金认购是指投资者在开放式基金募集期间申请购买基金份额的行为。基金申购是指投资者在基金存续期内基金开放日申请购买基金份额的行为。基金赎回是指在基金存续期间，将手中持有的基金份额按一定价格卖给基金管理人并收回现金的行为。

3. 答案与解析 B

投资者于T日申购基金成功后，正常情况下，基金注册登记人于T+1日为投资者增加权益并办理注册登记手续，投资者于T+2日起可赎回该部分基金份额。

4. 答案与解析　B

公司型基金以美国的投资公司为代表，我国目前设立的基金均为契约型基金。

5. 答案与解析　B

证券投资基金将巨额资金分散投到多种证券、资产和市场上，通过有效的资产组合最大限度地降低非系统性风险。

6. 答案与解析　B

价格波动率上升带来的不是收益，而是风险的增加。

7. 答案与解析　C

成长型基金重视基金的长期成长，强调为投资者带来经常性收益；收入型基金强调基金单位价格的增长，使投资者获取稳定的、最大化的当期收入。指数型基金是一种以拟合目标指数、跟踪目标指数变化为原则，实现与市场同步成长的基金品种。平衡型基金以兼顾长期资本和稳定收益为目标。

8. 答案与解析　D

股票是权益证券，债券不是。

9. 答案与解析　A

保险产品最显著的特点是具有其他投资理财工具不可替代的保障功能。

10. 答案与解析　B

记账式国债没有实物形态，AD排除；此外，题目中强调的特点是利用账户进行发行、交易及兑付，C项中储蓄国债体现不出这一特点，B项最有可能是正确答案。债券的流动性一般弱于股票。

11. 答案与解析　B

一般而言，高风险总是伴随着高收益。国债的风险最小，其收益也最低；股票风险最大，收益最高。

12. 答案与解析　C

国债往往到期才能够还本，即使记账式国债在二级市场出售，债券市场的交易通常也没有股票市场活跃，因此，债券的流动性一般弱于股票。

13. 答案与解析　D

公司债券的违约风险一般通过信用评级表示。

14. 答案与解析　D

价格波动率是用来衡量风险性的。

15. 答案与解析　B

价格风险和再投资风险都是由于市场利率变化而使债券持有人面临的风险，所以属于利率风险。

16. 答案与解析　C

根据公司的信用评级，可以衡量公司的信用程度和违约的可能性，从而判断违约风险的高低。到期收益率是衡量盈利能力的，债券价格波动率衡量的是债券的市场风险；资产负债率衡量公司的资源利用和负债情况，不能直接衡量违约风险的高低。

17. 答案与解析　C

可赎回债券在发行时就约定发行人有权在特定的时间按照某个价格强制从债券持有人手中将其赎回。可赎回债券的资本增值有限，发行人行使权利就可以按照较低的市场利率筹集资金。所以ABD正确。可赎回条款通常在债券发行几年之后才开始生效，生效前的这段时间称为保护期，保护期内发行人不能行使赎回权，C错误。

18. 答案与解析 C

CPI上涨即物价水平上涨可能引发通货膨胀，造成通货膨胀风险。

19. 答案与解析 B

银行纸黄金让投资人免除了储存黄金的风险，也让投资人有随时提取所购买黄金的权利，或按当时的黄金价格，将账户里的黄金兑换成现金，通常也称为"黄金存折"。

20. 答案与解析 D

开放式基金规模不固定，可以随时提出购买或赎回申请。封闭式基金固定额度，一般不能再增加发行，在期限内不能直接赎回基金，需通过上市交易套现。

21. 答案与解析 B

证券投资基金按收益凭证是否可赎回，分为开放式基金和封闭式基金；按法律地位的不同，可分为公司型基金和契约型基金；依据投资目标的不同，可划分为成长型基金、收入型(收益型)基金和平衡型基金。

22. 答案与解析 C

开放式基金的价格依据基金的资产净值而定；封闭式基金的价格主要由市场供求关系决定。

23. 答案与解析 C

客户只需持现金或在银行开立的储蓄卡存折以及身份证等有效证件，即可按银行公布的价格进行纸黄金的购买。

二、多项选择题

1. 答案与解析 AC

银行代理理财产品销售的基本原则包括：适用性原则和客观性原则。

2. 答案与解析 ABCD

基金认购申请一经成功受理，不得撤销。

3. 答案与解析 BD

投资者在进行基金申购时可根据基金所开办的收费模式，选择申购前收费份额类别或申购后收费份额类别，并不必然选择申购前收费份额，A项错误。基金申购采取"未知价"原则，投资者申购以申购日(T日)的基金份额净值为基础计算申购份额。T日的基金份额净值在当天收市后计算，并在T+1日公告，C项错误。基金申购的收费方式有前端收费和后端收费，并不是必须在申购时即要缴纳申购费用，E项错误。

4. 答案与解析 ADE

赎回后的剩余基金份额不能低于基金公司规定的最小剩余份额(一般最低要求持有1 000份)。基金管理人可以对基金账户在销售机构托管的每只基金份额类别的最低持有份额进行规定。BC两项表述不正确。

5. 答案与解析 ACDE

一般而言，风险较低的投资工具其收益率也较低。B项表述不正确。其余各项都是货币市场基金的特点，大家可以通过做题加强记忆。注意，虽然货币市场基金被称为准储蓄，但仍然具有一定的风险性。

6. 答案与解析　ABD

货币市场基金是指投资于货币市场上短期有价证券的一种投资基金，主要投资于如商业票据、银行定期存单、短期政府债券、短期企业债券等短期有价证券。

7. 答案与解析　ABCDE

基金合同包括的内容有：基金收益的分配原则，基金托管人报酬费和支付方式，基金财产的投资方向和投资限制，争议的解决方式，基金未达到法定要求的处理方式。

8. 答案与解析　ABCDE

证券投资基金种类繁多，各个基金的风险状况也不同，个人客户在购买之前需要对基金产品类型、特点、投资范围、所投资证券的市场表现、收益、信誉等有基本的了解。投资者应当根据自身的投资目标、风险偏好、所处的生命周期阶段、税收状况以及其他约束条件等作出决策。

9. 答案与解析　CD

AB是基金的价格波动风险，E是操作风险。基金的流动性风险就是不能及时变现或变现会有很大损失的风险。

10. 答案与解析　ABCD

保险产品不是为了实现资产的最快增值，而是为了避免资产或者人身的损失。而且保险的收益相对较低，比不上股票、债券等的收益。

11. 答案与解析　CD

债券的流动性一般弱于股票。在债券产品中，国债的流动性高于公司债券，由国家财政信誉作担保，信誉度非常高，短期国债的流动性好于长期国债。

12. 答案与解析　BCDE

A项股指波动会使股票投资需求下降，不会影响到债券的风险；B项CPI上涨表明经济有通货膨胀危险，可能导致债券的通货膨胀风险(价格和实际收益率下降)；发行者信用等级决定债券的信用风险；市场利率波动可能带来利率风险；流动性变化可能导致流动性风险(出现资不抵债)。

13. 答案与解析　ABD

价格风险也叫利率风险，是指市场利率变化对债券价格的影响。债券价格与利率变化成反比。当利率上涨时，债券价格下跌。对于在到期日前转让债券的投资者来说，利率上涨引起的债券价格下跌会减损投资者的资产收益。债券的到期时间越长，利率风险越大。

14. 答案与解析　ABD

信托机构通过管理和处理信托财产而获得的收益，全部归受益人所有。同时，信托机构处理受托财产而发生的亏损全部由委托者承担。信托资产管理人的信誉状况和投资运作水平对资产收益有决定性影响。在一些信托协议中，信托资产的投资方向是由资产委托人决定的，受托人只是负责按协议行事。因此，资产收益率和委托人的投资决策相关。

15. 答案与解析　ABCDE

国债发行方式ABCDE都是国债的发行方式。

16. 答案与解析　ACD

证券投资基金依据投资目标的不同，可划分为成长型基金、收入型(收益型)基金和平衡型基金。此外，证券投资基金按收益凭证是否可赎回，分为开放式基金和封闭式基金。证券投资基金按法律地位的不同，可分为公司型基金和契约型基金。本题通过分析即可得出正确答案。

17. 答案与解析　BCD

开放式基金和封闭式基金的区别不在于资金的运用方式，它们的区别在于基金的份额总额是固定的还是可以变动的。封闭式基金的单位资产净值每周至少公告一次，开放式基金的单位资产净值于每个开放日进行公告。

18. 答案与解析　ABDE

收入型基金现金持有量较大，投资倾向多元化，注重分散风险。一般风险小于成长型基金投资风险，C项表述不正确。

19. 答案与解析　BCE

公募基金和私募基金的区别如下：①公募基金募集的对象通常是不固定的，而私募基金募集的对象是确定的；②公募基金的最小金额要求较低，且投资者众多；私募基金要求比较高的投资金额，投资者人数不多；③公募基金的运作必须严格遵循相关的法律和法规，并受监管机构的严格监管，一般只投资于中低风险的产品；私募基金受的管制较少，不需公开披露信息，往往会投向衍生金融工具等高风险产品。

三、判断题

1. 答案与解析　×

进行基金投资，投资者首先需要开立基金交易账户和基金TA账户。投资者使用银行卡办理基金交易账户后，才可以开立基金TA账户。

2. 答案与解析　×

投资者在银行购买不同基金公司发行的基金，需要开立不同的基金TA账户。

3. 答案与解析　√

4. 答案与解析　√

5. 答案与解析　×

前端收费与后端收费都是针对申购费而言，与赎回费无关。前端收费指投资人在申购基金时缴纳申购费用，后端收费指投资人在赎回时缴纳申购费用。

6. 答案与解析　×

赎回后的剩余基金份额不能低于基金公司规定的最小剩余份额，否则，基金管理人有权将该基金份额类别的余额部分一并赎回。

7. 答案与解析　×

投资者在持有某基金公司发行的任一开放式基金后，可直接自由转换到该基金公司管理的其他开放式基金，而不需要先赎回已持有的基金单位，再申购目标基金，即基金转换。

8. 答案与解析　×

一般银行系统默认为现金分红。

9. 答案与解析　×

一般而言，各类基金的收益特征由高到低的排序依次是：股票型基金、混合型基金、债券型基金和货币市场型基金。其中，货币市场基金由于其安全性和相对固定的收益，可被视为储蓄的替代品。

10. 答案与解析　√

11. 答案与解析　√

12. 答案与解析　×

基金的风险是指购买基金遭受损失的可能性，基金损失的可能性取决于基金资产的运作，投资基金的资产运作风险也包括系统性风险和非系统性风险。尽管基金通过组合投资分散风险，但基金的资产运作无法消灭风险，并且可能由于基金管理人运作不当加剧亏损。

13. 答案与解析　×

提前兑取时，除偿还本金外，利息按实际持有天数及相应的利率档次计算，经办机构按兑付本金(而非本息总和)的2‰收取手续费。

14. 答案与解析　√

15. 答案与解析　×

投资者进行记账式证券买卖，必须在证券交易所设立账户。

16. 答案与解析　√

债券的可赎回条款赋予了发行人更多的权利，这对投资者来说是不利的，因此降低了债券的内在价值和投资者的实际收益率。

17. 答案与解析　×

可赎回债券往往规定有赎回保护期，在保护期内，发行人不得行使赎回权。常见的赎回保护期是发行后的5～10年。

18. 答案与解析　×

信托公司推介信托计划时，可与商业银行签订信托资金代理收付协议。委托人以现金方式认购信托单位，可由商业银行代理收付。信托公司委托商业银行办理信托计划收付业务时，应明确界定双方的权利义务关系，商业银行只承担代理资金收付责任，不承担信托计划的投资风险。

19. 答案与解析　×

由于信托产品是为满足客户的特定需求而设计的，缺少转让平台，流动性比较差。在通常情况下，信托资金不可以提前支取。但如果合同有约定，则在信托合约生效后几个月，委托人(受益人)可以转让信托受益权。转让时，转让人和受让人均应到信托公司办理转让手续，并缴纳手续费。

20. 答案与解析　√

21. 答案与解析　×

信托管理公司通常只对信托产品承担有限责任，绝大部分风险是由信托业务委托人来承担。

22. 答案与解析　×

投资黄金等贵金属不能像投资其他金融资产一样取得利息和股利，且价格受国际市场影响较大，所以市场风险是第一位的。

23. 答案与解析　√

理财顾问服务

理财顾问服务是个人理财业务的重要内容。本章首先介绍了商业银行理财顾问服务概念、服务流程和特点，然后对客户分析基本方法进行了总结，并对理财顾问业务中的财务规划，包括客户的现金流、消费和债务管理，保险规划，税收规划，人生事件规划等内容进行了重点介绍。

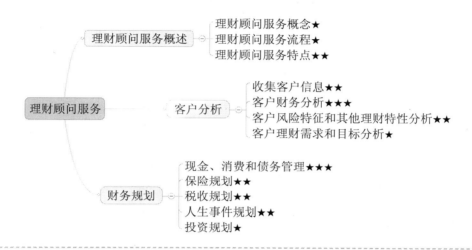

第1节 理财顾问服务概述

考点1　理财顾问服务概念

理财顾问服务是指商业银行向客户提供的财务分析与规划、投资建议、个人投资产品推介等专业化顾问服务。

考点2　理财顾问服务流程

商业银行在理财顾问服务中依次向客户提供财务分析、财务规划、投资建议、个人投资产品推介四种专业化服务。具体流程为：

接触客户→基本资料收集→资产现状分析→风险分析→资产管理目标分析→客户资产预测与评估→确认财务目标→基础规划→建立投资组合→实施计划→绩效评估。

理财顾问服务是在充分了解客户的基础上，对客户的财务资源提供安排建议并协助其实施与管理，从而帮助客户实现其财务目标的过程。

> **例题1**　理财顾问服务需建立在对客户财力、风险偏好等充分了解的基础上。(　　)(判断题)
>
> **答案**　　√

解析 理财顾问服务是在充分了解客户的基础上，对客户的财务资源提供安排建议并协助其实施与管理，从而帮助客户实现其财务目标的过程。

考点3 理财顾问服务特点

1. 顾问性。在理财顾问服务中，商业银行不涉及客户财务资源的具体操作，只提供建议，最终决策权在客户。

2. 专业性。理财顾问服务是一项专业性很强的服务，要求从业人员有扎实的金融知识基础。

3. 综合性。理财顾问服务涉及的内容非常广泛，要求能够兼顾客户财务以及非财务状况的各个方面。

4. 制度性。商业银行提供理财顾问服务应具有标准的服务流程、健全的管理体系、明确的管理部门、相应的管理规章制度以及明确的相关部门和人员的责任。

5. 长期性。商业银行提供理财顾问服务寻求的就是和客户建立一个长期的关系，不能只追求短期的收益。

6. 动态性：理财顾问服务应根据客户财务状况、宏观经济状况、投资市场状况以及其他重要因素变化提供动态性的方案建议，不能一成不变。

例题2 理财顾问服务具有顾问性、专业性、综合性、制度性、长期性和动态性的特点，以下关于这些特点，说法正确的是(　　)。(多项选择题)

A. 商业银行提供理财顾问服务寻求的是银行短期的经营业绩

B. 理财顾问服务是一项专业性很强的服务，要求从业人员有扎实的金融基础知识

C. 理财顾问服务对银行理财产品实现的是顾问式、组合式销售，能够提高业绩

D. 理财顾问服务涉及的内容非常广泛，要求能够兼顾客户财务的各个方面需求

E. 商业银行在理财顾问服务中提供建议，最终决策权在客户，收益或风险由银行和客户共同拥有或承担

答案 BCD

解析 商业银行应当区分理财顾问服务与一般性业务咨询活动，明确个人理财业务人员与一般产品销售和服务人员的工作范围界限，禁止一般产品销售人员向客户提供理财投资咨询顾问意见、销售理财计划。客户根据商业银行提供的理财顾问服务管理和运用资金并承担由此产生的收益和风险。商业银行提供理财顾问服务寻求的是和客户建立一个长期的关系，不能只追求短期的利益；银行提供建议，最终决策权在客户，所有权益或风险均由客户拥有或承担。故AE错误。

第2节 客户分析

考点4 收集客户信息

1. 客户信息分类

(1) 定量信息和定性信息。

(2) 财务信息和非财务信息。财务信息是指客户当前的收支状况、财务安排以及这些情况的未来发展趋势等，是银行业从业人员制订个人财务规划的基础和根据。非财务信息包括客户的社会地位、年龄、投资偏好和风险承受能力等，对个人财务规划的制订有直接的影响。

2. 客户信息收集方法

(1) 初级信息主要指客户的个人和财务资料，主要通过与客户沟通获取，还可采用数据调查表来帮助收集定量信息。

(2) 次级信息指宏观经济信息，可以由政府部门或金融机构公布的信息中获得。

例题3 下列关于客户信息收集的说法，不正确的是(　　)。(单项选择题)

A. 为了得到真实的信息，数据调查表必须由客户亲自填写

B. 在客户填写调查表之前，从业人员应对有关项目加以解析

C. 如果客户出于个人原因不愿意回答某些问题，从业人员应该谨慎地了解客户产生焦虑的原因，并向客户解析该信息的重要性，以及在缺乏该信息情况下可能造成的误差

D. 宏观经济信息可以从政府部门或金融机构公布的信息中获得

答案 A

解析 由于数据调查表的内容较为专业，所以可以采用从业人员提问，客户回答，然后由从业人员填写的方式来进行。如果由客户自己填写调查表，那么在开始填写之前，从业人员应对有关的项目加以解释，否则客户提供的信息很可能不符合从业人员的需要。

例题4 在客户信息收集的方法中，属于初级信息收集方法的有(　　)。(多项选择题)

A. 建立数据库，平时多注意收集和积累　　　　B. 和客户交谈

C. 采用数据调查表　　　　　　　　　　　　　D. 收集政府部门公布的信息

E. 收集金融机构公布的信息

答案 BC

解析 和客户交谈获取的信息为初级信息，因为客户的个人和财务资料只能通过与客户沟通获得，所以也称之为初级信息。从业人员和客户初次见面时，通过交谈的方式收集信息是不够的，通常还要采用数据调查表来帮助收集定量信息，故B、C选项正确。宏观经济信息可以由政府部门或金融机构公布的信息中获得，所以我们称之为次级信息。次级信息的获得需要从业人员在平日的工作中注意收集和积累，建立专门数据库，以便随时调用。

考点5 客户财务分析

银行业从业人员向客户提供财务分析、财务规划的顾问服务时，需要掌握两类个人财务报表：资产负债表和现金流量表。

1. 个人资产负债表

在解读个人资产负债表时，银行从业人员需要掌握的会计等式：净资产=资产-负债

2. 现金流量表

现金流量表用来说明在过去一段时期内，个人的现金收入和支出情况。现金流量表记录涉及实际现金流入和流出的交易。红利和利息收入、人寿保险现金价值的累积以及股权投资的资

本利得等额外收入也应列入。计算公式：盈余/赤字=收入-支出

3. 未来现金流量表

(1)预测客户的未来收入。一是估计客户的收入最低时的情况；二是根据客户的以往收入和宏观经济的情况对其收入变化进行合理的估计。

在预测客户的未来收入时，可以将收入分为常规性收入和临时性收入两类。常规性收入一般在上一年收入的基础上预测其变化率即可。对于临时性的收入，应重新估计。

(2) 预测客户未来的支出。一是满足客户基本生活的支出；二是客户期望实现的支出水平。预测客户未来的支出时首先要考虑客户所在地区的通货膨胀率的高低。

例题5 下列不属于客户财务信息的是(　　)。(单项选择题)

A. 投资风险偏好　　　　　　　　　　B. 当期财务安排

C. 当期收入状况　　　　　　　　　　D. 财务状况未来发展趋势

答案 A

解析 财务信息是指客户当前的收支状况、财务安排以及这些情况的未来发展趋势等。财务信息是银行业从业人员制订个人财务规划的基础和根据，决定了客户的目标和期望是否合理，以及完成个人财务规划的可能性。投资风险偏好属于客户的风险特征。

例题6 下列需要列入个人现金流量表的项目有(　　)。(多项选择题)

A. 工资收入　　　　　　　　　　　　B. 房贷支付

C. 人寿保险现金价值的积累　　　　　D. 股权投资的资本利得

E. 利息收入

答案 ABCDE

解析 现金流量表用来记录现金的流入流出，ABCDE都正确。

例题7 在预测客户的未来收入时，可以将收入分为常规性收入和临时性收入两类。常规性收入一般保持不变。对于临时性的收入，应重新估计。(　　)(判断题)

答案 ×

解析 在预测客户的未来收入时，可以将收入分为常规性收入和临时性收入两类。常规性收入一般在上一年收入的基础上预测其变化率即可。对于临时性的收入，应重新估计。

考点6　客户风险特征和其他理财特性分析

1. 客户的风险特征。客户的风险特征可以由三个方面构成：①风险偏好；②风险认知度，取决于其个人的生活经验，是影响人们对风险态度的心理因素；③实际风险承受能力。

银行业从业人员在为客户进行投资组合设计时，可以分别用风险承受能力和风险承受态度两个指标来分析客户的风险特征，此外还要考虑如利率趋势、当时市场状况、客户投资目标等其他因素。

2. 其他理财特征：①投资渠道偏好；②知识结构；③生活方式；④个人性格。

例题8　同样用10万元炒股票，对于一个仅有10万元养老金的退休人员和一个有数百万资产的富翁来说，其情况是截然不同的，这是因为各自有不同的(　　)。(单项选择题)

A. 实际风险承受能力　　　　　　　B. 风险偏好

C. 风险分散　　　　　　　　　　　D. 风险认知

答案　A

解析　实际风险承受能力反映的是风险客观上对客户的影响程度，同样的风险对不同的人影响是不一样的。例如，同样的10万元炒股票，其风险是客观的，但对于一个仅有10万元养老金的退休人员和一个有数百万资产的富翁来说产生的影响是截然不同的。风险偏好反映的是客户主观上对风险的态度，也是一种不确定性在客户心理上产生的影响。风险认知度反映的是客户主观上对风险的基本度量，这也是影响人们对风险态度的心理因素。

考点7　客户理财需求和目标分析

客户的理财目标按时间的长短可以划分为短期目标、中期目标和长期目标。银行业从业人员必须在客观分析客户财务状况和目标的基础上，将这些目标细化并加以补充。银行从业人员必须加强与客户的沟通，增加客户对于投资产品和投资风险的认识，在确保客户理解的基础上，共同确定一个合理的目标。

例题9　客户理财目标按时间的长短可以划分为短期目标、中期目标和长期目标，下列理财目标不属于短期目标的是(　　)。(单项选择题)

A. 债务负担最小化　　　　　　　　B. 投资股票市场

C. 控制开支预算　　　　　　　　　D. 筹集资金购买汽车

答案　D

解析　为购买汽车、住房筹集专项资金属于理财目标中的中期目标。

第3节　财务规划

考点8　现金、消费和债务管理

1. 现金管理

现金管理概念：现金管理是对现金和流动资产的日常管理。其目的在于：①满足日常的、周期性支出的需求；②满足应急资金的需求；③满足未来消费的需求；④满足财富积累与投资获利的需求。

合理的现金预算是实现个人理财规划的基础。预算必须与个人的生活方式、家庭状况及价值观相一致。

预算编制的程序：

(1) 设定长期理财规划目标。如退休、子女教育及买房等，并计算达到各类理财规划目标所需的年储蓄额。

(2) 预测年度收入。

(3) 算出年度支出预算目标。年度支出预算=年度收入–年储蓄目标

(4) 对预算进行控制与差异分析。

① 预算的控制：认知需要=储蓄动机+开源节流的努力方向。为了控制费用与投资储蓄，银行业从业人员应建议客户开立三种类型的账户：定期投资账户；若有房贷本息要缴，则在贷款行开一个扣款账户；开立信用卡账户。

② 预算与实际的差异分析应注意：总额差异的重要性大于细目差异；要定出追踪的差异金额或比率门槛；依据预算的分类个别分析；刚开始作预算若差异很大，应每月选择一个重点项目改善；如果实在无法降低支出，就要设法增加收入。

应急资金管理：

(1) 以现有资产状况来衡量紧急预备金的应变能力

$$失业保障月数=存款、可变现资产或净资产/月固定支出$$

$$意外或灾害承受能力=(可变现资产+保险理赔金–现有负债)/基本费用$$

(2) 紧急预备金的储存形式：一是流动性高的活期存款、短期定期存款或货币市场基金；二是利用贷款额度。最好是二者搭配。

2. 消费管理

在消费管理中要注意：

(1) 即期消费和远期消费。理财从储蓄开始。

(2) 消费支出的预期。

(3) 孩子的消费。如果孩子的消费水平明显高于家庭其他成员的消费水平，对其成长不利。

(4) 住房、汽车等大额消费。

(5) 保险消费。保障的支出水平也同样应当和自身的收入水平相适应。

3. 债务管理

(1) 在有效债务管理中，应先算好可负担的额度，再拟订偿债计划，按计划还清负债。

(2) 在合理的利率成本下，个人的信贷能力取决于客户收入能力和客户资产价值。

(3) 在债务管理中应当注意以下事项：债务总量与资产总量的合理比例；债务期限与家庭收入的合理关系；债务支出与家庭收入的合理比例；短期债务和长期债务的合理比例；债务重组。

4. 家庭财务预算的综合考虑

在理财规划中，现金、消费及债务管理的目的是让客户有足够的资金去应付家庭财务开支、建立紧急应变基金去应付突发事件、减少不良资产及增加储蓄的能力，从而为家庭建造一个财务健康、安全的生活体系。

例题10 现金管理是对现金和流动资产的日常管理，下列关于现金管理的目的，说法错误的是（　　）。(单项选择题)

A. 满足应急资金的需求　　　　　　B. 满足未来消费的需求

C. 保障家庭生活的安全、稳定　　　D. 满足财富积累的需求

答案　C

解析　保障家庭生活的安全、稳定是客户进行保险规划的目的，而非现金管理的目的。

例题11 为了弥补客户临时性资金短缺，一般商业银行的理财业务人员会建议客户开立 ( )。(单项选择题)

A. 信用卡账户   B. 扣款账户

C.定期存款账户   D. 交易账户

答案 A

解析 信用卡，是由银行或信用卡公司依照用户的信用度与财力发给持卡人，持卡人持信用卡消费时无须支付现金，待结账日时再行还款，可以通过现金透支或刷卡透支满足客户临时性的资金需要。

例题12 下列关于债务管理的说法中，不正确的是( )。(单项选择题)

A. 总负债一般不应超过净资产

B. 短期债务和长期债务的比例应为0.4

C. 当债务问题出现危机的时候，可以通过债务重组来实现财务状况的改善

D. 还贷款的期限不要超过退休的年龄

答案 B

解析 短期债务和长期债务的合理比例，没有一定之规，要充分考虑债务的时间特性和客户生命周期以及家庭财务资源的时间特性要匹配。

例题13 只要负债总资产比例不低于0.4，客户的财务状况就不会出现资产流动性不足的情况。( )(判断题)

答案 ×

解析 一般来说，债务支出与家庭收入的合理比例在0.4，客户的财务状况就不会出现资产流动性不足的情况。但是还要考虑家庭节余比例和收入变动趋势等因素，所以并不能根据负债总资产比例不低于0.4来绝对地判断资产是否流动性不足。

■ 考点9 保险规划

从法律角度看，保险是一种合同行为。投保人向保险人缴纳保费，保险人在被保险人发生合同规定的损失时给予补偿。保险规划具有风险转移、资产传承和合理避税的功能。

1. 制定保险规划的原则

(1) 转移风险的原则。

(2) 量力而行的原则。

(3) 分析客户保险需要。在制订保险规划前应考虑三个因素：一是适应性；二是客户经济支付能力；三是选择性。如在有限的经济能力下，为成人投保比为儿女投保更实际。

2. 保险规划的主要步骤

(1) 确定保险标的。保险标的是指作为保险对象的财产及其有关利益，或者人的寿命和身体。投保人可以以其本人、与本人有密切关系的人、他们所拥有的财产以及他们可能依法承担的民事责任作为保险标的。一般来说，只有对保险标的有可保利益才能为其投保。可保利益应符合三个要求：第一，必须是法律认可的利益；第二，必须是客观存在的利益；第三，必须是

可以衡量的利益。

对于财产保险，财产所有人、经营管理人、抵押权人、承担经济责任的保管人都具有可保利益。人寿保险中，投保人通常对自己以及与自己具有血缘关系的家人或者亲人，或者具有其他密切关系的人都具有可保利益。

(2) 选定保险产品。如投保人准备购买多项保险，应尽量以综合方式投保，以避免重复投保。

(3) 确定保险金额。保险金额是当保险事故发生时，保险公司所赔付的最高金额。一般来说，保险金额的确定应该以财产的实际价值和人身的评估价值为依据。购买财产保险一般会选择足额投保。在保险行业，对"人的价值"常用的评估方法有生命价值法、财务需求法、资产保存法等。这些方法都需要每年重新计算一次，以便调整保额。

(4) 明确保险期限。财产保险、意外伤害保险、健康保险等保险品种一般多为中短期保险，如半年或者一年，在保险期满之后可以选择续保或者是停止投保。人寿保险的保险期限一般较长。

3. 保险规划的风险

风险来源：投保客户所提供的资料不准确、不完全，或者对保险产品的了解不够充分。

保险规划风险体现在：未充分保险的风险；过分保险的风险；不必要保险的风险。

例题14 制订保险规划的原则包括以下哪些内容( )。(多项选择题)

A. 转移风险的原则   B. 量力而行的原则

C. 分析客户保险需要   D. 合法性原则

E. 目的性原则

答案 ABC

解析 客户参加保险的目的就是为了客户和家庭生活的安全、稳定。从这个目的出发，银行业从业人员为客户设计保险规划时主要应掌握以下原则：①转移风险的原则；②量力而行的原则；③分析客户保险需要。

例题15 制订保险规划的风险主要体现在( )。(多项选择题)

A. 理赔的风险   B. 保险市场风险

C. 未充分保险的风险   D. 过分保险的风险

E. 不必要保险的风险

答案 CDE

解析 在进行保险规划时，会面临很多风险。这些风险可能来自投保客户所提供的资料不准确、不完全，或者是来自对保险产品的了解不够充分。保险规划风险体现在以下几个方面：未充分保险的风险、过分保险的风险和不必要保险的风险。此外，一般来说，保险市场上的保险产品种类多样、名目繁杂，保险费率的计算和保险金额的确定都比较复杂，这也增加了保险策划的难度。所以，制订一份恰当而有效的保险计划，应该在相关专业人士的帮助和指导下进行。

考点10 税收规划

税收规划是指在纳税行为发生前，在不违反法律、法规的前提下，通过对纳税主体(法人或自然人)的经营活动或投资行为等涉税事项作出事先安排，以达到少纳税和递延缴纳的一系列规划活动。

1. 税收规划的原则

(1) 合法性原则：税收规划最基本的原则，由税法的税收法定原则所决定的。

(2) 目的性原则：税收规划最根本的原则，由税法的税收公平原则所决定的。

(3) 规划性原则：税收规划最有特色的原则，由作为税收基本原则的社会政策原则所引发的。

(4) 综合性原则：指进行税收规划时，必须综合考虑规划以使客户整体税负水平降低。

2. 税收规划的基本内容

(1) 避税规划，即为客户制订的理财计划采用"非违法"的手段，获取税收利益的规划。主要特征：非违法性，有规则性，前期规划性和后期的低风险性，有利于促进税法质量的提高及反避税性。

(2) 节税规划，即理财计划采用合法手段，利用税收优惠和税收惩罚等倾斜调控政策，为客户获取税收利益的规划。主要特点：合法性，有规则性，经营的调整性与后期无风险性，有利于促进税收政策的统一和调控效率的提高及倡导性。

(3) 转嫁规划，即理财计划采用纯经济的手段，利用价格杠杆，将税负转给消费者或转给供应商或自我消转的规划。主要特点：纯经济行为，以价格为主要手段，不影响财政收入，促进企业改善管理、改进技术。

3. 税收规划的主要步骤

(1) 了解客户的基本情况和要求：婚姻状况；子女及其他赡养人员；财务情况；投资意向；对风险的态度；纳税历史情况；要求增加短期所得还是长期资本增值；投资要求。

(2) 控制税收规划方案的执行。经常、定期地通过一定的信息反馈渠道了解纳税方案执行情况。客户因为纳税与征收机关发生法律纠纷时，从业人员按法律规定或业务委托应及时介入。

例题16 税收规划的方法和手段有(   )。(多项选择题)

A. 避税规划　　　　　　B. 逃税规划　　　　　　C. 节税规划

D. 转嫁规划　　　　　　E. 漏税规划

答案 ACD

解析 BE是违法行为。

考点11　人生事件规划

1. 教育规划

教育规划可以包括个人教育投资规划和子女教育规划两种。客户子女的教育又可以分为基础教育、大学教育及大学后教育。

在确定了客户教育投资规划所需的资金总额、投资规划的时间、客户可以承受的每月投资额、通货膨胀率和基本利率后，从业人员就可以帮助客户制订教育投资规划了。

2. 退休规划

大概来说，退休规划包括利用社会保障的计划，购买商业性人寿保险公司的年金产品的计划以及企业与个人的退休金计划等。

客户在退休规划中的误区：①计划开始太迟；②对收入和费用的估计太乐观；③投资过于

保守。

一个完整的退休规划，包括工作生涯设计、退休后生活设计及自筹退休金部分的储蓄投资设计。退休规划的最大影响因素分别是通货膨胀率、工资薪金收入成长率与投资报酬率。退休规划的具体步骤为：①客户退休生活设计；②客户退休第一年费用需求分析；③客户退休期间费用总需求分析；④确定退休后的年收入情况，主要是由社会保障收入、雇主退休金、补贴、儿女孝敬、投资回报和其他收入组成。

3.遗产规划

遗产规划指当事人在其活着时通过选择遗产规划工具和制订遗产计划，将拥有的或控制的各种资产或负债进行安排，从而保证在自己去世时或丧失行为能力时尽可能实现个人为其家庭所确定目标的安排。

例题17 教育规划可以包括(   )。(多项选择题)

A. 个人教育投资规划　　　　　　　　B. 子女教育规划

C. 个人教育规划　　　　　　　　　　D. 以上皆包括

答案 AB

解析 教育规划包括个人教育投资规划和子女教育规划两种。子女的教育又可以分为基础教育、大学教育及大学后教育。

例题18 在下列理财规划中，属于人生事件规划项目的是(   )。(单项选择题)

A. 现金、债务管理　　　　　　　　　B. 投资规划

C. 税收规划　　　　　　　　　　　　D. 教育规划

答案 D

解析 人生事件规划是解决客户住房、教育及养老等需要面临的问题，包括教育规划和退休规划等。

■ 考点12　投资规划

1.概念：投资是指投资者运用持有的资本，用来购买实际资产或金融资产，或者取得这些资产的权利，目的是在一定时期内预期获得资产增值和一定收入(固定的或非固定的)。投资分为实物投资和金融投资。实物投资一般包括对有形资产的投资，也称直接投资；金融投资包括对各种金融合约的投资，也称间接投资。

投资的最大特征是用确定的现值牺牲换取可能的不确定的(有风险的)未来收益，因此，投资规划的一个重要方面就是对投资产品收益和风险结构的分析。

制订投资规划先要确定投资目标和可投资财富的数量，再根据对风险的偏好确定采取稳健型还是激进型的策略；分析投资对象包括基本分析和技术分析；构建投资组合涉及确定具体的投资资产和财富在各种资产上的投资比例；管理投资组合主要包括评价投资组合的业绩和根据环境的变化对投资组合进行修正。

2.投资规划步骤：

(1) 确定客户的投资目标。

(2) 让客户认识自己的风险承受能力。

(3) 根据前两项确定投资计划。要参考多方面的情况，既要保障投资目标的实现，又要意识

到投资风险的客观存在，注意投资风险的规避和分散。

(4) 实施投资计划。要注意对选择的投资商品进行紧密的跟踪，在偏离客户的期望时要做详细的记录，以减少不必要的损失。

(5) 监控投资计划。一般来说，需要在每半年或者每年有一次投资的总结，不仅看在过去的时间是否完成了所期望的目标，而且评估一下生活状况的改变对达成投资目标的影响。

另外，国家政策和相关法律改变、经济环境变迁、新的金融商品出现时，都需要重新审视自己的投资计划，并确定一些新的投资方案。

第4节 同步强化训练

一、单项选择题

1. 理财客户寻求理财顾问服务的根本目的是(   )。

A. 资产增值   B. 实现人生目标中的经济目标

C. 财富保值   D. 利润最大化

2. 理财顾问服务流程不包括(   )。

A. 收集资料   B. 资产现状分析

C. 财物目标确认   D. 倾听客户的诉求

3. 理财顾问业务的第一步是(   )。

A. 确定客户财务目标   B. 资产管理目标分析

C. 风险分析   D. 基本资料收集

4. 标准的个人理财规划的流程包括以下几个步骤：①收集客户资料及个人理财目标；②综合理财计划的策略整合；③客户关系的建立；④分析客户现行财务状况；⑤提出理财计划；⑥执行和监控理财计划。正确的次序应为(   )。

A. ①③⑥⑤④②   B. ③①④⑤⑥②

C. ③⑤②①⑥④   D. ③①④②⑤⑥

5. 下列不属于理财顾问服务特点的是(   )。

A. 顾问性   B. 非专业性   C. 综合性   D. 长期性

6. 理财客户的(   )信息可以定量化衡量。

A. 收入与支出   B. 投资偏好   C. 理财知识水平   D. 风险特征

7. 下列问题中，不属于与客户沟通的开放性问题的是(   )。

A. 您的未来职业发展情况如何   B. 您选择股票的标准是什么

C. 您是否曾经投资于成长型股票   D. 您通常怎样安排自己的富余资金

8. 下列选项所列内容均属于定量信息的是(   )。

①目标陈述；②资产和负债；③健康状况；④就业预期；⑤风险特征；⑥理财决策模式；⑦保单信息；⑧金钱观；⑨养老金规划；⑩遗嘱。

A. ①②⑨   B. ④⑦⑩   C. ⑤⑥⑧   D. ⑦⑨⑩

9. 面对不同客户时，下列应对技巧中不恰当的是(　　)。

A. 对沉默寡言的人，要设法诱使他尽可能地多说

B. 对优柔寡断的人，客户经理要掌握主动权，充满自信地运用公关语言，不断地向他提出积极性的建议，多用肯定性用语

C. 对慢性的人，不能急躁、焦虑或向他施加压力，应该努力配合他的步调，脚踏实地地去证明、引导

D. 对疑心重的人，要让他了解你的诚意或者让他感到你对他所提出的疑问很重视

10. 对开展理财顾问业务而言，关于客户的重要的非财务信息是(　　)。

A. 资产和负债　　　　　　　　　　　　B. 收入与支出

C. 房地产升值预期　　　　　　　　　　D. 客户风险厌恶系数

11. 收集客户个人信息的方法，不包括(　　)。

A. 填写登记表　　　　　　　　　　　　B. 与客户交谈

C. 向第三人打听　　　　　　　　　　　D. 使用心理测试问卷

12. 张先生有500元现金，1 500活期存款，20 000元定期存款，价值5 000元的股票，价值20 000元的汽车，价值500 000元的房产，价值10 000元的古董字画。每月的生活费开销为1 000元，每月需还房贷5 000元，则他的失业保障月数为(　　)个月。

A. 7　　　　　　　　B. 4.5　　　　　　　　C. 7.8　　　　　　　　D. 9.5

13. 下列属于个人资产负债表资产项目的是(　　)。

A. 公共事业费用　　　B. 个人信用卡支出　　　C. 住房贷款　　　　　D. 投资

14. 现金管理中，年度支出预算等于(　　)。

A. 年度收入−上一年支出　　　　　　　B. 年度收入−年储蓄目标

C. 年度收入−年度支出　　　　　　　　D. 年储蓄目标−年度支出

15. 最低标准的失业保障月数是(　　)个月。

A. 1　　　　　　　　B. 2　　　　　　　　C. 3　　　　　　　　D. 6

16. 属于反映个人/家庭在某一时点上的财务状况的报表是(　　)。

A. 资产负债表　　　　B. 损益表　　　　　　C. 现金流量表　　　　D. 利润分配表

17. 描述过去一段时间内个人的现金收入和支出情况的财务报表是(　　)。

A. 资产负债表　　　　B. 损益表　　　　　　C. 现金流量表　　　　D. 成本明细表

18. 下列各项中，属于个人资产负债表中流动资产的是(　　)。

A. 汽车　　　　　　　B. 房地产　　　　　　C. 保险费　　　　　　D. 定期存款

19. 用现金偿还债务与用现金购买房产，两个行为反映在资产负债表上造成的变化相同的是 (　　)。

A. 总资产不变　　　　　　　　　　　　B. 净资产不变

C. 资产负债率不变　　　　　　　　　　D. 资产负债表中的项目都不变

20. 家庭资产负债表中的流动资产项目不包括下列哪个会计科目？(　　)

A. 货币市场基金　　　B. 短期国库券　　　　C. 六个月定期存款　　D. 股票

21. 2007年，上证综合指数升到5 000点时，大批投资者还是蜂拥进入股市。2008年，上证综合指数跌破2 000点时，中小投资者纷纷恐慌性地将所持有的股票抛出。这些行为，反映了投资者的(　　)。

A. 风险偏好　　　　　　　　　　　　　B. 风险认知度

C. 风险承受能力　　　　　　　　　　　D. 风险承受态度

22. 下列理财目标中属于短期目标的是( )。

A. 子女教育储蓄　　　B. 按揭买房　　　C. 退休　　　D. 休假

23. 以下( )选项不属于个人理财规划的内容。

A. 教育投资规划　　　B. 健康规划　　　C. 退休规划　　　D. 居住规划

24. 在下列策划中，属于人生事件规划项目是( )。

A. 现金、债务管理　　　B. 投资规划　　　C. 税收规划　　　D. 教育规划

25. 为了控制客户的费用和投资储蓄，银行业从业人员应该建议该客户在银行开设三种类型的账户。下列四个选项中，不属于这三种类型账户的是( )。

A. 活期储蓄账户　　　B. 定期投资账户　　　C. 扣款账户　　　D. 信用卡账户

26. 在风险管理手段中，保险属于( )手段。

A. 风险分散　　　B. 风险控制　　　C. 风险回避　　　D. 风险转移

27. 如果客户想通过某种理财方式强迫自己储蓄一部分钱，那么他最好的选择是( )。

A. 财产保险　　　B. 终身寿险　　　C. 基金　　　D. 股票

28. 投保人或被保险人对( )应当具有法律上承认的经济利益。

A. 保险事故　　　B. 保险责任　　　C. 保险标的　　　D. 保险风险

29. 下列各项不属于保险规划风险的是( )。

A. 未充分保险的风险　　　　　　　　B. 过分保险的风险

C. 不必要保险的风险　　　　　　　　D. 不适当保险的风险

30. 银行业从业人员在为客户进行税收规划时，应该遵循的原则不包括( )。

A. 合法性原则　　　B. 目的性原则　　　C. 规划性原则　　　D. 诚实守信原则

31. 下列关于税收规划的主要步骤说法错误的是( )。

A. 银行业从业人员在为客户制定税收规划时，通过交流和资料填写，可以了解到客户的一些基本情况，要注意在税收规划中准确地把握这些情况

B. 税收规划实施后，从业人员还需要经常、定期地通过一定的信息反馈渠道来了解纳税方案执行的情况

C. 当反馈的信息表明客户没有按理财从业人员的设计方案的意见执行税收规划时，税收规划人应给予提示，指出其可能产生的后果

D. 客户因为纳税与征收机关发生法律纠纷时，只要出现对客户不利的法律后果，从业人员即应积极负责赔偿客户因此受到的损失

32. 下列关于退休规划说法正确的是( )。

A. 计划开始不宜太迟　　　　　　　　B. 规划期应当在五年左右

C. 投资应当极其保守　　　　　　　　D. 对投资和风险应当相当乐观

二、多项选择题

1. 关于规范理财顾问服务业务操作程序的表述，正确的是( )。

A. 应区分理财顾问服务与一般性业务咨询活动

B. 必要时，一般产品销售和服务人员可以协助理财人员向客户提供理财顾问意见

C. 在理财顾问服务中，商业银行向客户提供财务分析与规划，发挥客户理财顾问的作用

D. 在理财顾问服务中，客户投资决策在某种程度上会受到商业银行个人理财业务人员的影响

E. 在理财顾问服务中，商业银行不为顾客提供投资建议，主要是解答业务的服务办法

2. 下列关于理财顾问服务的特点，说法正确的有(　　)。

A. 在理财顾问服务中，商业银行不涉及客户财务资源的具体操作，只提供建议，最终决策权在客户

B. 在理财顾问服务中，商业银行工作人员一律不得代客操作

C. 理财顾问服务涉及的内容非常广泛，要求能够兼顾客户财务的各个方面

D. 商业银行提供理财顾问服务应具有标准的服务流程、健全的管理体系、明确的管理部门、相应的管理规章制度以及明确的相关部门和人员的责任

E. 商业银行提供理财顾问服务寻求的就是和客户建立一个暂时的关系，追求短期收益

3. 客户信息可以分为财务信息和非财务信息，下列属于非财务信息的有(　　)。

A. 客户当前的收支状况　　　　　　　　B. 客户的社会地位

C. 客户的年龄　　　　　　　　　　　　D. 客户的投资偏好

E. 客户的风险承受能力

4. 了解客户包含的内容有(　　)。

A. 目标客户的金融需求的主要内容　　　B. 目标客户的短期金融需求目标

C. 目标客户的长期金融需求目标　　　　D. 目标客户的经济现状

E. 本银行的金融产品和金融服务在客户中的表现

5. 利用个人客户的资产负债表可以明确(　　)。

A. 客户的偿付比例　　　B. 储蓄比例　　　C. 资产

D. 负债　　　　　　　　E. 净资产

6. 关于现金流量表，下列描述正确的是(　　)。

A. 现金流量反映的是一段时间内经济主体的现金收入和支出情况

B. 个人现金流量表可以作为衡量个人是否合理使用其收入的工具

C. 只记录涉及实际现金流入和流出的交易

D. 额外收入，如红利和利息收入、人寿保险现金价值的累积以及股权投资的资本利得也应列入现金流量表

E. 额外收入，如红利和利息收入、人寿保险现金价值的累积以及股权投资的资本利得无须列入现金流量表

7. 客户的收入会受到工资、奖金、利息和红利等项目变化的影响，考虑到各种因素的不确定性，银行业从业人员在预测客户未来收入时应该进行的两项收入预测是(　　)。

A. 估计客户的收入最低时的情况

B. 估计客户的收入最高时的情况

C. 根据客户的以往收入和宏观经济的情况对其收入变化进行合理的估计

D. 根据客户对将来收入的期望和宏观经济情况对其收入变化进行合理的估计

E. 根据客户期望实现的支出水平对其收入变化进行合理的估计

8. 在预测客户的未来收入时，可以将收入分为常规性收入和临时性收入两类。对这两类收入的说法正确的有(　　)。

A. 常规性收入一般在上一年收入的基础上预测其变化率即可

B. 工资、奖金、津贴、租金收入属于常规性收入，债券投资收益、银行存款利息属于临时性收入

C. 有些收入(尤其是股票投资收益)随着市场环境的变化有很大的波动，如果客户所在地区经济情况不稳定，有必要对这些收入进行重新估计，而不能以"上年的数值"为参考

D. 如果客户在未来会增加新的收入来源，银行业从业人员也应该要求其在数据调查表中详细说明

E. 对于临时性的收入，从业人员应该根据客户的具体情况进行重新估计

9. 客户的风险特征可以由以下( )方面构成。

A. 风险偏好　　　　　　B. 风险认知度　　　　　C. 风险预期

D. 实际风险承受能力　　E. 风险心理承受能力

10. 下列( )理财特征会对客户理财方式和产品选择产生很大的影响。

A. 投资渠道偏好　　　　B. 知识结构　　　　　　C. 市场状况

D. 生活方式　　　　　　E. 个人性格

11. 下列关于一个全面的财务规划所涉及的财务安排问题的说法正确的有( )。

A. 现金、消费及债务管理是解决客户资金节余的问题，是理财规划的起点

B. 保险规划是研究风险转移的问题

C. 税收规划是减少客户支出的问题

D. 人生事件规划是解决客户住房、教育及养老等需面临的问题

E. 投资规划是讨论客户资产保值增值的问题

12. 进行现金管理的目的在于( )。

A. 满足未来消费的需求　　　　　　　B. 满足日常的周期性的支出需求

C. 满足对退休养老的需求　　　　　　D. 满足应急资金的需求

E. 满足财富积累与投资获利的需求

13. 在对现金进行管理中需要进行预算与实际的差异分析，进行差异分析时应注意的要点有( )。

A. 细目差异的重要性大于总额差异

B. 要定出追踪的差异金额或比率门槛

C. 依据预算的分类个别分析

D. 刚开始作预算若差异很大，应每月选择一个重点项目改善

E. 如果实在无法降低支出，就要设法增加收入

14. 下列选项中，属于个人债务管理中应当注意的事项有( )。

A. 债务重组　　　　　　　　　　　　B. 债务支出与家庭收入的合理比例

C. 短期债务与长期债务的合理比例　　D. 债务期限与家庭收入的合理关系

E. 债务总量与资产总量的合理比例

15. 在合理的利率成本条件下，个人信贷能力应取决于( )。

A. 与理财经理的关系　　B. 资产价值　　　　　　C. 与银行的关系

D. 收入能力　　　　　　E. 社会背景

16. 在现金、消费和债务管理中，家庭紧急预备金的储存形式包括( )。

A. 购买股票　　　　　　B. 活期存款　　　　　　C. 短期定期存款

D. 货币市场基金　　　　E. 利用贷款额度

17. 理财规划师为客户制订保险规划的主要步骤是(　　)。

A. 确定保险标的　　　　　B. 选定保险产品

C. 确定保险金额　　　　　D. 明确保险期限　　　　　E. 检验保险方案

18. 银行业从业人员为客户设计保险规划时主要应掌握的原则有(　　)。

A. 转移风险　　　　　B. 量力而行　　　　　C. 量需而行

D. 分析客户保险需要　　　　　E. 分析客户投保能力

19. 在制订保险规划前应考虑的因素有(　　)。

A. 适应性, 根据客户需要保障的范围来考虑购买的险种

B. 有效性, 对客户需要保障的所有利益有效地加以保障

C. 客户经济支付能力

D. 选择性, 在有限的经济能力下, 为成人投保比为儿女投保更实际

E. 全面性

20. 下列关于可保利益的说法正确的有(　　)。

A. 一般来说, 各国保险法律都规定, 只有对保险标的有可保利益才能为其投保, 否则, 这种投保行为是无效的

B. 所谓可保利益, 是指投保人对保险标的具有的法律上承认的利益

C. 可保利益应该符合三个要求, 即必须是法律认可的、客观存在的、可以衡量的利益

D. 对于财产保险, 财产所有人、经营管理人、抵押权人、承担经济责任的保管人都具有可保利益

E. 衡量投保人对被保险人是否具有可保利益, 要看投保人与被保险人之间是否存在合法的经济利益关系

21. 税收规划的原则有(　　)。

A. 合法性原则　　　　　B. 目的性原则　　　　　C. 规划性原则

D. 综合性原则　　　　　E. 客户利益至上原则

22. 投资规划的主要步骤有(　　)。

A. 确定客户的投资目标

B. 让客户认识自己的风险承受能力

C. 根据客户的目标和风险承受能力确定投资计划

D. 实施投资计划

E. 监控投资计划

23. 一个完整的退休规划包括(　　)等内容。

A. 工作生涯设计　　　　　B. 退休后生活设计　　　　　C. 自筹退休金部分的储蓄设计

D. 自筹退休金部分的投资设计　　　　　E. 保险产品设计

三、判断题

1. 理财顾问服务是在充分了解客户的基础上, 对客户的财务资源作出安排并加以管理, 从而帮助客户实现其财务目标的过程。(　　)

2. 当客户接受理财经理的理财建议并实施时, 银行和客户双方共担风险共享收益。(　　)

3. 财务信息是银行业从业人员制订个人财务规划的基础和根据, 决定了客户的目标和期望合理与否,

以及完成个人财务规划的可能性。( )

4. 在收集客户信息的过程中，如果客户出于个人原因不愿意回答某些问题，从业人员应尊重客户意愿，不再就该问题作任何解释，无条件地放弃对该问题的了解。( )

5. 初级信息指宏观经济信息，可以由政府部门或金融机构公布的信息中获得。( )

6. 客户的资产负债表显示了客户全部的资产状况，正确分析客户的资产负债表是下一阶段的财务规划和投资组合的基础。( )

7. 银行业从业人员要得到客户的动态财务信息，需查看客户的资产负债表。( )

8. 客户所在地区的经济情况不太稳定，因而在预测客户的股票投资收益时，业务人员只能用上一年的数值作为参考。( )

9. 在估计客户的未来支出时，银行业从业人员需要了解两种不同状态下的客户支出：一是满足客户基本生活的支出；二是客户期望实现的支出水平。这里所指的"基本生活"，仅指实现基本生存状态的生活水平。( )

10. 风险是对预期的不确定性，是不可以被度量的。( )

11. 同一只股票，其风险是客观的，但是有的人买有的人卖，这可能是因为买者和卖者的风险认知度有差异。( )

12. 对于客户的投资渠道偏好，银行业从业人员在给客户提供财务建议的时候要客观分析并向客户作准确解释，在此基础上要充分尊重客户的偏好，而绝不能用自己的偏好影响客户的财务安排。( )

13. 紧急预备金可以用两种方式来储备：一是流动性高的活期存款、短期定期存款或货币市场基金；二是利用贷款额度。最好是二者搭配。( )

14. 一个合理的结余比例和投资比例，进行适当的投资是个人理财、实现钱生钱的起点，即理财从投资开始。( )

15. 投保的险种越多，保障范围越大。因此为客户设计保险规划时要尽可能多地增加投保险种和金额。( )

16. 投保人只根据自身和家庭对保障的需求来确定保险种类和保险金额。( )

17. 为客户进行税收规划应当以税负轻重作为选择纳税的唯一标准。( )

18. 退休规划的全部内容是保证退休金的保值和增值。( )

答案与解析

一、单项选择题

1. 答案与解析　B

对客户而言寻求理财顾问服务的根本目的是实现人生目标中的经济目标，管理人生财务风险，降低对财务状况的焦虑，进而实现财务自由。

2. 答案与解析　D

商业银行在理财顾问服务中依次向客户提供财务分析、财务规划、投资建议、个人投资产品推介四种专业化服务。倾听客户诉求有利于更好地了解客户需求，但一般包括在收集资料、资产现状分析等其他流程之中，不作为一个独立的环节出现在理财顾问服务的流程中。

3. 答案与解析　D

理财顾问业务的第一步是基本资料收集，在收集资料的基础上进行分析。

4. 答案与解析　D

国内理财顾问业务流程依次为：客户关系的建立、收集客户信息、客户财务分析、客户财务规划、提出理财计划、执行计划和绩效评估。

5. 答案与解析　B

理财顾问服务特点有顾问性、专业性、综合性、制度性、长期性、动态性。理财顾问服务是一项专业性很强的服务，要求从业人员有扎实的金融知识基础，对相关的金融市场及其交易机制有清晰的认识，对相关的金融产品的风险性和收益性能准确地测算和分析，因此B选项错误。

6. 答案与解析　A

客户信息可分为定性信息和定量信息，定量信息包括资产和负债、收入和支出、保单信息、雇员福利、养老金规划、现有投资情况等；定性信息包括目标陈述、健康状况、兴趣爱好、就业预期、风险特征、投资偏好与其生活方式改变、理财知识水平等。

7. 答案与解析　C

开放性问题是没有固定答案，而C项属于封闭性问题。

8. 答案与解析　D

姓名、身份证号码、性别、出生日期、年龄、婚姻状况、学历、就业情况、配偶及抚养赡养状况等普通个人和家庭档案，有关财务顾问的信息，资产和负债，收入与支出，保单信息，雇员福利，养老金规划，现有投资情况，其他退休收益，客户的事业信息，遗嘱等均属于定量信息。本题中，②⑦⑨⑩均属于定量信息，其余各内容均属于定性信息。

9. 答案与解析　A

对于这种人，刻意诱使对方多说可能会引起对方的反感。

10. 答案与解析　D

非财务信息是指其他相关的信息，比如客户的社会地位、年龄、投资偏好和风险承受能力等。非财务信息帮助银行业从业人员进一步了解客户，对个人财务规划的制定有直接的影响。

11. 答案与解析　C

大部分的客户个人信息都可以通过客户数据登记表获得。对于那些连客户本人也难以明确的信息，如财务目标和投资风险承受能力等，从业人员可以与客户交谈，了解其投资经历或者使用心理测试问卷，之后再根据客户提供的信息作出判断。采用向第三人打听获取的信息可能存在准确性和有用性差的问题。

12. 答案与解析　B

失业保障月数=可变现资产/月固定支出，其中，可变现资产包括现金、活期存款、定期存款、股票、基金等，不包括汽车、房地产、古董字画等变现性较差的资产；固定支出除生活费开销以外，还包括房贷本息支出、分期付款支出等已知负债的固定现金支出。所以，张先生的失业保障月数=(500元现金+1 500元活期存款+20 000元定期存款+价值5 000元的股票)/(每月的生活费开销1 000元+每月房贷5 000元)=4.5。

13. 答案与解析　D

其他各项均为负债项目。

14. 答案与解析　B

年度支出预算=年度收入-年储蓄目标

15. 答案与解析　C

最低标准的失业保障月数是三个月。

16. 答案与解析　A

资产负债表是反映个人/家庭在某一时点上的财务状况的报表。

17. 答案与解析　C

反映现金收入支出的是现金流量表。

18. 答案与解析　D

流动资产是指能够在一年内耗用或变现的资产。汽车和房地产都是耐用品，保险费是费用，不是资产，而且保险产品也属于非流动资产。个人资产负债表中的流动资产包括：银行存款、股票、债券、基金投资、短期理财产品。

19. 答案与解析　B

"净资产=总资产-负债"，现金偿还债券的行为改变了总资产和负债，净资产没有发生变化；用现金购买房产的行为改变了流动资产和固定资产，总资产、净资产和负债均没有发生变化。

20. 答案与解析　D

家庭资产负债表中的流动资产项目包括现金、活期存款、定期存款和货币市场基金，短期国库券由于时间短，属于流动资产。股票属于投资科目。

21. 答案与解析　B

上述投资者不能正确评估市场的风险，这反映了投资者的风险认知度。

22. 答案与解析　D

教育、买房和退休养老都是需要大笔资金的活动，需要长期积累，属于长期目标；休假相对来说需要的钱少，属于短期理财能够实现的目标。

23. 答案与解析　B

教育、买房和退休养老都是需要在未来进行大笔支出的活动，因此需要进行个人理财规划，健康规划可能包括饮食、运动、休养等方面的安排，不属于理财规划的范畴。大家注意，虽说健康是人生最大的财富，但理财中的"财"指的是实际的财产，所以理财不包括健康规划。

24. 答案与解析　D

一个全面的财务规划涉及现金、消费及债务管理，保险规划，税收规划，人生事件规划及投资规划等财务安排问题。其中，人生事件规划包括教育规划、退休养老规划。

25. 答案与解析　A

定期投资账户，达到强迫储蓄的功能；若有放贷本息要缴，则在贷款行开一个扣款账户，方便随时掌握房贷的本息缴付状况；开立信用卡账户，弥补临时性资金不足，减少低收益资金的比例。

26. 答案与解析 D

投保人缴纳保费，将风险转移给保险公司。

27. 答案与解析 B

购买保险的需求主要是储蓄性需求，所以应该选择人身保险，且以寿险为主。

28. 答案与解析 C

即保险法中的可保利益原则。

29. 答案与解析 D

保险规划的风险体现在三个方面：未充分保险的风险；过分保险的风险；不必要保险的风险。

30. 答案与解析 D

税收规划的原则包括：①合法性原则；②目的性原则；③规划性原则；④综合性原则。

31. 答案与解析 D

在特殊情况下，客户因为纳税与征收机关发生法律纠纷时，从业人员按法律规定或业务委托应及时介入，帮助客户度过纠纷过程。如果出现对客户不利的法律后果，从业人员一是接受教训；二是在订有赔偿条款且责任又认定在从业人员一方时，应积极负责赔偿客户因此受到的损失。可见，赔偿损失是以订有赔偿条款且责任又认定在从业人员一方为前提。

32. 答案与解析 A

退休的规划期一般为10～20年，投资极其保守、对风险和投资太过乐观是客户在退休规划中的误区。其实出题者已经在选项中显示出了对错的倾向。像CD包含"极其"、"相当"这类字眼的选项，说得太极端了，肯定不会是正确的选项。而B项，按正常的退休年龄和寿命推算，五年也太短了。

二、多项选择题

1. 答案与解析 ABCD

理财顾问服务是指商业银行向客户提供财务分析与规划、投资建议、个人投资产品推介等专业化服务。

2. 答案与解析 ACD

理财顾问服务有顾问性、专业性、综合性、制度性、长期性等特点。ACD三项分别是顾问性、综合性、制度性特点。在理财顾问服务中，商业银行不涉及客户财务资源的具体操作，只提供建议，最终决策权在客户。但如果涉及代客操作，一定要合乎有关规定，按照规定的流程并要签署必要的客户委托授权书和其他代理客户投资所必需的法律文件，因此B项不准确。E项商业银行提供理财顾问服务寻求的就是和客户建立一个长期的关系，不能只追求短期的收益，因此E项错误。

3. 答案与解析 BCE

非财务信息是指与收支、资产负债等无关的信息，收支状况属于财务信息。

4. 答案与解析 ABCDE

5. 答案与解析 ACDE

资产负债表可以反映资产和负债情况。偿付比例等于已偿还债务占现有负债的比例。净资产等于资产减负债。

6. 答案与解析 ABCD

现金流量表用来说明在过去一段时期内，个人的现金收入和支出情况。现金流量表只记录涉及实际现金流入和流出的交易。那些额外收入，如红利和利息收入、人寿保险现金价值的累积以及股权投资的资本利得也应列入现金流量表。

7. 答案与解析 AC

客户的收入会受到工资、奖金、利息和红利等项目变化的影响，考虑到各种因素的不确定性，银行业从业人员应该进行两种不同的收入预测：一是估计客户的收入最低时的情况，这一分析将有助于客户了解自己在经济萧条时的生活质量以及如何选择有关保障措施；二是根据客户的以往收入和宏观经济的情况对其收入变化进行合理的估计。

8. 答案与解析 ACDE

工资、奖金和津贴、股票和债券投资收益、银行存款利息和租金收入等一般而言都属于常规性收入。

9. 答案与解析 ABD

客户的风险特征可以由三个方面构成：①风险偏好；②风险认知度，取决于其个人的生活经验，是影响人们对风险态度的心理因素；③实际风险承受能力。

10. 答案与解析 ABDE

市场状况等也属于为客户进行投资组合设计时需要考虑的其他因素，但不属于理财特征。

11. 答案与解析 ABCDE

题干所述选项全部正确。

12. 答案与解析 ABDE

进行现金管理的目的在于：满足未来消费、日常的周期性的支出、应急资金、财富积累与投资获利的需求。

13. 答案与解析 BCDE

总额差异的重要性大于细目差异，A项表述不正确。

14. 答案与解析 ABCDE

债务重组是实现财务状况改善的重要方式。债务总量与资产总量的合理比例，比如总负债一般不要超过净资产；债务支出与家庭收入的合理比例概念上说是0.4，但还要考虑家庭结余比例、收入变动趋势、利率走势等其他因素；短期债务和长期债务的比例没有一定之规，但要充分考虑债务的时间特性和客户生命周期以及家庭财务资源的时间特性要匹配；债务期限与家庭收入的合理关系，比如还贷款的期限不要超过退休的年龄。

15. 答案与解析 BD

在合理的利率成本下，个人的信贷能力即贷款能力取决于：①客户收入能力；②客户资产价值。

16. 答案与解析 BCDE

紧急预备金的储存形式：一是流动性高的活期存款、短期定期存款或货币市场基金；二是利用贷款额度。最好是二者搭配。

17. 答案与解析 ABCD

保险规划的主要步骤是：①确定保险标的；②选定保险产品；③确定保险金额；④明确保险期限。

18. 答案与解析　ABD

银行业从业人员为客户设计保险规划时主要应掌握的原则有：转移风险；量力而行；分析客户保险需要。

19. 答案与解析　ACD

在制定保险规划前应考虑以下三个因素：一是适应性，即根据客户需要保障的范围来考虑购买的险种；二是客户经济支付能力；三是选择性。在有限的经济能力下，为成人投保比为儿女投保更实际，特别是对家庭的"经济支柱"来讲更是如此。

20. 答案与解析　ABCDE

21. 答案与解析　ABCD

合法性原则就表明必须遵守法律规定，客户利益至上与此有一定冲突。

22. 答案与解析　ABCDE

投资规划的主要步骤：①确定客户的投资目标；②让客户认识自己的风险承受能力；③根据客户的目标和风险承受能力确定投资计划；④实施投资计划；⑤监控投资计划。

23. 答案与解析　ABCD

一个完整的退休规划，包括工作生涯设计、退休后生活设计及自筹退休金部分的储蓄投资设计。

三、判断题

1. 答案与解析　×

理财顾问服务是在充分了解客户的基础上，对客户的财务资源提供安排建议并协助其实施与管理，从而帮助客户实现其财务目标的过程。题目所述"作出安排并加以管理"明显不同于"提供安排建议并协助其实施与管理"，故是错误的。

2. 答案与解析　×

提出投资建议属于理财顾问服务，理财的风险和收益是由投资者承担的。

3. 答案与解析　√

4. 答案与解析　×

在收集客户信息的过程中，如果客户出于个人原因不愿意回答某些问题，从业人员就应该谨慎地了解客户产生顾虑的原因，并向客户解释该信息的重要性，以及在缺乏该信息情况下可能造成的误差。

5. 答案与解析　×

次级信息指宏观经济信息，可以由政府部门或金融机构公布的信息中获得。

6. 答案与解析　√

7. 答案与解析　×

资产负债表反映的是静态财务信息，现金流量表反映的是动态信息。

8. 答案与解析　×

应当用近几年的历史数据的平均值。

9. 答案与解析　×

这里所指的"基本生活"，并非指仅实现基本生存状态的生活水平，而是指在保证客户正常生活水平不变的情况下，考虑了通货膨胀后的支出数额预测。

10. 答案与解析 ×

风险是对预期的不确定性，是可以被度量的。

11. 答案与解析 √

投资者根据自身对股票的认知作出投资决策。

12. 答案与解析 √

13. 答案与解析 √

14. 答案与解析 ×

一个合理的结余比例和投资比例，积累一定的资产不仅是平衡即期消费和未来消费的问题，也是个人理财、实现钱生钱的起点，即理财从储蓄开始。

15. 答案与解析 ×

投保的险种越多，保障范围越大。但保险金额越高，保险期限越长，需支付的保险费也就越多。因此为客户设计保险规划时要根据客户的经济实力量力而行。

16. 答案与解析 ×

保险金额是当保险事故发生时，保险公司所赔付的最高金额。一般来说，保险金额的确定应该以财产的实际价值和人身的评估价值为依据。

17. 答案与解析 ×

为客户进行税收规划不能只以税负轻重作为选择纳税的唯一标准，应该着眼于实现客户的综合利益目标。另外在进行一种税的税务规划时，还要考虑与之有关的其他税种的税负效应，进行整体规划，综合衡量，防止前轻后重。

18. 答案与解析 ×

完整的退休规划，包括工作生涯设计、退休后生活设计及自筹退休金部分的储蓄投资设计。

个人理财业务相关法律法规

个人理财业务涉及股票、基金、保险、国债、信托、外汇等多个领域，了解相关的法律、法规非常必要。本章首先介绍商业银行监管机构颁布的规章和规范性文件，然后再解读与股票、基金、保险相关的法律和部门规章，使读者能够对个人理财业务领域的相关法律规定有一个基本了解。

个人理财业务活动涉及的相关法律
- 《中华人民共和国民法通则》★★★
- 《中华人民共和国合同法》★★
- 《中华人民共和国商业银行法》★★★★
- 《中华人民共和国银行业监督管理法》★★★
- 《中华人民共和国证券法》★★★★★
- 《中华人民共和国证券投资基金法》★★★
- 《中华人民共和国保险法》★★
- 《中华人民共和国信托法》★★
- 《中华人民共和国个人所得税法》★★
- 《中华人民共和国物权法》★★

个人理财业务相关法律法规

个人理财业务活动涉及的相关行政法规
- 《中华人民共和国外资银行管理条例》★★
- 《期货交易管理条例》★★

个人理财业务活动涉及的相关部门规章及解释
- 《商业银行开办代客境外理财业务管理暂行办法》★★
- 《证券投资基金销售管理办法》★★★
- 《保险兼业代理管理暂行办法》和《关于规范银行代理保险业务的通知》★★
- 《个人外汇管理办法》和《个人外汇管理办法实施细则》★★★

第1节 个人理财业务活动涉及的相关法律

考点1 《中华人民共和国民法通则》

在个人理财业务活动中，商业银行和客户是两个平等的民事法律主体。

1. 民事法律行为的基本原则

民事法律行为是指公民或者法人设立、变更、终止民事权利和民事义务的合法行为。民事法律活动应当遵循自愿、公平、等价有偿、诚实信用的原则。其中，诚实信用原则是民事活动中最核心、最基本的原则。

2. 民事法律关系主体

(1) 公民(自然人)

① 自然人的民事权利能力：指法律赋予自然人参加民事法律关系、享有民事权利、承担民

事义务的资格，具有平等性、不可转让性等特征，始于出生终于死亡。

② 自然人的民事行为能力：指自然人能够以自己的行为独立参加民事法律关系、行使民事权利和设定民事义务的资格。

a. 完全民事行为能力人。十八周岁以上的公民是完全民事行为能力人，可以独立进行民事活动。

b. 限制民事行为能力人。十周岁以上的未成年人、不能完全辨认自己行为的精神病人是限制民事行为能力人，可以进行与他的年龄、智力相适应的民事活动。

c. 无民事行为能力人。不满十周岁的未成年人、不能辨认自己行为的精神病人是无民事行为能力人，由他的法定代理人代理民事活动。

(2) 法人

法人是具有民事权利能力和民事行为能力，依法独立享有民事权利和承担民事义务的组织。

(3) 非法人组织

非法人组织是指不具有法人资格但能以自己的名义进行民事活动的组织。

3. 民事代理制度

个人理财业务中客户和商业银行就是委托和代理关系。

(1) 含义：公民、法人可以通过代理人实施民事法律行为。代理人在代理权限内，以被代理人的名义实施民事法律行为，由被代理人承担民事责任。依照法律规定或者按照双方当事人约定，应当由本人实施的民事法律行为，不得代理。

(2) 代理的特征：

① 代理人须在代理权限内实施代理行为；

② 代理人须以被代理人的名义实施代理行为；

③ 代理行为必须是具有法律效力的行为；

④ 代理行为须直接对被代理人发生效力；

⑤ 代理人在代理活动中具有独立的法律地位。

(3) 代理的分类：

根据代理权产生的根据不同，分为委托代理、法定代理和指定代理。

委托代理：委托代理的基础法律关系一般是委托合同关系。委托书授权不明的，被代理人应当向第三人承担民事责任，代理人负连带责任。

(4) 代理的法律责任：

① 没有代理权、超越代理权或者代理权终止后的行为，只有经被代理人追认，被代理人才承担民事责任。本人知道他人以本人名义实施民事行为而不作否认表示的，视为同意；

② 代理人不履行职责而给被代理人造成损害的，应当承担民事责任；

③ 代理人和第三人串通，损害被代理人的利益的，由代理人和第三人负连带责任；

④ 第三人知道行为人没有代理权、超越代理权或者代理权已终止还与行为人实施民事行为给他人造成损害的，由第三人和行为人负连带责任；

⑤ 代理人知道被委托代理的事项违法仍然进行代理活动的，或者被代理人知道代理人的代理行为违法不表示反对的，由被代理人和代理人负连带责任。

例题1 个人理财业务活动中法律关系的主体有两个，即( )。(单项选择题)

A. 中央银行和商业银行   B. 商业银行和客户

C. 监管机构和商业银行   D. 理财人员和客户

答案 B

解析 个人理财业务是指商业银行为个人客户提供的财务分析、财务规划、投资顾问、资产管理等专业化服务活动。个人理财业务活动中法律关系的主体是商业银行和客户。

例题2 下列关于代理的法律责任的说法，不正确的是( )。(单项选择题)

A. 代理人与第三人串通，损害被代理人利益的，由代理人和第三人负连带责任

B. 代理人不履行代理责任，而给被代理人造成伤害的，应当承担民事责任

C. 没有代理权、超越代理权或者代理权已终止后的行为，经过被代理人的追认，被代理人承担民事责任

D. 第三人知道行为人没有代理权、超越代理权或者代理权已终止还与行为人实施民事行为给他人造成损害的，第三人不承担责任

答案 D

解析 D项由第三人和代理人负连带责任。

考点2 《中华人民共和国合同法》

1. 概念

合同是平等主体的自然人、法人、其他组织之间设立、变更、终止民事权利义务关系的协议。

2. 订立

当事人依法可以委托代理人订立合同。法律、行政法规规定或当事人约定采用书面形式的，应当采用书面形式。

3. 格式条款合同

对格式条款的理解发生争议的，应当按照通常理解予以解释。对格式条款有两种以上解释的，应当作出不利于提供格式条款一方的解释。格式条款和非格式条款不一致的，应当采用非格式条款。

4. 有下列情形之一的，合同无效

(1) 一方以欺诈、胁迫的手段订立合同，损害国家利益；

(2) 恶意串通，损害国家、集体或者第三人利益；

(3) 以合法形式掩盖非法目的，损害社会公共利益；

(4) 违反法律、行政法规的强制性规定。

5. 合同中的下列免责条款无效

造成对方人身伤害的；因故意或者重大过失造成对方财产损失的。

6. 签订的合同有下列情形时，当事人一方有权请求人民法院或者仲裁机构变更或者撤销

(1) 因重大误解订立的；

(2) 在订立合同时显失公平的；

(3) 一方以欺诈、胁迫的手段或者乘人之危，使对方在违背真实意思的情况下订立的合同，受损害方有权请求人民法院或者仲裁机构变更或者撤销。

7. 合同履行的抗辩权

(1) 同时履行抗辩权；

(2) 先履行抗辩权；

(3) 不安抗辩权。

8. 违约责任的主要承担形式

(1) 违约金责任；

(2) 赔偿损失；

(3) 强制履行；

(4) 定金责任；

(5) 采取补救措施。

例题3　下列关于合同订立的说法，不正确的是(　　)。(单项选择题)

A. 当事人订立合同，应当具有相应的民事权利能力和民事行为能力

B. 当事人必须本人订立合同，不得代理

C. 当事人在订立合同过程中知悉的商业秘密，无论合同是否成立，不得泄露或者不正当地使用

D. 当事人订立合同，有书面形式、口头形式和其他形式

答案　B

解析　根据《合同法》，当事人可委托代理人订立合同。

例题4　下列属于无效合同的情形有(　　)。(多项选择题)

A. 一方以欺诈、胁迫的手段订立合同，损害国家利益

B. 恶意串通，损害国家、集体或者第三人利益

C. 以合法形式掩盖非法目的

D. 损害社会公共利益

E. 违反法律、行政法规的强制性规定

答案　ABCDE

解析　我国《合同法》第五十二条规定："有下列情形之一的，合同无效：(一)一方以欺诈、胁迫的手段订立合同，损害国家利益；(二)恶意串通，损害国家、集体或者第三人利益；(三)以合法形式掩盖非法目的；(四)损害社会公共利益；(五)违反法律、行政法规的强制性规定。"

■ 考点3　《中华人民共和国商业银行法》

1. 商业银行的定义

商业银行是依照《商业银行法》和《公司法》的规定设立的吸收公众存款、发放贷款、办理结算等业务的企业法人。设立商业银行，应当经国务院银行业监督管理机构审查批准。任何单位不得在名称中使用"银行"字样。

2. 商业银行的组织形式

组织形式：银行有限责任公司；银行股份有限公司。

商业银行可以在我国境内外设立分支机构，总行拨付给分支机构的营运资金额的总和不得超过总行资本金总额的百分之六十；商业银行的分支机构不具有独立的法人资格，在总行授权范围内开展业务，对外先以自己经营管理的财产承担民事责任，不足部分由总行承担。

3. 商业银行的经营原则

(1) "三性"原则，即安全性原则、流动性原则和效益性原则。

(2) 业务往来遵循平等、自愿、公平和诚实信用原则。

(3) 保障存款人的合法权益不受侵犯的原则。

(4) 公平竞争原则。

(5) 依法经营，不得损害社会公益的原则。

(6) 严格贷款的资信担保、依法按期收回贷款本息原则。

4. 商业银行的主要业务

(1) 商业银行在中华人民共和国境内不得从事信托投资和证券经营业务，不得向非自用不动产投资或者向非银行金融机构和企业投资，但国家另有规定的除外。

(2) 商业银行的业务，按资金来源和用途可以分为以下三类：

① 负债业务，主要包括吸收公众存款、发放金融债券、从事同业拆借等，其中吸收公众存款是最主要的负债业务；

② 资产业务，主要包括发放短期、中期和长期贷款，办理票据承兑与贴现，买卖外汇等，其中最主要的业务是发放贷款；

③ 中间业务，主要包括办理国内外结算、代理发行、代理兑付、承销政府债券、代理买卖外汇、提供信用证服务及担保、代理收付款项及代理保险业务等。银行开展个人理财业务就是经国务院银行业监督管理机构批准的一项银行中间业务。

5. 法律责任

(1) 侵犯存款人利益的法律责任

商业银行有下列行为之一的，对存款人或者其他客户造成财产损害的，应当承担支付延迟履行的利息以及其他民事责任：无故拖延或者拒绝支付存款本金和利息的；违反票据承兑等结算业务规定，不予兑现，不予收付入账，压单、压票或者违反规定退票的；非法查询、冻结、扣划个人储蓄存款或者单位存款的；违反《商业银行法》的规定对存款人或者其他客户造成其他损害的。

(2) 商业银行违反有关监管规定的法律责任

《商业银行法》的有关规定：

第七十四条　商业银行有下列情形之一，由国务院银行业监督管理机构责令改正，有违法所得的，没收违法所得，违法所得五十万元以上的，并处违法所得一倍以上五倍以下罚款；没有违法所得或者违法所得不足五十万元的，处五十万元以上二百万元以下罚款；情节特别严重或者逾期不改正的，可以责令停业整顿或者吊销其经营许可证；构成犯罪的，依法追究刑事责任：未经批准设立分支机构的；未经批准分立、合并或者违反规定对变更事项不报批的；违反规定提高或者降低利率以及采用其他不正当手段，吸收存款，发放贷款的；出租、出借经营许可证的；未经批准买卖、代理买卖外汇的；未经批准买卖政府债券或者发行、买卖金融债券的；违反国家规定从事信托投资和证券经营业务、向非自用不动产投资或者向非银行金融机构和企业投资的；向关系人发放信用贷款或者发放担保贷款的条件优于其他借款人同类贷款的条件的。

第七十五条　商业银行有下列情形之一，由国务院银行业监督管理机构责令改正，并处二十万元以上五十万元以下罚款；情节特别严重或者逾期不改正的，可以责令停业整顿或者吊销其经营许可证；构成犯罪的，依法追究刑事责任：拒绝或者阻碍国务院银行业监督管理机构检查监督的；提供虚假的或者隐瞒重要事实的财务会计报告、报表和统计报表的；未遵守资本充足率、存贷比例、资产流动性比例、同一借款人贷款比例和国务院银行业监督管理机构有关资产负债比例管理的其他规定的。

第七十六条　商业银行有下列情形之一，由中国人民银行责令改正，有违法所得的，没收违法所得，违法所得五十万元以上的，并处违法所得一倍以上五倍以下罚款；没有违法所得或者违法所得不足五十万元的，处五十万元以上二百万元以下罚款；情节特别严重或者逾期不改正的，中国人民银行可以建议国务院银行业监督管理机构责令停业整顿或者吊销其经营许可证；构成犯罪的，依法追究刑事责任：未经批准办理结汇、售汇的；未经批准在银行间债券市场发行、买卖金融债券或者到境外借款的；违反规定同业拆借的。

第七十七条　商业银行有下列情形之一，由中国人民银行责令改正，并处二十万元以上五十万元以下罚款；情节特别严重或者逾期不改正的，中国人民银行可以建议国务院银行业监督管理机构责令停业整顿或者吊销其经营许可证；构成犯罪的，依法追究刑事责任：拒绝或者阻碍中国人民银行检查监督的；提供虚假的或者隐瞒重要事实的财务会计报告、报表和统计报表的；未按照中国人民银行规定的比例交存存款准备金的。

第七十九条　有下列情形之一，由国务院银行业监督管理机构责令改正，有违法所得的，没收违法所得，违法所得五万元以上的，并处违法所得一倍以上五倍以下罚款；没有违法所得或者违法所得不足五万元的，处五万元以上五十万元以下罚款：未经批准在名称中使用"银行"字样的；未经批准购买商业银行股份总额百分之五以上的；将单位的资金以个人名义开立账户存储的。

(3) 商业银行工作人员违反法律应承担的责任

《商业银行法》的有关规定：

第八十四条　商业银行工作人员利用职务上的便利，索取、收受贿赂或者违反国家规定收受各种名义的回扣、手续费，构成犯罪的，依法追究刑事责任；尚不构成犯罪的，应当给予纪律处分。有前款行为，发放贷款或者提供担保造成损失的，应当承担全部或者部分赔偿责任。

第八十五条　商业银行工作人员利用职务上的便利，贪污、挪用、侵占本行或者客户资金，构成犯罪的，依法追究刑事责任；尚不构成犯罪的，应当给予纪律处分。

第八十六条　商业银行工作人员违反本法规定玩忽职守造成损失的，应当给予纪律处分；构成犯罪的，依法追究刑事责任。

违反规定徇私向亲属、朋友发放贷款或者提供担保造成损失的，应当承担全部或者部分赔偿责任。

第八十七条　商业银行工作人员泄露在任职期间知悉的国家秘密、商业秘密的，应当给予纪律处分；构成犯罪的，依法追究刑事责任。

第八十八条 单位或者个人强令商业银行发放贷款或者提供担保的，应当对直接负责的主管人员和其他直接责任人员或者个人给予纪律处分；造成损失的，应当承担全部或者部分赔偿责任。

商业银行的工作人员对单位或者个人强令其发放贷款或者提供担保未予拒绝的，应当给予纪律处分；造成损失的，应当承担相应的赔偿责任。

第八十九条 商业银行违反本法规定的，国务院银行业监督管理机构可以区别不同情形，取消其直接负责的董事、高级管理人员一定期限直至终身的任职资格，禁止直接负责的董事、高级管理人员和其他直接责任人员一定期限直至终身从事银行业工作。

商业银行的行为尚不构成犯罪的，对直接负责的董事、高级管理人员和其他直接责任人员，给予警告，处五万元以上五十万元以下罚款。

例题5 根据《商业银行法》的规定，商业银行总行向分行拨付营运资金总和，不得超过总行资本金额的(　　)。(单项选择题)

A. 70% 　　　　　 B. 60% 　　　　　 C. 50% 　　　　　 D. 40%

答案 B

解析 《商业银行法》第十九条规定，商业银行可以在我国境内外设立分支机构，总行应当按照规定，向分行拨付营运资金。拨付给分支机构的营运资金额的总和不得超过商业银行总行资本金总额的百分之六十。

例题6 银行股份有限公司，股东以其所持股份为限对银行的债务承担责任，银行以其全部资产对外承担责任。(　　)(判断题)

答案 √

解析 银行股份有限公司，股东以其所持股份为限对银行的债务承担责任，银行以其全部资产对外承担责任。

例题7 商业银行与客户的业务往来，应当遵循(　　)原则。(多项选择题)

A. 平等 　　　　　 B. 自愿 　　　　　 C. 公平

D. 诚实信用 　　　　 E. 效益

答案 ABCD

解析 《商业银行法》规定："商业银行与客户的业务往来，应当遵循平等、自愿、公平和诚实信用的原则。"

例题8 商业银行经营原则中的"三性"原则，包括安全性原则、流动性原则和平等性原则。(　　)(判断题)

答案 ×

解析 商业银行经营原则中的"三性"原则，包括安全性原则、流动性原则和效益性原则。

例题9 下列行为违反《商业银行法》的有(　　)。(多项选择题)

A. 无故拖延或者拒绝支付存款本金和利息

B. 非法查询、冻结、扣划个人储蓄存款或者单位存款

C. 向境内非银行金融机构和企业投资

D. 向关系人发放担保贷款的条件等同于其他借款人同类贷款条件

E. 拒绝中国人民银行稽核、检查监督

答案　ABCE

解析　ABCE均违反了《商业银行法》。

考点4　《中华人民共和国银行业监督管理法》

1. 调整对象

全国银行业金融机构及其业务活动，所指银行业金融机构即中华人民共和国境内设立的商业银行、城市信用合作社、农村信用合作社等吸收公众存款的金融机构以及政策性银行。对在中华人民共和国境内设立的金融资产管理公司、信托投资公司、财务公司、金融租赁公司以及经国务院银行业监督管理机构批准设立的其他金融机构的监督管理，适用《银行业监督管理法》对银行业金融机构监督管理的规定。

2. 监管目标

(1) 促进银行业的合法、稳健运行，维护公众对银行业的信心。

(2) 保护银行业公平竞争，提高银行业竞争能力。

3. 监管措施

(1) 要求银行金融机构报送报表、资料

(2) 现场检查

现场检查包括进入银行业金融机构进行检查；询问银行业金融机构的工作人员，要求其对有关检查事项作出说明；查阅、复制银行业金融机构与检查事项有关的文件、资料，对可能被转移、隐匿或者毁损的文件、资料予以封存；检查银行业金融机构运用电子计算机管理业务数据的系统。

进行现场检查应当经银行业监督管理机构负责人批准。现场检查时，检查人员不得少于两人，并应当出示合法证件和检查通知书；检查人员少于两人或者未出示合法证件和检查通知书的，银行业金融机构有权拒绝检查。

(3) 与银行业金融机构高管人员谈话制度

银行业监督管理机构根据履行职责的需要，可以与银行业金融机构董事、高级管理人员进行监督管理谈话，要求银行业金融机构董事、高级管理人员就银行业金融机构的业务活动和风险管理的重大事项作出说明。

(4) 责令银行业金融机构依法披露信息

银行业监督管理机构应当责令银行业金融机构按照规定，如实向社会公众披露财务会计报告、风险管理状况、董事和高级管理人员变更以及其他重大事项等信息。

(5) 对违规行为进行处理、处罚

(6) 对有信用危机的银行业金融机构实行接管或者重组

银行业金融机构已经或者可能发生信用危机，严重影响存款人和其他客户合法权益的，中国银监会可以依法对该银行业金融机构实行接管或者促成机构重组，接管和机构重组依照有关法律和国务院的规定执行。

(7) 对有严重违法经营、经营管理不善的银行业金融机构予以撤销

银行业金融机构有违法经营、经营管理不善等情形，不予撤销将严重危害金融秩序、损害公众利益的，中国银监会有权予以撤销。

(8) 查询、申请冻结有关机构及人员的账户

经中国银监会或者其省一级派出机构负责人批准，银行业监管机构有权查询涉嫌金融违法的银行业金融机构及其工作人员以及关联行为人的账户；对涉嫌转移或者隐匿违法资金的，经银行业监管机构负责人批准，可以申请司法机关予以冻结。

例题10 积极配合监管人员的现场检查工作不包括( )。(单项选择题)

A. 及时、如实、全面地提供资料信息

B. 不得拒绝或无故推诿监管人员分配的工作

C. 不得转移、隐匿或者损坏有关证明材料

D. 建立重大事项报告制度

答案 D

解析 积极配合监管人员的现场检查工作包括：及时、如实、全面地提供资料信息；不得拒绝或无故推诿监管人员分配的工作；不得转移、隐匿或者损坏有关证明材料等。建立重大事项报告制度属于在日常活动中进行的，而并非包括在现场检查中。

例题11 银监会进行现场检查时，在( )的情况下，银行业金融机构有权拒绝检查。(多项选择题)

A. 检查人员未出示检查通知书　　　　B. 检查人员未出示合法证件

C. 检查人员少于两人　　　　　　　　D. 检查人员多于两人

E. 检查人员未提前预约

答案 ABC

解析 《商业银行监督管理法》规定：银监会进行现场检查时，检查人员未出示检查通知书，检查人员未出示合法证件或者检查人员少于两人的情况下，银行业金融机构有权拒绝检查。

例题12 下列不属于银行业金融机构需要如实向社会公众披露的信息的是( )。(单项选择题)

A. 具体经营规划　　　　　　　　　　B. 财务会计报告

C. 风险管理状况　　　　　　　　　　D. 董事和高级管理人员变更

答案 A

解析 《银行业监督管理办法》第三十六条，商业银行具体的经营规划属于商业机密，不能向社会披露。

例题13　中国银监会有权对有严重违法经营、经营管理不善的银行业金融机构予以(　　)。(单项选择题)

A. 接管　　　　　　B. 重组　　　　　　C. 撤销　　　　　　D. 冻结资产

答案　C

解析　《银行业监督管理法》第三十九条规定，银行业金融机构有违法经营、经营管理不善等情形，不予撤销将严重危害金融秩序、损害公众利益的，国务院银行业监督管理机构有权予以撤销。

考点5　《中华人民共和国证券法》

1. 基本原则

(1) 公开、公平、公正原则。公开原则是证券发行和交易制度的核心；

(2) 自愿有偿、诚实信用的原则；

(3) 合法原则。禁止欺诈、内幕交易和操纵证券交易市场的行为；

(4) 分业经营、分业管理的原则。证券业和银行业、信托业、保险业分业经营、分业管理，证券公司与银行、信托、保险业务机构分别设立。另有规定的除外；

(5) 保护投资者合法权益的原则；

(6) 国家集中统一监管与行业自律相结合的原则。

2. 证券机构

(1) 证券交易所；

(2) 证券公司；

(3) 证券登记结算机构；

(4) 证券交易服务机构；

(5) 证券业协会；

(6) 证券监督管理机构。

3. 证券交易的有关规定

(1) 限制和禁止的证券交易行为的一般规定

① 必须是依法发行并交付的证券；

② 应当在证券交易所挂牌交易；

③ 以现货进行交易；

④ 证券交易所、证券公司、证券登记结算机构从业人员、证券监督管理机构工作人员和法律、行政法规禁止参与股票交易的其他人员，在任期或者法定限期内，不得直接或者以化名、借他人名义持有、买卖股票，也不得收受他人赠送的股票。任何人在成为上述人员时，其原已持有的股票必须依法转让；

⑤ 为股票发行出具审计报告、资产评估报告或者法律意见书等文件的专业机构和人员，在该股票承销期内和期满后六个月内，不得买卖该种股票。为上市公司出具上述文件的专业机构和人员，自接受上市公司委托之日起至上述文件公开后五日内，不得买卖该种股票；

⑥ 持有一个股份公司已发行股份百分之五的股东，将其所持有的该公司股票在买入后六个月内卖出，或在卖出后六个月内买入，由此所得收益归该公司所有，公司董事会应当收回该股

东所得收益。证券公司因包销购入售后剩余股票而持有百分之五以上股份的，卖出该股票时不受六个月时间限制。

(2) 禁止利用内幕信息从事证券交易

内幕信息的知情人包括：发行人的董事、监事、高级管理人员；持有公司百分之五以上股份的股东及其董事、监事、高级管理人员，公司的实际控制人及其董事、监事、高级管理人员；发行人控股的公司及其董事、监事、高级管理人员；由于所任公司职务可以获取公司有关内幕信息的人员；证券监督管理机构工作人员以及由于法定职责对证券的发行、交易进行管理的其他人员；保荐人、承销的证券公司、证券交易所、证券登记结算机构、证券服务机构的有关人员；国务院证券监督管理机构规定的其他人。

内幕信息是指证券交易活动中，涉及公司的经营、财务或者对该公司证券的市场价格有重大影响的尚未公开的信息。

证券交易内幕信息的知情人和非法获取内幕信息的人，在内幕信息公开前，不得买卖该公司的证券，或者泄露该信息，或者建议他人买卖该证券。

(3) 禁止操纵证券市场的行为

操纵市场的手段：单独或通过合谋，集中资金优势、持股优势或利用信息优势联合或连续买卖，操纵证券交易价格或证券交易量；与他人串通，以事先约定的时间、价格和方式相互进行证券交易，影响证券交易价格或证券交易量；在自己实际控制的账户之间进行证券交易，影响证券交易价格或证券交易量；其他操纵手段。

(4) 禁止虚假陈述和信息误导行为

① 虚假陈述行为，即发行人、承销商公告的招股说明书、公司债券募集方法、财务会计报告等误导性陈述或者有重大遗漏致使投资者在证券交易中遭受损失；

② 编造并传播虚假信息，严重影响证券交易的行为。

(5) 禁止欺诈客户行为

① 违背客户的委托为其买卖证券；

② 不在规定时间内向客户提供交易的书面确认文件；

③ 挪用客户所委托买卖的证券或者客户账户上的资金；

④ 未经客户的委托，擅自为客户买卖证券，或者假借客户的名义买卖证券；

⑤ 为牟取佣金收入，诱使客户进行不必要的证券买卖；

⑥ 利用传播媒介或者通过其他方式提供、传播虚假或者误导投资者的信息；

⑦ 其他违背客户真实意思表示，损害客户利益的行为。

(6) 禁止的其他行为

① 禁止法人非法利用他人账户从事证券交易；禁止法人出借自己或者他人的证券户；

② 依法拓宽资金入市渠道，禁止资金违规流入股市；

③ 禁止任何人挪用公款买卖证券。

4. 客户交易结算账户管理

证券公司客户的交易结算资金应当存放在商业银行，以每个客户的名义单独立户管理。证券公司不得将客户的交易结算资金和证券归入其自有财产。禁止任何单位或者个人以任何形式挪用客户的交易结算资金和证券。证券公司破产或者清算时，客户的交易结算资金和证券不属于其破产财产或者清算财产。

证券公司应当妥善保存客户开户资料、委托记录、交易记录和与内部管理、业务经营有关的各项资料，任何人不得隐匿、伪造、篡改或者毁损，保存期限不得少于二十年。

5. 违反《证券法》的法律责任

(1) 发行人擅自发行证券的民事责任

未经法定机关核准擅自公开或变相公开发行证券的，责令停止发行，退还所募资金并加算银行同期存款利息，处以非法所募资金金额百分之一以上百分之五以下的罚款。对直接负责的主管人员和其他直接责任人员给予警告，并处以三万元以上三十万元以下的罚款。

发行人不符合发行条件，以欺骗手段骗取发行核准，尚未发行证券的，处以三十万元以上六十万元以下的罚款；已经发行证券的，处以非法所募资金金额百分之一以上百分之五以下的罚款。对直接负责的主管人员和其他直接责任人员处以三万元以上三十万元以下的罚款。

(2) 虚假陈述的民事责任

证券公司承销证券，有下列行为之一的，责令改正，给予警告，没收违法所得，可以并处三十万元以上六十万元以下的罚款；情节严重的，暂停或者撤销相关业务许可。给其他证券承销机构或者投资者造成损失的，依法承担赔偿责任。对直接负责的主管人员和其他直接责任人员给予警告，可以并处三万元以上三十万元以下的罚款；情节严重的，撤销任职资格或者证券从业资格：

① 进行虚假的或者误导投资者的广告或者其他宣传推介活动；

② 以不正当竞争手段招揽承销业务；

③ 其他违反证券承销业务规定的行为。

发行人、上市公司或其他信息披露义务人未按照规定披露信息，或所披露的信息有虚假记载、误导性陈述或重大遗漏的，由证券监督管理机构责令改正，给予警告，处以三十万元以上六十万元以下的罚款。对直接负责的主管人员和其他直接责任人员给予警告，并处以三万元以上三十万元以下的罚款。发行人、上市公司或其他信息披露义务人未按照规定报送有关报告，或报送的报告有虚假记载、误导性陈述或重大遗漏的，由证券监督管理机构责令改正，处以三十万元以上六十万元以下的罚款。对直接负责的主管人员和其他直接责任人员给予警告，并处以三万元以上三十万元以下的罚款。

(3) 内幕交易的民事责任

证券交易内幕信息的知情人或非法获取内幕信息的人，在涉及证券的发行、交易或其他对证券的价格有重大影响的信息公开前，买卖该证券，或泄露该信息，或建议他人买卖该证券的，责令依法处理非法持有的证券，没收违法所得，并处以违法所得一倍以上五倍以下的罚款；没有违法所得或违法所得不足三万元的，处以三万元以上六十万元以下的罚款。单位从事内幕交易的，还应当对直接负责的主管人员和其他直接责任人员给予警告，并处以三万元以上三十万元以下的罚款。

(4) 操纵市场行为的民事责任

违反《证券法》规定操纵证券市场的，责令依法处理其非法持有的证券，没收违法所得，并处以违法所得一倍以上五倍以下的罚款；没有违法所得或者违法所得不足三十万元的，处以三十万元以上三百万元以下的罚款。单位操纵证券市场的，还应当对直接负责的主管人员和其他直接责任人员给予警告，并处以十万元以上六十万元以下的罚款。

例题14 下列关于分业经营、分业管理的说法，正确的是(　　)。(单项选择题)

A. 证券公司的业务与银行、保险、信托相互独立经营

B. 证券公司可以经营信托业务，但不得经营保险业务和银行业务

C. 证券公司可以经营银行业务和信托业务，但不得经营保险业务

D. 证券公司可以经营银行、保险、信托等业务

答案 A

解析 分业经营是金融业中银行、证券、保险和信托的分离，只能经营各自的银行业务、证券业务、保险业务和信托业务，一个子行业中的金融机构不能经营其他子行业的业务。

例题15 证券交易活动中，下列信息属于内幕信息的是(　　)。(多项选择题)

A. 公司定向增发股票的计划

B. 公司第二大股东拟将其股份全部转让

C. 公司计划向关联公司提供巨额债务担保

D. 公司已向媒体公布的收购方案

E. 公司用超过其主要资产的百分之三十作抵押

答案 ABCE

解析 内幕信息是指证券交易活动中，涉及公司的经营、财务或者对该公司证券的市场价格有重大影响的尚未公开的信息。已公开的消息不属于内幕消息。

例题16 根据《证券法》，下列不属于操纵证券市场行为的是(　　)。(单项选择题)

A. 单独或者通过合谋，集中资金优势、持股优势或者利用信息优势联合或者连续买卖证券

B. 与他人串通，以事先约定的时间、价格和方式相互进行证券交易

C. 在自己实际控制的账户之间进行证券交易

D. 为牟取佣金收入，诱使客户进行不必要的证券买卖

答案 D

解析 操纵市场是指以获取利益或减少损失为目的，利用资金、信息等优势或滥用职权，影响证券市场价格，制造证券市场假象，诱导投资者在不了解事实真相的情况下作出证券投资决定，扰乱证券市场秩序的行为。操纵市场行为人为地扭曲了证券市场的正常价格，使价格与价值严重背离，扰乱了证券市场正常秩序。D项属于欺诈客户行为，不属于操纵市场行为。

例题17 根据《证券法》，下列关于客户交易结算账户管理的说法，不正确的是(　　)。(单项选择题)

A. 证券公司客户的交易结算资金应当以证券公司的名义单独立户管理

B. 证券公司不得将客户的交易结算资金和证券归入其自有财产

C. 禁止任何单位或者个人以任何形式挪用客户的交易结算资金和证券

D. 证券公司破产或者清算时，客户的交易结算资金和证券不属于其破产财产或者清算财产

答案 A

解析 客户交易结算账户是指存管银行为每个投资者开立的、管理投资者用于证券买卖用途的交易结算资金存管账户。证券公司客户的交易结算资金应当存放在商业银行，以每个客户的名义单独立户管理。

例题18 某上市银行的从业人员利用内幕消息买卖该银行股票获得一万元收益，下列对该人员的处罚符合规定的是(　　)。(单项选择题)

A. 没收违法所得，并处三万元罚款　　　B. 没收违法所得，并处十万元罚款

C. 吊销其相关从业资格　　　D. 将其行为通报同业

答案 A

解析 《证券法》第二百零二条规定，证券交易活动中涉及内幕消息的，要没收违法所得，并处以违法所得一倍以上五倍以下的罚款。

考点6 《中华人民共和国证券投资基金法》

1. 基本概念及特征

(1) 概念

证券投资基金是指通过发售基金份额，将众多投资者的资金集中起来，形成独立财产，由基金托管人(商业银行)托管，基金管理人(基金公司)管理，以投资组合的方式进行证券投资，是一种利益共享、风险共担的集合投资方式。

(2) 特征

由专家运作、管理并专门投资于证券市场；是一种间接的证券投资方式；投资小、费用低；组合投资、分散风险；流动性强。

(3) 当事人

基金管理人负责基金的具体投资操作和日常管理，对基金财产具有经营管理权，由依法设立的基金管理公司担任。担任基金管理人，应当经国务院证券监督管理机构核准。

基金托管人是投资人权益的代表，是基金资产的名义持有人或管理机构，对基金财产具有保管权。基金按照资产管理和资产保管分开的原则运作，设有专门的基金托管人保管基金资产。

基金投资者即基金份额持有人，按其所持基金份额享受收益和承担风险。

(4) 下列事项应当通过召开基金份额持有人大会审议决定

① 提前终止基金合同；

② 基金扩募或者延长基金合同期限；

③ 转换基金运作方式；

④ 提高基金管理人、基金托管人的报酬标准；

⑤ 更换基金管理人、基金托管人；

⑥ 基金合同约定的其他事项。

(5) 基金合同

基金合同就是指基金管理人、托管人、投资者为设立投资基金而订立的用以明确基金当事人各方权利与义务关系的书面法律文件。

基金合同是投资基金正常运作的基础性法律文件，如果招募说明书、基金募集方案及发行计划等文件与基金合同发生抵触，则必须以基金合同为准。

2. 基金的分类

按照基金运作方式可以把基金分为封闭式基金、开放式基金或其他方式基金。

(1) 封闭式基金

封闭式基金指经核准的基金份额总额在基金合同期限内固定不变，基金份额可以在依法设立的证券交易场所交易，但基金份额持有人不得申请赎回的基金。

(2) 开放式基金

开放式基金指基金份额总额不固定，基金份额可以在基金合同约定的时间和场所申购或者赎回的基金。

3. 募集基金

基金募集申请经核准后，方可发售基金份额。基金管理人应当自收到核准文件之日起六个月内进行基金募集。基金募集不得超过国务院证券监督管理机构核准的基金募集期限，基金募集期限自基金份额发售之日起计算。

基金募集期间募集的资金应当存入专门账户，在基金募集行为结束前，任何人不得动用。

基金募集期限届满不能满足规定条件的，基金管理人应当承担下列责任：以其固有财产承担因募集行为而产生的债务和费用；在基金募集期限届满后三十日内返还投资人已缴纳的款项，并加计银行同期存款利息。

4. 基金份额的交易

基金份额上市交易，应当符合下列条件：

(1) 基金的募集符合本法规定；

(2) 基金合同期限为五年以上；

(3) 基金募集金额不低于两亿元人民币；

(4) 基金份额持有人不少于一千人；

(5) 基金份额上市交易规则规定的其他条件。

5. 基金份额的申购与赎回

以基金净值再加上或减去必要的费用，就构成了开放式基金的申购和赎回价格。封闭式基金的交易价格则基本上是由市场的供求关系决定的。

6. 基金的运作与信息披露

基金财产应当用于下列投资：上市交易的股票、债券；国务院证券监督管理机构规定的其他证券品种。

7. 法律责任

例题19 下列关于基金当事人地位与责任的说法，不正确的是( )。(单项选择题)

A. 管理人对基金财产具有经营管理权 　　B. 管理人对基金运营收益承担投资风险

C. 托管人对基金财产具有保管权 　　D. 投资人对基金运营收益享有收益权

答案　B

解析　据《证券投资基金法》规定，基金份额持有人按其所持有基金份额享受收益和承担风险。

例题20　基金公司发行封闭式基金时，应当自收到中国证监会核准文件之日起(　　)个月内进行基金募集活动；基金公司发行开放式基金时，应当自收到中国证监会核准文件之日起(　　)个月内进行基金募集活动。(单项选择题)

A.12，6　　　　　　　B.12，12　　　　　　　C.6，6　　　　　　　D.6，12

答案　C

解析　《证券投资基金法》规定，不管是开放式基金还是封闭式基金，基金管理人应当自收到核准文件之日起六个月内进行基金募集。

考点7　《中华人民共和国保险法》

1. 保险合同概述

(1) 概念

保险合同是投保人与保险人约定保险权利义务关系的协议。投保人是指与保险人订立保险合同，并按照保险合同负有支付保险费义务的人。保险人是指与投保人订立保险合同，并承担赔偿或者给付保险金责任的保险公司。

(2) 分类

保险合同分为财产保险合同和人身保险合同。

(3) 合同内容

(4) 订立保险合同时的告知义务

订立保险合同，保险人应当向投保人说明保险合同的条款内容，并可以就保险标的或者被保险人的有关情况提出询问，投保人应当如实告知。

(5) 保险合同的履行

① 投保人、被保险人的义务

交付保险费；出险通知、预防危险、索赔举证的义务；危险增加通知、施救的义务。

② 保险人的义务

承担保险责任，赔偿损失或向受益人支付约定的保险金；保密义务。

③ 保险的理赔与索赔的程序

出险通知；提供索赔单证；核定赔偿。

对于保险合同的条款有争议时应当作有利于被保险人和受益人的解释。

④ 保险的索赔时效

人寿保险的索赔时效为自知道保险事故发生之日起五年；其他保险的索赔时效为自知道保险事故发生之日起两年。

2. 保险代理人、经纪人

(1) 保险代理人是根据保险人的委托，向保险人收取代理手续费，并在保险人授权的范围内代为办理保险业务的单位或者个人。保险代理人根据保险人的授权代为办理保险业务的行为，由保险人承担责任。保险代理人有超越代理权限行为，投保人有理由相信其有代理权，并已订立保险合同的，保险人应当承担保险责任。个人保险代理人在代为办理人寿保险业务时，不得同时接受两个以上保险人的委托。

(2) 保险经纪人是基于投保人的利益，为投保人与保险人订立保险合同提供中介服务，并依法收取佣金的单位。

保险代理手续费和经纪人佣金，只限于向具有合法资格的保险代理人、保险经纪人支付。

例题21 在保险业务相关要素中，( )只能由单位担任，不能是个人。(单项选择题)

A. 保险经纪人   B. 保险代理人   C. 被保险人   D. 受益人

答案 A

解析 我国《保险法》第一百二十三条规定：保险经纪人是基于投保人的利益，为投保人与保险人订立保险合同提供中介服务，并依法收取佣金的单位。保险代理人、被保险人和受益人都可以是个人。

考点8 《中华人民共和国信托法》

1. 信托概念

委托人基于对受托人的信任，将其财产权委托给受托人，由受托人按委托人的意愿以自己的名义，为受益人的利益或者特定目的，进行管理或者处分的行为。

2. 委托人权利和义务

因设立信托时未能预见的特别事由，致使信托财产的管理方法不利于实现信托目的或者不符合受益人的利益时，委托人有权要求受托人调整该信托财产的管理方法。

受托人违反信托目的处分信托财产或者因违背管理职责、处理信托事务不当致使信托财产受到损失的，委托人有权申请人民法院撤销该处分行为。该申请权自委托人知道或者应当知道撤销原因之日起一年内不行使的，归于消灭。

3. 关于受托人权利和义务

(1) 受托人应当自己处理信托事务，但信托文件另有规定或者有不得已事由的，可以委托他人代为处理。

(2) 受托人因处理信托事务所支出的费用、对第三人所负债务，以信托财产承担。

(3) 受托人不得利用信托财产为自己谋取利益，否则该所得利益归入信托财产。

(4) 受托人不得将信托财产转为其固有财产，转为其固有财产的，必须恢复该信托财产的原状；造成损失的，应当承担赔偿责任。

(5) 受托人不得将其固有财产与信托财产进行交易或者将不同委托人的信托财产进行相互交易，但信托文件另有规定或者经委托人或者受益人同意，并以公平的市场价格进行交易的除外。

(6) 受托人必须将信托财产与其固有财产分别管理、分别记账，并将不同委托人的信托财产分别管理、分别记账。

(7) 受托人以信托财产为限向受益人承担支付信托利益的义务。

(8) 受托人违背管理职责或者处理信托事务不当对第三人所负债务或者自己所受到的损失，以其固有财产承担。

4. 关于受益人权利和义务

(1) 受益人是在信托中享有信托受益权的人，可以是自然人、法人或者依法成立的其他组织。委托人可以是受益人，也可以是同一信托的唯一受益人。受托人可以是受益人，但不得是同一信托的唯一受益人。

(2) 受益人自信托生效之日起享有信托受益权。

(3) 共同受益人按照信托文件的规定享受信托利益，未作规定的，各受益人按均等比例享受信托利益。

(4) 受益人可以放弃信托受益权。

(5) 受益人的信托受益权可用于清偿债务，但法律、法规及信托文件有限制性规定的除外。

(6) 受益人的信托受益权可以依法转让和继承，但信托文件有限制性规定的除外。

例题22 受托人以( )为目的管理信托财产。(单项选择题)

A. 受托人最大利益
B. 委托人最大利益
C. 受益人最大利益
D. 社会利益

答案 C

解析 《信托法》第二十五条规定，受托人应当遵守信托文件的规定，以受益人的最大利益为目的管理信托资产。

例题23 根据《信托法》，受托人以( )为限向受益人承担支付信托利益的义务。(单项选择题)

A. 委托人固有财产
B. 受托人固有财产
C. 信托财产
D. 信托财产和受托人固有财产

答案 C

解析 信托是指委托人对受托人的信任，将其财产权委托给受托人，由受托人按照委托人的意愿以自己的名义，为受益人的利益或其他特定目的进行管理或处分的行为。受托人和委托人之间的权利和义务的标的物是信托财产。

考点9 《中华人民共和国个人所得税法》

1. 个人所得税纳税义务人在中国境内有住所，或者无住所而在境内居住满一年的个人，从中国境内和境外取得的所得，依照本法规定缴纳个人所得税。

2. 个人所得税的征税对象

3. 免纳和减征个人所得税的个人收入项目

(1) 下列各项个人所得，免纳个人所得税：

① 省级人民政府、国务院部委和中国人民解放军军以上单位，以及外国组织、国际组织颁发的科学、教育、技术、文化、卫生、体育、环境保护等方面的奖金；

② 国债和国家发行的金融债券利息；

③ 按照国家统一规定发给的补贴、津贴；

④ 福利费、抚恤金、救济金；

⑤ 保险赔款；

⑥ 军人的转业费、复员费；

⑦ 按照国家统一规定发给干部、职工的安家费、退职费、退休工资、离休工资、离休生活补助费；

⑧ 依照我国有关法律规定应予免税的各国驻华使馆、领事馆的外交代表、领事官员和其他

人员的所得；

⑨ 中国政府参加的国际公约、签订的协议中规定免税的所得；

⑩ 经国务院财政部门批准免税的所得。

(2) 有下列情形之一的，经批准可以减征个人所得税：

① 残疾、孤老人员和烈属的所得；

② 因严重自然灾害造成重大损失的；

③ 其他经国务院财政部门批准减税的。

4. 个人所得税的征收管理

个人所得税，以所得人为纳税义务人，以支付所得的单位或者个人为扣缴义务人。

例题24 根据《个人所得税法》规定，免纳个人所得税的项目有(　　)。(多项选择题)

A. 国债和国家发行的金融债券利息　　　　　B. 抚恤金

C. 保险赔偿　　　　　　　　　　　　　　　D. 市级人民政府颁发给本市优秀教师的奖金

E. 军人的转业费

答案 ABCE

解析 《个人所得税法》第四条规定，下列各项个人所得，免纳个人所得税：①省级人民政府、国务院部委和中国人民解放军军以上单位，以及外国组织、国际组织颁发的科学、教育、技术、文化、卫生、体育、环境保护等方面的奖金；②国债和国家发行的金融债券利息；③按照国家统一规定发给的补贴、津贴；④福利费、抚恤金、救济金；⑤保险赔款；⑥军人的转业费、复员费；⑦按照国家统一规定发给干部、职工的安家费、退职费、退休工资、离休工资、离休生活补助费；⑧依照我国有关法律规定应予免税的各国驻华使馆、领事馆的外交代表、领事官员和其他人员的所得；⑨中国政府参加的国际公约、签订的协议中规定免税的所得；⑩经国务院财政部门批准免税的所得。由此可知，ABCE选项正确。

考点10　《中华人民共和国物权法》

1. 不动产登记管理

不动产物权的设立、变更、转让和消灭，经依法登记，发生效力；未经登记，不发生效力，但法律另有规定的除外。依照法律规定应当登记的，自记载于不动产登记簿时发生效力。

依法属于国家所有的自然资源，所有权可以不登记。

不动产登记，由不动产所在地的登记机构办理。

当事人之间订立有关设立、变更、转让和消灭不动产物权的合同，除法律另有规定或者合同另有约定外，自合同成立时生效；未办理物权登记的，不影响合同效力。

2. 动产的交付管理

动产物权的设立和转让，自交付时发生效力，但法律另有规定的除外。

船舶、航空器和机动车等物权的设立、变更、转让和消灭，未经登记，不得对抗善意第三人。

动产物权设立和转让前，权利人已经依法占有该动产的，物权自法律行为生效时发生效力；第三人依法占有该动产的，负有交付义务的人可以通过转让请求第三人返还原物的权利代替交付。

动产物权转让时，双方又约定由出让人继续占有该动产的，物权自该约定生效时发生效力。

3. 担保物权

债权人在借贷、买卖等民事活动中，为保障实现其债权，需要担保的，可以依照本法和其他法律的规定设立担保物权。第三人为债务人向债权人提供担保的，可以要求债务人提供反担保。

4. 抵押

为担保债务的履行，债务人或者第三人不转移财产的占有，将该财产抵押给债权人的，债务人不履行到期债务或者发生当事人约定的实现抵押权的情形，债权人有权就该财产优先受偿。设立抵押权，当事人应当采取书面形式订立抵押合同。

下列财产不得抵押：

(1) 土地所有权；

(2) 耕地、宅基地、自留地、自留山等集体所有的土地使用权，但法律规定可以抵押的除外；

(3) 学校、幼儿园、医院等以公益为目的的事业单位、社会团体的教育设施、医疗卫生设施和其他社会公益设施；

(4) 所有权、使用权不明或者有争议的财产；

(5) 依法被查封、扣押、监管的财产；

(6) 法律、行政法规规定不得抵押的其他财产。

5. 质押

为担保债务的履行，债务人或者第三人将其动产出质给债权人占有的，债务人不履行到期债务或者发生当事人约定的实现质权的情形，债权人有权就该动产优先受偿。债务人或者第三人为出质人，债权人为质权人，交付的动产为质押财产。

法律、行政法规禁止转让的动产不得出质。

设立质权，当事人应当采取书面形式订立质权合同。

质权人在质权存续期间，未经出质人同意，擅自使用、处分质押财产，给出质人造成损害的，或因保管不善致使质押财产毁损、灭失的，应当承担赔偿责任。

基金份额、股权出质后，不得转让，但经出质人与质权人协商同意的除外。

知识产权中的财产权出质后，出质人不得转让或者许可他人使用，但经出质人与质权人协商同意的除外。

6. 留置

债务人不履行到期债务，债权人可以留置已经合法占有的债务人的动产，并有权就该动产优先受偿。债权人留置的动产，应当与债权属于同一法律关系，但企业之间留置的除外。法律规定或者当事人约定不得留置的动产，不得留置。留置财产为可分物的，留置财产的价值应当相当于债务的金额。

留置权人负有妥善保管留置财产的义务；因保管不善致使留置财产毁损、灭失的，应当承担赔偿责任。

留置权人有权收取留置财产的孳息。孳息应当先充抵收取孳息的费用。

留置权人与债务人应当约定留置财产后的债务履行期间；没有约定或者约定不明确的，留置权人应当给债务人两个月以上履行债务的期间，但鲜活易腐等不易保管的动产除外。

同一动产上已设立抵押权或者质权，该动产又被留置的，留置权人优先受偿。

留置权人对留置财产丧失占有或者留置权人接受债务人另行提供担保的，留置权消失。

例题25 根据《物权法》规定，某国家森林公园的所有权需依法登记。(　　)(判断题)

答案 ×

解析 依法属于国家所有的自然资源，所有权可以不登记，国家森林公园属于国家所有的自然资源。

第2节 个人理财业务活动涉及的相关行政法规

▌ 考点11 《中华人民共和国外资银行管理条例》

1. 外商独资银行、中外合资银行、外国银行分行经中国人民银行批准，可以经营结汇、售汇业务。

2. 外国银行分行可以吸收中国境内公民每笔不少于一百万元人民币的定期存款。

3. 外商独资银行、中外合资银行的分支机构在总行授权范围内开展业务，其民事责任由总行承担。

4. 外国银行分行及其分支机构的民事责任由其总行承担。外国银行代表处可以从事有关非经营性活动，其行为所产生的民事责任，由其所代表的外国银行承担。

5. 外资银行营业性机构经营上述业务范围内的人民币业务的，应当具备下列条件，并经国务院银行业监督管理机构批准：

(1) 提出申请前在中华人民共和国境内开业三年以上；

(2) 提出申请前两年连续盈利；

(3) 国务院银行业监督管理机构规定的其他审慎性条件。

例题26 外国银行可以吸收中国境内公民每笔不少于(　　)人民币的定期存款。(单项选择题)

A. 30万元 　　　　　B. 50万元 　　　　　C. 100万元 　　　　　D. 200万元

答案 C

解析 《外资银行管理条例》第三十一条规定，外国银行可以吸收中国境内公民的人民币定期存款，但每笔业务不得少于100万元。

例题27 与个人理财业务相关的行政法规有(　　)。(单项选择题)

A.《商业银行法》　　　　　　　　　　B.《信托法》

C.《个人外汇管理办法》　　　　　　　D.《外资银行管理条例》

答案 D

解析 根据《立法法》的规定，涉及个人理财的法律、法规从法律法规制定的主体来分，可以分为三个层次，即由全国人大或全国人大常委会制定和修改的法律、由国家最高行政机关即国务院制定的行政法规和由国务院组成部门及直属机构在它们的职权范围内制定的部门规章。①个人理财业务活动涉及相关法律包括《民法通则》《合同法》《商业银行法》《银行业监督管理法》《证券法》《证券投资基金法》《保险法》《信托法》《个人所得税法》；②个人理财业务活动涉及的相关行政法规包括《外资银行管理条例》《期货交易管理条例》；③个人理财业务活动涉及的相关部门规章及解释包括《商业银行开办代客境外理财业务管理暂行办法》《证券投资基金销售管理办法》《保险兼业代理管理暂行办法》《关于规范银行代理保险业务的通知》《个人外汇管理办法》《个人外汇管理办法实施细则》。

考点12　《期货交易管理条例》

1. 期货合约，是指由期货交易所统一制定的、规定在将来某一特定的时间和地点交割一定数量标的物的标准化合约。根据合约标的物的不同，分为商品期货合约和金融期货合约。

2. 期权合约，是指由期货交易所统一制定的、规定买方有权在将来某一时间以特定价格买入或者卖出约定标的物(包括期货合约)的标准化合约。

3. 保证金：是指期货交易者按照规定标准交纳的资金，用于结算和保证履约。

4. 结算：是指根据期货交易所公布的计算价格对交易双方的交易盈亏状况进行的资金清算和划转。

5. 交割：是指合约到期时，按照期货交易所得规则和程序，交易双方通过该合约所载标的物所有权的转移，或者按照规定结算价格进行现金差价结算，了结到期未平仓合约的过程。

6. 平仓：是指期货交易者买入或者卖出与其所持合约的品种、数量和交割月份相同但交易方向相反的合约，了结期货交易的行为。

7. 持仓量：是指期货交易者所持有的未平仓合约的数量。

8. 持仓限额：是指期货交易所对期货交易者的持仓量规定的最高数额。

9. 仓单：是指交割仓库开具并经期货交易所认定的标准化提货凭证。

10. 涨跌停板：是指合约在一个交易日中的交易价格不得高于或者低于规定的涨跌幅度，超出该涨跌幅度的报价将被视为无效，不能成交。

11. 内幕信息，包括国务院期货监督管理机构以及其他相关部门制定的对期货交易价格可能发生重大影响的政策，期货交易所作出的可能对期货交易价格发生重大影响的决定，期货交易所会员、客户的资金和交易动向以及国务院期货监督管理机构认定的对期货交易价格有显著影响的其他重要信息。

12. 内幕信息的知情人员，包括期货交易所的管理人员以及其他由于任职可获取内幕信息的从业人员，国务院期货监督管理机构和其他有关部门的工作人员以及国务院期货监督管理机构规定的其他人员。

例题28　下列关于期货交易保证金制度的说法，不正确的是(　　)。(单项选择题)

A. 期货交易所向会员、期货公司向客户收取的保证金不得低于国务院期货监督管理机构、期货交易所规定的标准

B. 期货交易所向会员、期货公司向客户收取的保证金应当与自有资金分开，专户存放

C. 期货交易所向会员收取的保证金，属于期货交易所所有

D. 期货公司向客户收取的保证金，属于客户所有

答案　C

解析　保证金是指期货交易者按照规定标准向交易所交纳的资金，用于结算和保证履约，属于客户所有。

第3节 个人理财业务活动涉及的相关部门规章及解释

考点13 《商业银行开办代客境外理财业务管理暂行办法》

1. 代客境外理财业务的基本概念

商业银行代客境外理财业务，是指具有代客境外理财资格的商业银行，受境内机构和居民个人的委托，以其资金在境外进行规定的金融产品投资的经营活动。其投资的收益和风险均由客户承担。商业银行不得代客投资于境外商品类衍生产品、对冲基金以及国际公认评级机构评级BBB级以下的证券。商业银行代客境外理财可以直接用人民币投资。

投资代客境外理财产品主要面临的市场风险和信用风险。市场风险是指由于利率、汇率、股票价格和商品价格等波动的不确定性而造成损失的风险。对于代客境外理财产品来说，汇率风险较为突出。

2. 个人理财业务活动相关的重要内容

(1) 业务准入管理

商业银行、证券公司、证券投资咨询机构和专业基金销售公司可以申请基金代销业务资格。商业银行受投资者委托以人民币购汇办理代客境外理财业务，应向国家外汇管理局申请代客境外理财购汇额度。接受投资者委托以投资者的自有外汇进行境外理财投资的，其委托的金额不计入该投资购汇额度。

(2) 资金流出入管理

① 商业银行境外理财投资，应当委托经中国银监会批准具有托管业务资格的其他境内商业银行作为托管人托管其用于境外投资的全部资产。

② 商业银行境内托管账户的收入范围是：商业银行划入的外汇资金、境外汇回的投资本金及收益以及外汇局规定的其他收入。

③ 商业银行境内托管账户的支出范围是：划入境外外汇资金运用结算账户的资金、汇回商业银行的资金、货币兑换费、托管费、资产管理费及各类手续费以及外汇局规定的其他支出。

④ 境内托管人应当根据审慎原则，按照风险管理要求以及商业惯例选择境外金融机构作为其境外托管代理人。境内托管人应当在境外托管代理人处开设商业银行外汇资金运用结算账户和证券托管账户。

⑤ 境内托管人及境外托管代理人必须为不同的商业银行分别设置托管账户。

(3) 信息披露与监督管理

从事代客境外理财业务的商业银行应在发售产品时，向投资者全面详细告知投资计划、产品特征及相关风险，由投资者自主作出选择；应定期向投资者披露投资状况、投资表现、风险状况等信息；应按规定履行结售汇统计报告义务。

例题29 下列不属于商业银行境内托管账户收入范围的是(　　)。(单项选择题)

A. 货币兑换费
B. 商业银行划入的外汇资金
C. 境外汇回的投资本金
D. 境外汇回的投资收益

答案 A

解析　《商业银行开办代客境外理财业务管理暂行办法》第二十三条　商业银行境内托管账户的收入范围是：商业银行划入的外汇资金、境外汇回的投资本金及收益以及外汇局规定的其他收入，不包括货币兑换费。

考点14　《证券投资基金销售管理办法》

1. 概念

证券投资基金(以下简称基金)销售，包括基金管理人或者基金管理人委托的其他机构(以下简称代销机构)宣传推介基金，发售基金份额，办理基金份额申购、赎回等活动。

2. 商业银行从事基金代销业务的准入标准

基金销售由基金管理人负责办理；基金管理人可以委托取得基金代销业务资格的其他机构代为办理。商业银行向中国证监会申请基金代销业务资格，应当具备相应条件。

3. 关于基金宣传推介材料内容的具体要求

(1) 禁止性规定。真实、准确，与基金合同、基金招募说明书相符，不得有下列情形：

① 虚假记载、误导性陈述或者重大遗漏；

② 预测该基金的证券投资业绩；

③ 违规承诺收益或者承担损失；

④ 诋毁其他基金管理人、基金托管人或基金代销机构，或者其他基金管理人募集或管理的基金；

⑤ 夸大或者片面宣传基金，违规使用安全、保证、承诺、保险、避险、有保障、高收益、无风险等可能使投资人认为没有风险的词语；

⑥ 登载单位或者个人的推荐性文字；

⑦ 中国证监会规定禁止的其他情形。

(2) 关于登载基金业绩及风险提示的规定

① 要依据基金合同的已生效期确定所登载基金的过往业绩年度。基金合同生效不足六个月的，不可以登载该基金、基金管理人管理的其他基金的过往业绩。

② 应当按规定或者行业公认的准则计算基金的业绩表现数据。

③ 应当含有明确、醒目的风险提示和警示性文字，并使投资人在阅读过程中不易忽略。

4. 基金销售行为规范

(1) 相关管理制度

基金管理人应当将基金募集期间募集的资金存入专门账户，在基金募集行为结束前，任何人不得动用。

基金管理人、代销机构应当建立健全档案管理制度，妥善保管基金份额持有人的开户资料和与销售业务有关的其他资料，保存期不少于十五年。

(2) 强制性和禁止性规定

① 基金管理人委托代销机构办理基金的销售，应当与其签订书面代销协议，未签订的，代销机构不得办理基金的销售。代销机构不得委托其他机构代为办理基金的销售。

② 开放式基金合同生效后，基金管理人、代销机构应当按照规定和约定，办理基金份额的申购、赎回，不得擅自停止办理基金份额的发售或者拒绝投资人的申购、赎回。

③ 未经招募说明书载明并公告，不得对不同投资人适用不同费率。

④ 基金管理人、代销机构从事基金销售活动，不得有下列情形：

a. 以排挤竞争对手为目的，压低基金的收费水平。

b. 采取抽奖、回扣或者送实物、保险、基金份额等方式销售基金。

c. 以低于成本的销售费率销售基金。

d. 募集期间对认购费打折。

e. 承诺利用基金资产进行利益输送。

f. 挪用基金份额持有人的认购、申购、赎回资金。

g. 虚假记载、误导性陈述或者重大遗漏。

h. 中国证监会规定禁止的其他情形。

⑤ 基金募集申请获得中国证监会核准前，基金管理人、代销机构不得办理基金销售业务，不得向公众分发、公布基金宣传推介材料或者发售基金份额。

⑥ 基金管理人、代销机构应当依法为投资人保守秘密。

例题30 对基金宣传材料登载该基金过往业绩的叙述，错误的是(   )。(单项选择题)

A. 对基金合同生效不足六个月的，不得登载该基金的过往业绩

B. 基金合同生效六个月以上，但不满一年的，应当登载从合同生效之日起计算的业绩

C. 基金合同生效一年以上，但不满十年的，应当登载自合同生效当年开始所有完整会计年度的业绩，合同生效在下半年的，还应登记当年上半年度的业绩

D. 基金合同生效在十年以上的，应当登记自合同生效以来所有会计年度的业绩

答案 D

解析 《证券投资基金销售管理办法》第二十条规定，基金宣传推介材料可以登载该基金、基金管理人管理的其他基金的过往业绩，但基金合同生效不足六个月的除外。基金宣传推介材料登载过往业绩，基金合同生效六个月以上但不满一年的，应当登载从合同生效之日起计算的业绩；基金合同生效一年以上但不满十年的，应当登载自合同生效当年开始所有完整会计年度的业绩，宣传推介材料公布日在下半年的，还应登载当年上半年度的业绩；基金合同生效十年以上的，应当登载最近十个完整会计年度的业绩。故选项D错误。

例题31 商业银行向(   )申请基金代销业务资格，应当具备相应条件。(单项选择题)

A. 中国证监会　　　　B. 中国银监会　　　　C. 国务院　　　　D. 中国保监会

答案 A

解析 商业银行向中国证监会申请基金代销业务资格，应当具备相应条件。

例题32 基金代销机构在基金销售活动中，不正确的做法有(   )。(多项选择题)

A. 附送实物　　　　　　　　　　　　B. 抽奖销售

C. 以低于成本价销售　　　　　　　　D. 认购费打折

E. 附送基金份额

答案 ABCDE

解析 ABCDE都违反了《证券投资基金销售管理办法》。

考点15　《保险兼业代理管理暂行办法》和《关于规范银行代理保险业务的通知》

1. 概念

保险兼业代理人(机构)，是指接受保险人的委托，在从事自身业务的同时，在保险人的授权范围内代为办理保险业务，并收取保险代理手续费的机构。保险兼业代理人在保险人授权范围内代理保险业务的行为所产生的法律责任，由保险人承担。

2. 资格管理

(1) 申请保险兼业代理资格的机构经中国保监会批准并取得许可证后，方可从事保险兼业代理活动。

(2) 保险兼业代理市场准入条件

商业银行代理保险业务，除应当满足普通兼业代理人的条件外，其一级分行还应当取得保险兼业代理资格。

(3) 保险兼业代理的核准程序

保险兼业代理人资格申报，应由被代理的保险公司报中国保险监督管理委员会核准。中国保监会对经核准取得保险兼业代理资格的单位颁发保险兼业代理许可证，许可证的有效期限为三年。

3. 保险兼业代理关系管理

(1) 保险公司只能与已取得保险兼业代理许可证的单位建立保险兼业代理关系，委托其开展保险代理业务。建立保险代理关系应报中国保监会备案，中国保监会在收到备案材料十个工作日内未提出异议的，保险代理合同生效，保险代理关系即告成立。

(2) 保险代理关系成立后，保险公司应向保险兼业代理人签发保险兼业代理委托书。

(3) 每个兼业代理机构可以与多家保险公司建立代理关系，但代理业务的范围则限定在保险兼业代理许可证核定的代理险种。

4. 保险兼业代理执业管理

(1) 保险兼业代理人只能在其主业营业场所内代理保险业务，不得在营业场所外另设代理网点。保险兼业代理人从事保险代理业务，不得有下列行为：

① 擅自变更保险条款，提高或降低保险费率；

② 利用行政权力、职务或职业便利强迫、引诱投保人购买指定的保单；

③ 使用不正当手段强迫、引诱或者限制投保人、被保险人投保或转换保险人：

④ 串通投保人、被保险人或受益人欺骗保险人；

⑤ 对其他保险机构、保险代理机构做出不正确或误导性的宣传；

⑥ 代理再保险业务；

⑦ 挪用或侵占保险费；

⑧ 兼做保险经纪业务；

⑨ 中国保监会认定的其他损害保险人、投保人和被保险人利益的行为。

(2) 有关保险兼业代理合同的规定：保险兼业代理合同的代理期限以合同订立时保险兼业代理人持有的保险兼业代理许可证有效期为限。

(3) 有关保费及代理手续费的规定：保费结算时间最长不得超过一个月。保险兼业代理人应设立独立的保费收入账户并对保险兼业代理业务进行单独核算，不得以保费收入抵扣代理手续费。保险公司不得以直接冲减保费或现金方式向保险兼业代理人支付代理手续费。保险兼业代理人向保险公司投保自身的财产保险或人身保险，视为保险公司直接承保业务，保险兼业代理人不得提取代理手续费。

(4) 未经中国保监会批准，保险公司不得委托保险兼业代理人签发保险单。

考点16 《个人外汇管理办法》和《个人外汇管理办法实施细则》

1. 《个人外汇管理办法》相关内容

(1) 个人外汇业务的分类和管理。个人外汇业务按照交易主体区分境内与境外个人外汇业务，按照交易性质区分经常项目和资本项目个人外汇业务。经常项目项下的个人外汇业务按照可兑换原则管理，资本项目项下的个人外汇业务按照可兑换进程管理。银行应将办理个人业务的相关材料至少保存五年备查。

(2) 经常项目个人外汇管理。从事货物进出口的个人对外贸易经营者，在商务部门办理对外贸易经营权登记备案后，其贸易外汇资金的收支按照机构的外汇收支进行管理。

个人进行工商登记或者办理其他执业手续后，可以凭有关单证办理委托具有对外贸易经营权的企业代理进出口项下及旅游购物、边境小额贸易等项下外汇资金收付、划转及结汇。

(3) 资本项目个人外汇管理。境内个人对外直接投资符合有关规定的，经外汇局核准可以购汇或以自有外汇汇出，并应当办理境外投资外汇登记。

① 境内个人购买B股，进行境外权益类、固定收益类以及国家批准的其他金融投资，应当按相关规定通过具有相应业务资格的境内金融机构办理。

② 境内个人向境内保险经营机构支付外汇人寿保险项下保险费，可以购汇或以自有外汇支付。

③ 境外个人购买境内商品房，应当符合自用原则。

④ 除国家另有规定外，境外个人不得购买境内权益类和固定收益类等金融产品。境外个人购买B股，应当按照国家有关规定办理。

⑤ 境外个人在境内的外汇存款应纳入存款金融机构短期外债余额管理。

(4) 个人外汇账户及外币现钞管理

① 个人外汇账户按主体类别分为境内个人外汇账户和境外个人外汇账户；按账户性质分为外汇结算账户、资本项目账户及外汇储蓄账户。

② 境外个人在境内直接投资，经外汇局核准，可以开立外国投资者专用外汇账户。

③ 个人可以凭本人有效身份证件在银行开立外汇储蓄账户。外汇储蓄账户的收支范围为非经营性外汇收付、本人或与其直系亲属之间同一主体类别的外汇储蓄账户间的资金划转。境内个人和境外个人开立的外汇储蓄联名账户按境内个人外汇储蓄账户进行管理。

2. 《个人外汇管理办法实施细则》和个人理财业务相关的重要内容

(1) 结汇和境内个人购汇实行年度总额管理

年度总额分别为每人每年等值五万美元。个人所购外汇，可以汇出境外、存入本人外汇储蓄账户，或按照有关规定携带出境。个人年度总额内购汇、结汇，可以委托其直系亲属代为办理。

(2) 经常项目个人外汇管理

个人经常项目项下外汇收支分为经营性外汇收支和非经营性外汇收支。

境内个人经常项目项下非经营性结汇超过年度总额的，凭本人有效身份证件及以下证明材料在银行办理：捐赠；赡家款；遗产继承收入；保险外汇收入；专有权利使用和特许收入；法律、会计、咨询和公共关系服务收入；职工报酬；境外投资收益；其他。

境外个人经常项目项下非经营性结汇超过年度总额的，凭本人有效身份证件及以下证明材料在银行办理：房租类支出；生活消费类支出；就医、学习等支出；其他。上述结汇单笔等值五万美元以上的，应将结汇所得人民币资金直接划转至交易对方的境内人民币账户。

(3) 资本项目个人外汇管理

境内个人可以使用外汇或人民币，并通过银行、基金管理公司等合格境内机构投资者进行境外固定收益类、权益类等金融投资。

境内个人参与境外上市公司员工持股计划、认股期权计划等所涉外汇业务，应通过所属公司或境内代理机构统一向外汇局申请获准后办理。境内个人出售员工持股计划、认股期权计划等项下股票以及分红所得外汇收入，汇回所属公司或境内代理机构开立的境内专用外汇账户后，可以结汇，也可以划入员工个人的外汇储蓄账户。

(4) 个人外汇账户及外币现钞管理

① 银行为个人开立外汇账户，应区分境内个人和境外个人。账户按交易性质分为外汇结算账户、外汇储蓄账户、资本项目账户。

② 外汇结算账户是指个人对外贸易经营者、个体工商户按照规定开立的用以办理经常项目项下经营性外汇收支的账户。其开立、使用和关闭按机构账户进行管理。

③ 个人开立外国投资者投资专用账户、特殊目的公司专用账户及投资并购专用账户等资本项目外汇账户及账户内资金的境内划转、汇出境外应经外汇局核准。

④ 本人外汇结算账户与外汇储蓄账户间资金可以划转，但外汇储蓄账户向外汇结算账户的划款限于划款当日的对外支付，不得划转后结汇。

> **例题33** 2007年1月至11月，在美国工作的小李每月给国内的妻子寄回4 000美元，由其妻将美元兑换成人民币取出。若12月份小李寄回8 000美元，则小李妻子可以将(   )美元兑换成人民币。(单项选择题)
>
> A. 5 000 　　　　 B. 6 000 　　　　　　 C. 7 000 　　　　　 D. 8 000
>
> **答案** B
>
> **解析** 《个人外汇管理办法实施细则》规定，个人结汇的年度额度为每人每年等值5万美元。小李妻子前11个月已累计结汇44 000美元，则最后一个月只能结汇6 000美元。

第4节 同步强化训练

一、单项选择题

1. 公民或法人设立、变更、终止民事权利和民事义务的合法行为是(   )。

A. 民事行为 　　　　 B. 民事法律行为 　　　 C. 商业交换行为 　　　 D. 权利义务行为

2. 《民法通则》规定，(   )可以开办个人理财业务。

A. 十岁以上的未成年人　　　　　　　　　　B. 不能辨别自己行为的人

C. 十岁以下的未成年人　　　　　　　　　　D. 限制民事行为能力人的监护人

3. 根据《民法通则》的规定，代理人(   )，丧失代理权。

A. 不履行职责　　　　　　　　　　　　　　B. 串通第三人给被代理人造成损害

C. 做出超越代理权的行为　　　　　　　　　D. 法人终止

4. 第三人知道行为人没有代理权、超越代理权或者代理权已终止还与行为人实施民事行为给他人造成损害的，(   )。

A. 行为人不承担民事责任，第三人承担民事责任

B. 第三人和行为人负连带责任

C. 被代理人和行为人负连带责任

D. 被代理人和第三人负连带责任

5. 在商业银行个人理财业务中，客户和银行的关系是(   )。

A. 信托关系　　　　B. 合同关系　　　　C. 委托代理关系　　　　D. 供销关系

6. 下列对格式条款理解不正确的是(   )。

A. 格式条款是指当事人为重复使用而预先拟定，并在订立合同时未与对方协商的条款

B. 订立格式条款一方应遵循公平原则确定当事人之间的权利和义务

C. 合同订立应采取合理的方式提请对方注意免除或者限制其责任的条款，按对方要求，对条款予以说明

D. 格式条款和非格式条款不一致时，应采用格式条款

7. 当事人为了重复使用而预先拟定，并在订立合同时未与对方协商的条款是(   )。

A. 委托代理合同　　　　　　　　　　　　　B. 无效合同

C. 格式化条款　　　　　　　　　　　　　　D. 可撤销条款

8. 提供格式条款的一方(   )，该条款不一定无效。

A. 免除其责任　　　　　　　　　　　　　　B. 加重其主要权利

C. 加重对方责任　　　　　　　　　　　　　D. 免除对方主要权利

9. 当订立合同双方对格式条款有两种以上的解析时，应(   )。

A. 按照通常理解予以解析　　　　　　　　　B. 作出有利于提供格式条款一方的解析

C. 作出不利于提供格式条款一方的解析　　　D. 以上均不正确

10. 以下选项中，(   )不属于无效合同。

A. 一方以欺诈胁迫手段订立损害对方当事人利益的合同

B. 恶意串通损害第三人利益的合同

C. 以合法的形式掩盖非法的目的

D. 违反行政法规的强制性规定的合同

11. 按《合同法》规定，(   )情形下合同中的免责条款无效。

A. 因重大过失造成对方财产损失的　　　　　B. 因重大误解订立的

C. 在订立合同时显失公平的　　　　　　　　D. 以上都正确

12. 签订合同时出现(   )情形时，当事人一方有权请求法院变更或撤销。

A. 因重大误解订立合同的

第7章   个人理财业务相关法律法规 |169|

B. 一方以欺诈、胁迫的手段订立合同,损害对方利益的

C. 使对方在违背真实意思的情况下订立合同的

D. 以上均正确

13. 银行有限责任公司的"有限责任"是指( )。

A. 银行以其全部资产对债权人承担责任

B. 股东仅以其出资额为限对银行的债务承担责任

C. 银行以其注册资本对债权承担责任

D. 股东以其所持有的股份为限对银行承担责任

14. 商业银行以( )为经营原则。

A. 自主经营、自担风险、自负盈亏、自我约束

B. 存款自愿、取款自由、存款有息、为存款人保密

C. 安全性、流动性、效益性

D. 统一核算、统一调度资金、分级管理

15. 下列情况中,符合银行发放个人贷款要求的是( )。

A. 每月收入约8 000元,正常生活费用4 000元,月还款额4 200元

B. 申请一项10年期的360 000元贷款,每月收入约6 000元,正常生活费用约3 000元

C. 贷款100 000元,以同等价值的汽车作为抵押

D. 贷款30 000元,以80 000元的国债作为质押

16. 商业银行应按照( )规定的存款利率的上下限,确定存款利率,并予以公告。

A. 国务院　　　　　　　B. 中国人民银行　　　　C. 中国银监会　　　　D. 中国银行业协会

17. 商业银行的经营以( )为第一要旨。

A. 安全性原则　　　　　B. 流动性原则　　　　　C. 效益性原则　　　　D. 风险性原则

18. 我国商业银行可以从事的业务有( )。

A. 信托投资　　　　　　B. 股票投资　　　　　　C. 企业股权投资　　　　D. 购买国债

19. 《商业银行法》规定的商业银行的主要经营业务不包括( )。

A. 吸收公众存款　　　　　　　　　　　　　　B. 发放短期、中期和长期贷款

C. 发行股权证券　　　　　　　　　　　　　　D. 发行金融债券

20. 日常经营活动中,商业银行未经批准不得( ),以逃脱中央银行监管。

A. 发行金融债　　　　　B. 到境外借款　　　　　C. 买卖政府债券　　　D. 以上都正确

21. 商业银行有下列情形的,由中国人民银行责令改正,但不包括( )。

A. 未经批准办理结汇、售汇

B. 未经批准分立或者合并

C. 未经批准在银行间债券市场发行金融债券

D. 违反规定同业拆借

22. 为维护银行业的稳健运行,人民银行对商业银行向关系人发放贷款作出了明确的限制,下列论述中错误的是( )。

A. 商业银行不得向关系人发放信用贷款

B. 商业银行向关系人发放贷款一律采用担保贷款的形式。在关系人财务、信用状况良好的情况下,发

放贷款的条件可以比普通贷款人更优惠

C. 关系人是指商业银行的董事、监事、管理人员、信贷业务人员及其亲属

D. 商业银行管理人员投资或担任高级管理职务的公司也属于关系人范围

23. 个人理财业务是经( )批准的一项银行中间业务。

A. 中国人民银行 　　　　　　　　　　B. 银行业监管委员会

C. 中国银行业协会 　　　　　　　　　　D. 证券监督委员会

24. 中国银监会有权对金融机构以及其他单位和个人的( )行为进行监测监督？

A. 有关存款准备金管理规定的行为

B. 有关银行间同业拆借市场管理规定的行为

C. 有关反洗钱规定的行为

D. 有关金融机构设立分支机构的行为

25. ( )的目的是对银行业金融机构采取对银行业体系冲击较小的市场退出方式，以此维护市场信心与秩序，保护存款人等债权人的利益。

A. 接管 　　　　B. 撤销 　　　　C. 重组 　　　　D. 依法宣告破产

26. 《证券法》的基本原则不包括( )。

A. 公开、公平、公正原则 　　　　　　B. 混业经营、混业监管原则

C. 自愿、有偿、诚实信用原则 　　　　D. 保护投资者合法权益

27. 某上市银行的一位董事涉及巨额贪污，可能对该银行的股票价格造成重大打压，银行业从业人员小张的做法不属于利用内幕消息进行交易的是( )。

A. 将自己所持有的该银行的股票全部清仓

B. 将董事贪污的信息告诉了自己的家人

C. 一个客户打算买该银行的股票，向其咨询，小张建议他投资要谨慎但没提及贪污事件

D. 建议他的一个大客户将持有的该银行的股票卖掉一半

28. 根据我国《证券法》规定，下列不属于证券交易内部信息的知情人是( )。

A. 发行股票的公司的监事 　　　　　　B. 持有公司1%股份的股东

C. 中国证监会的工作人员 　　　　　　D. 承销其股份的证券公司

29. 客户交易结算账户是指存管( )为每个投资者开立的、管理投资者用于证券买卖用途的交易结算安全存管专户。

A. 商业银行 　　　　　　　　　　　　B. 证券公司

C. 中央登记结算公司 　　　　　　　　D. 中国银监会

30. 客户的开户资料、委托记录、交易记录和内部业务经营的各项资料，证券公司应当至少保存( )年。

A. 5 　　　　　　B. 10 　　　　　　C. 15 　　　　　　D. 20

31. 以下违反《证券法》表述的是( )。

A. 证券公司违背客户的委托买卖证券、办理交易事项的，责令关闭，并处以三万元以上三十万元以下的罚款

B. 对证券公司挪用客户资金或者证券，责令改正，没收非法所得，并处以违法所得一倍以上五倍以下的罚款

C. 对故意提供虚假材料，隐匿交易记录的证券从业人员，撤销任职资格，并处以三万元以上十万元以

下的罚款，属于国家公务员的，还应当依法给予行政处分

D. 证券公司违反规定，为客户买卖证券提供融资融券的，没收违法所得，暂停或撤销相关业务许可，并处以非法融资融券等值以下的罚款

32.《基金法》的调整对象是( )。

A. 保险基金　　　　　　B. 证券投资基金　　　　C. 政府建设基金　　　　D. 社会公益基金

33. ( )是投资人权益的代表，是基金资产的名义持有人或管理机构。

A. 基金管理人　　　　　　　　　　　　B. 基金托管人

C. 基金投资人　　　　　　　　　　　　D. 基金份额持有人

34. 下列不属于基金管理人应当履行的职责的是( )。

A. 依法募集基金

B. 办理基金备案手续

C. 按照规定开设基金财产的资金账户和证券账户

D. 对所管理的不同基金财产分别管理、分别记账，进行证券投资

35. 基金管理人应在基金份额发售的( )前公布招募说明书、基金合同及其他文件。

A. 3日　　　　　　　　B. 5日　　　　　　　　C. 7日　　　　　　　　D. 10日

36. ( )对证券投资基金财务会计报告、中期和年度基金报告出具意见。

A. 基金管理人　　　　　　　　　　　　B. 基金托管人

C. 基金持有人　　　　　　　　　　　　D. 中央登记结算公司

37. 下列关于基金募集说法错误的是( )。

A. 基金份额的发售由基金托管人负责办理

B. 应当自收到核准文件之日起六个月内进行基金募集

C. 超过六个月开始募集，原核准的事项未发生实质性变化的，应当报国务院证券监督管理机构备案

D. 基金募集期间募集的资金应当存入专门账户，在基金募集行为结束前，任何人不得动用

38. 对基金的申购赎回的表述，错误的是( )。

A. 开放式基金的收购赎回，由基金管理人负责办理，基金管理可以委托证监会认定的其他机构代为办理

B. 基金管理人应在每个工作日办理基金的申购赎回

C. "未知价格"进行基金的申购和赎回是基金交易的基本规则

D. 开放式基金的交易价格基本上是由社会供求关系决定

39. 在证券投资基金的当事人和关系人中，商业银行可以申请担任( )。

A. 基金监管人　　　　　B. 基金管理人　　　　C. 基金托管人　　　　D. 基金持有人

40. 按照《保险法》的规定，下列说法错误的是( )。

A.《保险法》的调整对象是保险组织和保险行为

B. 保险代理人是根据保险人委托，向保险人收取代理手续费，并在授权范围内代为办理保险业务的单位，也可以是个人

C. 保险经纪人是基于保险人的利益，为投保人与保险人订立合同提供中介服务，依法收取佣金的单位

D. 保险代理人在代为办理人寿保险业务时，不得同时接受两个以上保险人的委托

41. 关于保险代理人和保险经纪人的定义错误的是( )。

A. 保险代理人是根据保险人的委托，在保险人授权的范围内代为办理保险业务

B. 保险代理人向保险人收取代理手续费

C. 保险经纪人是基于投保人的利益为投保人与保险人签订保险合同提供中介服务

D. 保险经纪人向保险人收取代理手续费

42. 保险人在确定人身意外伤害保险费率时考虑的最主要因素是(   )。

A. 年龄   B. 性别   C. 职业   D. 体格

43. 《信托法》调整的对象是(   )。

A. 民事信托   B. 营业信托   C. 公益信托   D. 信托关系

44. 信托当事人不包括(   )。

A. 受托人   B. 受益人   C. 托管人   D. 委托人

45. 受托人做出(   )行为时，委托人有权申请法院撤销该处分行为。

A. 违反信托目的处分信托财产的   B. 违背管理职责使信托财产受到损失的

C. 处理信托事务不当，使信托财产受损   D. 以上全部

46. 委托人有权向法院申请撤销受托人的某些处分行为，委托人应在知道或应当知道撤销原因之日起(   )内行使，未行使的，申请权取消。

A. 1个月   B. 3个月   C. 半年   D. 1年

47. 受托人向受益人承担支付信托利益义务以(   )为限。

A. 受托人财产   B. 托管人财产   C. 委托人财产   D. 信托财产

48. 按照有关规定，对受益人的权利和义务说法错误的是(   )。

A. 委托人可以是唯一受益人   B. 受托人可以是唯一受益人

C. 受益人可以放弃受益权   D. 信托受益权可以依法转让和继承

49. 个人所得税纳税人是指：在中国境内有住所或者无住所而在境内居住满(   )的个人，从中国境内和境外取得的所得，依照《个人所得税法》规定缴纳个人所得税。

A. 1年   B. 2年   C. 3年   D. 5年

50. 下列个人所得属于劳务报酬所得的是(   )。

A. 个人出租住房取得的收入   B. 个人发表文学作品所得的收入

C. 个人中体育彩票获得的收入   D. 个人担任董事职务取得的董事费收入

51. 以下各项个人所得，(   )免纳个人所得税。

A. 国债和国家发行的金融债券利息   B. 残疾、孤老人员所得

C. 因严重自然灾害造成重大损失的   D. 省级人民政府以下单位批准免税的所得

52. 在(   )情形下，纳税人应按照国家规定办理纳税申报。

A. 个人所得不足国家规定数额的   B. 在三处以上取得工资、薪金所得的

C. 没有扣缴义务人的   D. 以上所有的

53. 下列关于以基金份额、股权出质的质押的说法，错误的是(   )。

A. 当事人应当订立书面合同

B. 以证券登记结算机构登记的股权出质的，质权自证券登记结算机构办理出质登记时设立

C. 以基金份额出质的，质权自工商行政管理部门办理出质登记时设立

D. 基金份额、股权出质后，不得转让，但经出质人与质权人协商同意的除外

54. 外国银行分行经( )批准，可以经营结汇、售汇业务。

A. 中国人民银行 B. 外汇管理局 C. 银监会 D. 银行业协会

55. 外资独资银行及其分行开办需要批准的个人理财业务，应按照有关外资银行业务审批程序的规定，报( )审批。

A. 中国人民银行 B. 中国银监会 C. 中国证监会 D. 国家外汇管理局

56. 外资银行营业机构申请经营人民币业务应当具备的条件是：提出申请前在中国境内开业( )年以上、提出申请前( )年连续盈利。

A. 3；2 B. 2；1 C. 3；1 D. 2；半

57. ( )对境内单位或者个人从事境外商品期货交易的品种进行核准。

A. 国务院商务主管部门 B. 国有资产监督管理机构

C. 期货监督管理机构 D. 外汇管理部门

58. 下列不属于期货交易中的内幕消息的是( )。

A. 对期货交易价格产生重大影响的，尚未公开的信息

B. 国务院期货监管机构制定的可能对期货交易价格发生重大影响的政策

C. 国务院商务主管部门发布的可能对期货交易价格发生重大影响的消息

D. 期货交易所作出的可能对期货交易价格发生重大影响的决定

59. 国务院监督管理机构应当在受理结算业务资格申请之日起( )内，作出批准或不批准的决定。

A. 4个月 B. 3个月 C. 2个月 D. 1个月

60. 根据《商业银行开办代客境外理财业务管理暂行办法》的规定，境外理财资金汇回后，( )。

A. 商业银行应将投资本金和收益支付给投资者

B. 商业银行一律以外汇支付给投资者

C. 投资者以外汇投资的，商业银行结汇后支付给投资者

D. 投资者以外汇投资的，商业银行将外汇直接划入投资者任一账户

61. 关于商业银行开办代客境外理财业务管理，下列描述正确的是( )。

A. 商业银行取得代客境外理财业务资格后，向境内机构发售理财产品，准入管理适用审批制

B. 商业银行受客户委托以人民币购汇办理代客境外理财业务，应向银监会申请代客境外理财购汇额度

C. 商业银行接受投资者的委托以投资者的自有外汇进行境外理财的，其委托的金额不计入经批准的投资购汇额度

D. 在批准的购汇额度内，商业银行可向投资者发行以外汇标价的境外理财产品，并统一办理购汇手续

62. 基金管理人、代销机构应当建立健全档案管理制度，妥善保管基金份额持有人的开户资料和与销售业务有关的其他资料，保存期不少于( )。

A. 7年 B. 8年 C. 10年 D. 15年

63. 保险公司委托保险代理机构或者分支机构销售人寿保险型产品的，应当按照中国保监会的有关规定，对销售人寿保险型产品的保险代理机构或者保险代理分支机构的业务人员进行专门培训，销售前培训时间不得少于( )。

A. 8小时 B. 10小时 C. 12小时 D. 15小时

64. 个人携带外币现钞出入境时，( )不符合外币现钞管理规定。

A. 个人购汇提钞，单笔在规定允许携带外币现钞出境金额之下的，可以在银行直接办理

B. 个人购汇提钞，单笔提钞超过规定允许携带外币现钞出境金额的，凭本人有效身份证件、提钞用途证明等材料在银行办理

C. 个人外币现钞存入外汇储蓄账户，单笔在规定允许携带外币入境申报金额之下的，可以在银行直接办理

D. 个人外币现钞存入外汇储蓄账户，单笔存钞超过规定允许携带外币入境申报金额的，凭本人有效身份证件、携带外币现钞入境申报单或本人原存款金融机构外币现钞提取单据在银行办理

65. 按照《个人外汇管理办法》，下列不符合规定的是(   )。

A. 银行应通过外汇局指定的管理信息系统办理个人购汇和结汇业务，相关材料至少保存五年备查

B. 境外个人将原兑换未使用完的人民币兑回外币现钞时，超过规定金额时，凭本人有效身份证件向当地外汇局事前报备

C. 境外个人在境内取得的经常账户项目下的合法人民币收入，可以凭借本人有效身份证件及相关证明材料在银行办理购汇及汇出

D. 境外个人未使用的境外汇入外汇，可以凭借本人有效身份证件在银行办理原路汇回

66. (   )是指个人对外贸易经营者、个体工商户按照规定开立的用以办理经常项目项下经营性外汇收支的账户。

A. 经常项目账户   B. 资本项目账户

C. 外汇储蓄账户   D. 外汇结算账户

67. 按照《个人外汇管理办法》的规定，错误的是(   )。

A. 个人外汇业务按照交易的主体，分为境内与境外个人外汇业务

B. 个人外汇业务按照交易性质，分为经常项目和资本项目个人外汇业务

C. 个人外汇账户按主体类别，分为境内与境外个人外汇账户

D. 个人外汇账户按账户性质，分为经常项目和资本项目账户

68. 未按规定办理个人外汇汇出境业务的是(   )。

A. 境内个人外汇储蓄账户外汇汇出，凭本人有效身份证件办理

B. 境外个人外汇储蓄账户外汇汇出，凭本人有效身份证件办理

C. 境内个人手持外币现钞汇出，当日累计等值一万美元以上的，凭交易额的真实性凭证、本人原存款银行外币现钞提取单据办理

D. 境外个人手持外币现钞汇出，当日累计等值一万美元以上的，凭本人原存款银行外币现钞提取单据办理

二、多项选择题

1. 下列关于自然人的民事行为能力说法正确的有(   )。

A. 始于出生，终于死亡

B. 十八周岁以上的公民是完全民事行为能力人，可以独立进行民事活动

C. 十六周岁以上不满18周岁的公民，以自己的劳动收入为主要生活来源的，视为完全民事行为能力人

D. 十四周岁以上的未成年人是限制民事行为能力人，可以进行与他的年龄、智力相适应的民事活动

E. 无民事行为能力人由他的法定代理人代理民事活动

2. 在下列情形中代理人须承担民事责任的有( )。

A. 代理人不履行职责而给被代理人造成了损害

B. 代理人超越代理权实施民事行为，但经过被代理人追认

C. 代理人代理权终止后实施民事行为，但经过被代理人追认

D. 代理人知道被委托代理的事项违法仍然进行代理活动

E. 代理人没有代理权而实施民事行为，但经过被代理人追认

3. 有下列( )情形的，委托代理终止。

A. 代理期间届满或者代理事务完成   B. 被代理人取消委托或者代理人辞去委托

C. 代理人死亡   D. 代理人丧失民事行为能力

E. 作为被代理人或者代理人的法人终止

4. 在日常经营活动中，商业银行未经批准不得( )，以逃脱监管。

A. 发行金融债券   B. 到境外借款   C. 买卖政府债券

D. 出租、出借经营许可证   E. 发行、买卖金融债券

5. 下列关于商业银行设立分支机构的说法正确的有( )。

A. 商业银行可以在我国境内外设立分支机构

B. 商业银行总行可以向分行拨付营运资金，也可以由分行自筹营运资金

C. 商业银行总行拨付给分支机构的营运资金额的总和不得超过总行资本金总额的50%

D. 商业银行的分支机构不具有独立的法人资格

E. 商业银行的各分支机构在总行的授权范围内开展业务，民事责任均由总行承担

6. 商业银行的组织形式有( )。

A. 个体工商企业   B. 合伙制   C. 有限责任公司

D. 股份有限公司   E. 集体企业

7. 证券交易内幕信息的知情人包括( )。

A. 发行人的董事、监事、高级管理人员

B. 公司的实际控制人及其董事、监事、高级管理人员

C. 证券监管机构工作人员

D. 由于法定职责对证券的发行、交易进行管理的人员

E. 发行人控股的公司及其董事、监事、高级管理人员

8. 下列( )行为，不属于操纵证券交易市场的行为。

A. 利用传播媒介或者通过其他方式提供、传播虚假或者误导投资者的信息

B. 与他人串通，以事先约定的时间、价格和方式相互进行证券交易，影响证券价格或者证券交易量

C. 在自己实际控制的账户间进行证券交易，影响证券价格或者证券交易量

D. 未经客户委托，假借客户名义买卖证券

E. 编造并传播虚假信息，严重影响证券交易

9. 《证券法》规定，禁止证券公司及其从业人员从事( )损害客户利益的欺诈行为。

A. 未经客户委托，擅自为客户买卖证券

B. 传播、提供虚假或者误导投资者的信息

C. 挪用公款进行大规模的证券买卖

D. 不在规定的时间内向客户提供交易的书面确认文件

E. 为牟取佣金收入，诱使客户进行不必要的证券买卖

10. 对证券公司客户交易结算账户管理的表述正确的有( )。

A. 证券公司客户的交易结算资金应当存放在商业银行，以每个客户的名义单独立户管理

B. 证券公司应妥善保管客户的开户资料、委托记录、交易记录和内部管理各项资料，保存期不得少于10年

C. 在证券公司破产或者清算时，客户的交易资金和证券不属于破产或者清算财产

D. 禁止任何单位或者个人以任何形式挪用客户交易结算资金

E. 证券公司不得将客户的交易结算资金和证券归入其自有财产

11. 下列关于证券投资基金的特点说法正确的有( )。

A. 一种利益共享、风险共担的集合投资方式　　B. 由专家运作、管理并专门投资于证券市场

C. 是一种直接的证券投资方式　　　　　　　　D. 投资小、费用低

E. 流动性强

12. 根据投资对象不同，证券投资基金可以分为( )。

A. 股票型基金　　　　　　B. 债券型基金　　　　　　C. 货币市场基金

D. 混合基金　　　　　　　E. 对冲基金

13. 下列( )事项应当通过召开基金份额持有人大会审议决定。

A. 提前终止基金合同　　　　　　　　　　　B. 基金扩募或者延长基金合同期限

C. 转换基金运作方式　　　　　　　　　　　D. 确定基金份额申购、赎回价格

E. 提高基金管理人、基金托管人的报酬标准

14. 基金应该公开披露的信息包括( )。

A. 基金招募说明书、基金合同、基金托管协议　　B. 基金募集情况

C. 基金份额上市交易公告书　　　　　　　　　　D. 基金净资产、基金份额净值

E. 涉及基金管理人、基金财产、基金托管业务的诉讼

15. 基金管理人依法发售基金份额，募集基金，应当向国务院证券监管机构提交( )文件，并经管理机构核准。

A. 申请报告

B. 基金托管协议草案

C. 法定验资机构出具的验资报告

D. 会计师事务所审计的基金管理人近三年的财务会计报告

E. 律师事务所出具的法律意见书

16. 基金招募书的内容有( )。

A. 基金管理人的基本情况　　　　　　　　　B. 基金合同的内容摘要

C. 基金份额的发售日期、价格、费用、期限　　D. 基金份额的发售方式

E. 出具法律意见的律师事务所名称及住所

17. 基金募集期限届满不能满足规定条件的，基金管理人应当承担下列责任( )。

A. 以其固有财产承担因募集行为而产生的债务和费用

B. 以募集到的资金承担因募集行为而产生的债务和费用

C. 在基金募集期限届满后三十日内返还投资人已缴纳的款项，无须返还银行同期存款利息

D. 在基金募集期限届满后二十日内返还投资人已缴纳的款项，无须返还银行同期存款利息

E. 在基金募集期限届满后三十日内返还投资人已缴纳的款项，并加计银行同期存款利息

18. 基金份额上市交易，应当符合的条件有( )。

A. 基金的募集符合法律规定 　　　　　　B. 基金合同期限为三年以上

C. 基金募集金额不低于两亿元人民币 　　D. 基金份额持有人不少于一千人

E. 基金份额上市交易规则规定的其他条件

19. 下列关于订立保险合同时的告知义务说法正确的有( )。

A. 投保人故意隐瞒事实，不履行如实告知义务的，保险人有权解除保险合同

B. 投保人因过失未履行如实告知义务，保险人不得解除保险合同

C. 投保人故意不履行如实告知义务的，保险人对于保险合同解除前发生的保险事故，不承担赔偿或者给付保险金的责任，并不退还保险费

D. 投保人因过失未履行如实告知义务，对保险事故的发生有严重影响的，保险人对于保险合同解除前发生的保险事故，不承担赔偿或者给付保险金的责任，并不退还保险费

E. 投保人因过失未履行如实告知义务，对保险事故的发生有严重影响的，保险人对于保险合同解除前发生的保险事故，不承担赔偿或者给付保险金的责任，但可以退还保险费

20. 保险的功能包括( )。

A. 风险回避 　　　　　B. 补偿损失 　　　　　C. 融通资金

D. 转移风险 　　　　　E. 分摊损失

21. 保险代理人、保险经纪人在办理保险业务活动中不得有( )行为。

A. 欺骗保险人、投保人或受益人

B. 隐瞒与保险合同有关的重要情况

C. 阻碍投保人履行《保险法》规定的如实告知义务，或者诱导其不履行本法规定的如实告知义务

D. 承诺向投保人、被保险人或者受益人给予保险合同规定以外的其他利益

E. 利用行政权力、职务或职业便利以及其他不正当手段强迫、引诱或者限制投保人订立保险合同

22. 保险代理机构在开展代理业务过程中，欺骗保险公司、投保人、被保险人或者受益人的行为包括( )。

A. 泄露在经营过程中知悉的被代理保险公司的业务、财产状况

B. 以本机构名义销售保险产品

C. 挪用保险费

D. 代领保险赔偿

E. 隐藏与保险合同有关的重要情况

23. 下列关于保险的理赔与索赔的说法正确的有( )。

A. 投保人、被保险人或者受益人知道保险事故发生后，应当及时通知保险人

B. 保险人自收到索赔要求及索赔单证之日起三十日内，对其赔偿或者给付保险金的数额不能确定的，应当根据已有证明和资料可以确定的最低数额先予支付

C. 保险人自收到索赔要求及索赔单证之日起六十日内，对其赔偿或者给付保险金的数额不能确定的，应当根据已有证明和资料可以确定的最低数额先予支付

D. 人寿保险的索赔时效为自知道保险事故发生之日起五年

E. 人寿保险的索赔时效为保险事故发生之日起五年

24. 关于信托业务中委托人的权利，说法正确的是( )。

A. 委托人有权了解信托财产的管理和运用、处分及收支情况，并有权要求委托人作出说明

B. 因设立信托时未能预见的特别事由，致使信托财产的管理方法不符合受益人的利益时，委托人有权要求受托人调整信托财产的管理方法

C. 受托人违反信托目的处分财产时，委托人在知道撤销原因两年内，有权申请人民法院撤销该处分行为

D. 受托人违反信托目的处分信托财产时，委托人有权依照信托文件的规定解任受托人

E. 受托人管理运用信托财产有重大过失时，委托人可申请人民法院解任受托人

25. 设立信托的书面文件应当载明的事项包括( )。

A. 信托目的   B. 信托关系人   C. 信托财产的范围

D. 受益人取得信托利益的金额   E. 受益人取得信托利益的形式

26. 关于信托财产，说法正确的有( )。

A. 受托人因处理信托事务所支出的费用，对第三人所负债务，以信托财产承担

B. 受托人可以在其固定财产和信托财产之间进行交易，或将不同委托人的信托财产进行相互交易

C. 受托人以其固定财产先行支付的，对信托财产享有优先受偿权

D. 受托人利用信托财产为自己谋利时，所得的利益归入信托财产

E. 受托人必须将信托财产与其固有财产分别管理、分别记账

27. 根据《个人所得税法》规定，应纳入个人所得税的所得包括( )。

A. 劳务报酬所得   B. 稿酬所得   C. 特许权行使费所得

D. 国家发行金融债券利息所得   E. 财产租赁、转让所得

28. 我国个人所得税税率按各应税项目分别采用( )两种形式。

A. 超额累退税率   B. 超额累进税率   C. 比例税率

D. 定额税率   E. 超率累进税率

29. 下列各项个人所得中，免交个人所得税的包括( )。

A. 残疾、孤老人员和烈属的所得   B. 军人的转业费、复员费

C. 保险赔款   D. 福利费、抚恤金、救济金

E. 国债和国家发行的金融债券的利息

30. 下列关于不动产登记管理的说法中正确的有( )。

A. 不动产物权的设立、变更、转让和消灭，经依法登记，发生效力；未经登记，不发生效力，但法律另有规定的除外

B. 依法属于国家所有的自然资源，所有权可以不登记

C. 不动产物权的设立、变更、转让和消灭，依照法律规定应当登记的，自记载于不动产登记簿时发生效力

D. 当事人之间订立有关设立、变更、转让和消灭不动产物权的合同，除法律另有规定或者合同另有约定外，合同成立时生效；未办理物权登记的不影响合同效力

E. 当事人之间订立有关设立、变更、转让和消灭不动产物权的合同，未办理物权登记的合同无效

31. 期货交易中的内幕消息是指( )。

A. 对期货交易价格产生重大影响的，尚未公开的信息

B. 国务院期货监管机构制定的可能对期货交易价格发生重大影响的政策

C. 国务院商务主管部门发布的可能对期货交易价格发生重大影响消息

D. 期货交易所作出的可能对期货交易价格发生重大影响的决定

E. 期货交易会员、客户的资金和交易动向的信息

32. 《商业银行开办代客境外理财业务管理暂行办法》规定从事境外理财的商业银行应( )。

A. 在收到外汇局购汇额度的批准后，与境内托管人签订托管协议，开设托管账户，在境内托管账户开设之日起10日内，向外汇局报送正式托管协议

B. 在发售产品时，向投资者全面详细地告知投资计划、产品特征、相关风险，由投资者自主选择

C. 定期向投资者披露投资状况、投资表现、风险状况等信息

D. 按规定履行结售汇统计报告义务

E. 购买的境外金融产品，必须符合中国银监会的相关风险管理规定

33. 商业银行境外理财投资，应委托具有托管业务资格的境内商业银行作为托管人进行投资，托管人应当履行的职责包括( )。

A. 为商业银行按理财计划开设境内托管账户、境外外汇资金运用结算账户和证券托管账户

B. 监督商业银行资金运作，及时向外汇局报告其违规违法的行为

C. 保存商业银行的资金汇出、汇入、兑换、收汇、付汇和资金往来记录等相关资料不少于十五年

D. 按规定办理国际收支统计申报

E. 协助外汇局监察商业银行资金的境外运用情况

34. ( )属于商业银行境内账户的支出范围。

A. 划入境外外汇资金运用结算账户的资金　　　B. 汇回商业银行的资金

C. 货币兑换费　　　D. 托管费、各类手续费　　　E. 资产管理费

35. 基金宣传材料可以采用的形式包括( )。

A. 公开出版资料　　　B. 宣传单、手册、信函　　　C. 海报、户外广告

D. 电视、电影、广播音像资料　　　　　　　　　E. 互联网资料

36. 当基金宣传材料中出现下列哪些内容时，不符合证监会的规定( )。

A. 对该基金投资业绩的合理预测　　　　　B. 向投资者承诺保证收益率

C. 专业机构的评价结果　　　　　　　　　D. 单位或个人的推荐性文字

E. 该基金近10年的过往业绩

37. 对违反《证券投资基金销售管理办法》规定从事基金销售活动的基金管理人员，中国证监会可以采取( )的行政监管措施。

A. 监管谈话　　　B. 出具警示函　　　C. 记入诚实档案

D. 暂停履行职务　　　E. 认定为不适宜担任相关职务者

38. 《证券投资基金销售管理办法》规定，对基金管理人、代销机构有( )情形之一的，中国证监会应依照法律法规有关规定进行行政处罚；涉嫌犯罪的，移交司法机关，追究其刑事责任。

A. 采取抽奖或者送实物的方式销售基金

B. 募集期间对认购费打折

C. 在基金宣传材料上登载第三方专业机构的评价结果

D. 以高于成本的销售费率销售基金

E. 承诺利用基金进行利益输送

39. 下列对投资基金销售业务描述正确的有(　　)。

A. 未与基金管理人签订书面代销协议的，代销机构不得办理基金销售

B. 代销机构应将基金代销业务资格证明文件置于基金网点的显著位置，经批准可以委托其他机构代为办理基金的销售

C. 基金管理人对代销机构的基金销售业务负有检查、监督的义务

D. 基金管理人应审查、检查代销机构使用的宣传材料，并对材料内容负责

E. 代销机构应当在有证券投资基金托管业务资格的商业银行开立与基金销售有关的账户，并由基金管理人对账户内的资金进行监督

40. (　　)可以向中国证监会申请基金代销业务资格。

A. 商业银行　　　　　　B. 证券公司　　　　　　C. 证券投资咨询公司

D. 专业基金销售机构　　E. 银监会规定的其他机构

41. 下列关于保险兼业代理的说法中正确的有(　　)。

A. 保费结算时间最长不得超过两个月

B. 保险公司不得向代理机构、网点或经办人员支付合作协议规定的手续费之外的其他任何费用

C. 保险公司不及时给付代理手续费的，保险兼业代理人可以保费收入抵扣代理手续费

D. 保险兼业代理人向保险公司投保自身的财产保险的，不得提取代理手续费

E. 保险公司可以委托保险兼业代理人签发保险单，无须批准

42. 个人外汇储蓄账户资金境内划转，符合规定办理的是(　　)。

A. 本人账户间资金划转，凭有效身份证件办理

B. 个人与其直系亲属账户间资金划转，凭双方身份证件办理

C. 本人外汇结算账户与外汇储蓄账户间资金可以划转，但外汇储蓄账户向外汇结算账户的划款限于当日的对外支付，划转后可以结汇

D. 个人外汇提取现钞当日累计等值两万美元以下的，可以在银行直接办理

E. 个人向外汇储蓄账户存入外币现钞，当日累计一万元以下的，可以在银行直接办理

三、判断题

1. 委托代理人为被代理人的利益需要转托他人代理的，通常情况下可以不告诉被代理人自行决定。(　　)

2. 我国《商业银行法》明确规定商业银行不得从事证券业务，同时利率尚未完全市场化，在这样的市场环境和经营环境下商业银行开发销售理财产品面临的约束较多，潜在法律风险大。(　　)

3. 《商业银行法》规定，办理储蓄业务，应当遵循存款自由、取款自愿、存款有息、为存款人保密的原则。(　　)

4. 商业银行的资金既可以投资国债资产，也可以投资公司债券。(　　)

5. 证券公司包括两类，实行分类管理：一类是经纪类证券公司，依法专门从事证券经纪业务；另一类

是综合类证券公司，依法可以经营证券承销、自营业务，但不得从事经纪业务等。（　　）

6. 如果基金募集方案与基金合同发生抵触，则应以基金募集方案为准。（　　）

7. 基金募集不得超过国务院证券监督管理机构核准的基金募集期限，基金募集期限自收到核准文件之日起计算。（　　）

8. 基金管理人应当自收到核准文件之日起六个月内进行基金募集。超过六个月开始募集的，应当向国务院证券监督管理机构重新提交申请。（　　）

9. 开放式基金申购和赎回的价格基本上是由市场的供求关系决定的。（　　）

10. 商业银行申请取得基金托管资格，具备条件后，只需经中国证监会核准。（　　）

11. 保险人是与保险公司订立保险合同，并按照保险合同负有支付保险费义务的人。（　　）

12. 投保人故意隐瞒事实，因过失未履行如实告知义务，保险人即有权解除保险合同。（　　）

13. 投保人故意不履行如实告知义务的，保险人对于保险合同解除前发生的保险事故，不承担赔偿或者给付保险金的责任，但可以酌情退还保险费。（　　）

14. 人寿保险的索赔时效为自知道保险事故发生之日起三年，其他保险的索赔时效为自知道保险事故发生之日起一年。（　　）

15. 保险代理人在代为办理保险业务时，不得同时接受两个以上保险人的委托。（　　）

16. 保险代理手续费和经纪人佣金，只限于向具有合法资格的保险代理人、保险经纪人支付，不得向其他人支付。（　　）

17. 受托人有权依照信托文件的约定取得报酬。信托文件未作事先约定的，也未作补充约定的，受托人得根据行业规则收取报酬。（　　）

18. 委托人可以是受益人，也可以是同一信托的唯一受益人；受托人不可以是受益人。（　　）

19. 受托人职责终止的，信托文件未规定的，由受益人选任新委托人。（　　）

20. 动产物权设立和转让前，权利人已经依法占有该动产的，物权自动产实际转移占有时发生效力。（　　）

21. 外商独资银行、中外合资银行的分支机构在总行授权范围内开展业务，其民事责任由总行承担。（　　）

22. 基金募集申请获得中国证监会核准前，基金管理人、代销机构不得办理基金销售业务，不得发售基金份额，但可以向公众分发、公布基金宣传推介材料。（　　）

23. 商业银行代理保险业务的，其一级分行应当取得保险兼业代理资格。（　　）

24. 保险兼业代理人从事保险代理业务，可以代理再保险业务和兼做保险经纪业务。（　　）

25. 保险公司不得以任何名义、任何形式向代理机构、网点或经办人员支付合作协议规定的手续费之外的其他任何费用，但业务推动费不在此列。（　　）

26. 保险公司不得以直接冲减保费或现金方式向保险兼业代理人支付代理手续费。（　　）

27. 境内个人向境内保险经营机构支付外汇人寿保险项下保险费，可以购汇或以自有外汇支付。（　　）

28. 银行按照个人开户时提供的身份证件等证明材料确定账户主体类别，所开立的外汇账户应使用与本人有效身份证件记载一致的姓名。（　　）

29. 境内个人和境外个人外汇账户境内划转按跨境交易进行管理。（　　）

30. 手持外币现钞汇出，当日累计等值两万美元以下(含)的，凭本人有效身份证件办理。（　　）

答案与解析

一、单项选择题

1. 答案与解析　B

《民法通则》中民事法律行为的定义。

2. 答案与解析　D

D项的中心词是监护人，监护人是完全民事行为能力人，可以开办个人理财业务。

3. 答案与解析　D

法条内容，理解性记忆，且应当了解代理终止的其他几种情形。

4. 答案与解析　B

行为人没有代理权、超越代理权或者代理权已终止还与行为人实施民事行为，应当承担相应的民事责任，第三人如果是善意的，则不承担责任，但本题中，第三人存在恶意，因此应当与行为人负连带责任。

5. 答案与解析　B

银行和客户签订理财合同，按照合同的规定执行权利义务。二者之间的关系都是建立在相关合同基础上的，因而为合同关系。

6. 答案与解析　D

格式条款对于订立一方更有利，所以法条中要作出一些对合同订立方不利的规定或约束，以保证合同的公平性。显然D项对提供格式条款一方是有利的，所以该说法不正确。格式条款和非格式条款不一致时，应采用非格式条款。除题中涉及选项外，还应当了解：对于格式条款有两种以上解析的，应当作出不利于提供格式条款一方的解析。

7. 答案与解析　C

格式条款的定义，注意关键词："预先拟定"、"未协商"正是格式化的具体体现。

8. 答案与解析　B

《合同法》规定，提供格式条款的一方免除其责任、加重对方责任或免除对方主要权利时，该条款无效。记忆时可简单记为，格式条款对提供条款方有利，但只能用来加权，不能用来免责。

9. 答案与解析　C

这一规定是为了限制格式条款制定方，平衡双方利益，保证合同的公平性。

10. 答案与解析　A

A项中不是损害对方当事人利益而是损害国家利益，属于无效合同。除题中选项外，《合同法》中关于无效合同的规定情形还包括：损害社会公共利益。记忆的时候可理解为，当损害到合同订立双方以外的个人或集体利益，或者违反法律法规时，合同无效。

11. 答案与解析　A

免责条款无效的两种情形是：造成对方人身伤害的，因故意或者重大过失造成对方财产损失的。BC属于可以撤销的合同。

12. 答案与解析 **D**

《合同法》规定，除选项中给出的情形以外还有：在订立合同时显失公平的。可能出多选。

13. 答案与解析 **B**

有限责任公司又称有限公司，是指符合法律规定的股东出资组建，股东以其出资额为限对公司承担责任，公司以其全部资产对公司的债务承担责任的企业法人。D项是股份有限公司的特征；C项没有根据。

14. 答案与解析 **C**

"三性"是商业银行经营管理的最基本原则。

15. 答案与解析 **D**

银行向客户提供个人贷款，要考虑安全性，如其未来的收入水平是否能够满足偿还贷款本息的要求。A项每月的收入不足以满足正常生活费用和还款要求；B项每月收入扣除生活费用后每月为3 000元，申请10年期的360 000元贷款，存在利息，每月还款额要超过3 000元；C项作为抵押的汽车的价值应当高于贷款金额，以补偿还款期前的利息。D项国债信用高，远超过贷款金额。

16. 答案与解析 **B**

制定存贷款利率标准是中国人民银行的职责之一；银监会是监督管理机构，主要职责是管理银行业风险，监督金融机构的行为；中国银行业协会是行业内机构自愿结成的社会团体，没有权利规定利率上下限。

17. 答案与解析 **A**

安全性原则是指商业银行所作的任何资产业务须以安全为第一要旨，其主要业务——放款业务必须有效关注借款人的还款能力，要求其提供有效担保，非有十分把握，不得发放信用贷款，以保障贷款资产安全。

18. 答案与解析 **D**

《商业银行法》规定，商业银行在中华人民共和国境内不得从事信托投资和证券经营业务，不得向非自用不动产投资或者向非银行金融机构和企业投资，但国家另有规定的除外。

19. 答案与解析 **C**

我国商业银行不得买卖股票。

20. 答案与解析 **D**

《商业银行法》第七十四条、第七十六条均有规定。

21. 答案与解析 **B**

《商业银行法》第七十六条涉及的情形包括：未经批准办理结汇、售汇；未经批准在银行间债券市场发行、买卖金融债券或者到境外借款；违反规定同业拆借。

22. 答案与解析 **B**

向关系人发放贷款的条件不得优于其他贷款人同类贷款的条件。

23. 答案与解析 **B**

银行开展个人理财业务是经国务院银行业监督管理机构批准的一项银行中间业务。

24. 答案与解析 **D**

根据《中华人民共和国商业银行法》规定，金融机构设立分支机构的监管属于中国银监会的监管职责。

25. 答案与解析 **C**

重组是指通过一定的法律程序，按照具体的重组方案，改变银行业金融机构的资本结构，合理解决债务困难，以便使该金融机构摆脱其所面临的财务困难，并继续经营。重组是对被重组的银行业金融机构采取对银行业体系冲击较小的市场退出方式，以此维护市场信心与秩序，保护存款人等债权人的利益。

26. 答案与解析　B

B项是对银行业务监管的原则。

27. 答案与解析　C

证券交易内幕信息(证券交易活动中，涉及公司的经营、财务或者对该公司证券的市场价格有重大影响的尚未公开的信息)的知情人和非法获取内幕信息的人，在内幕信息公开前，不得买卖该公司的证券，或者泄露该信息，或者建议他人买卖该证券。因此，选项A、B、D均属于利用内幕信息进行交易，故选C。

28. 答案与解析　B

持有公司5%以上股份的股东及其董事、监事、高级管理人员才算作知情人。

29. 答案与解析　A

客户交易结算账户是指存管银行为每个投资者开立的，管理投资者用于证券买卖用途的交易结算资金存管专户，故选A。

30. 答案与解析　D

《证券法》中关于客户交易结算账户管理的内容。

31. 答案与解析　A

本题考查的知识点非常细，提示大家在复习的时候一定要把书看细，同时要注意总结考点。A中应为处以一万元以上十万元以下的罚款。

32. 答案与解析　B

《基金法》的全称即《中国证券投资基金法》。《中国证券投资基金法》的调整范围只限于证券投资基金，除此之外的政府建设基金、社会公益基金和保险基金等均不属于该法的调整对象。

33. 答案与解析　B

基金管理人是负责基金的具体投资操作和日常管理的机构。基金托管人是投资人权益的代表，是基金资产的名义持有人或管理机构。基金投资者即基金份额持有人，通过购买基金管理公司发行的基金份额，按其所持基金份额享受收益和承担风险。

34. 答案与解析　C

C项为基金托管人应当履行的职责。基金管理人负责基金的具体投资操作和日常管理，对基金财产具有经营管理权，基金托管人是投资人权益的代表，是基金资产的名义持有人或管理机构，对基金财产具有保管权。

35. 答案与解析　A

基金管理人应在基金份额发售的三个工作日前公布招募说明书、基金合同及其他文件。

36. 答案与解析　B

基金托管人应当履行下列职责：①安全保管基金财产；②按照规定开设基金财产的资金账户和证券账户；③对所托管的不同基金财产分别设置账户，确保基金财产的完整与独立；④保存基金托管业务活动的记录、账册、报表和其他相关资料；⑤按照基金合同的约定，根据基金管理人的投资指令，及时办理清算、交割事宜；⑥办理与基金托管业务活动有关的信息披露事项；⑦对基金财务会计报告、中期和年度基金报告出具意见；⑧复核、审查基金管理人计算的基金资产净值和基金份额申购、赎回价格；⑨按照规定召集基金份额持有人大会；⑩按照规定监督基金管理人的投资运作等。

37. 答案与解析 A

基金份额的发售由基金管理人负责办理。

38. 答案与解析 D

开放式基金申购和赎回的价格是建立在每份基金净值基础上的，以基金净值再加上或减去必要的费用，就构成了开放式基金的申购和赎回价格。而封闭式基金的交易价格则基本上是由市场的供求关系决定的。

39. 答案与解析 C

证券投资基金是由基金托管人(商业银行)托管，基金管理人(基金公司)管理的。

40. 答案与解析 D

D项应为个人保险代理人在代为办理人寿保险业务时，不得同时接受两个以上保险人的委托。

41. 答案与解析 D

保险代理人是根据保险人的委托，向保险人收取代理手续费，并在保险人授权的范围内代为办理保险业务的单位或者个人；保险经纪人是基于投保人的利益，为投保人与保险人订立保险合同提供中介服务，并依法收取佣金(而非代理手续费)的单位。

42. 答案与解析 C

不同的职业可能带来意外伤害的概率是不一样的，比如卡车司机和办公室文员出现车祸的概率不同。

43. 答案与解析 D

《信托法》调整的对象是信托关系，其范围涵盖了民事信托、营业信托和公益信托。

44. 答案与解析 C

信托当事人包括委托人、受托人、受益人。

45. 答案与解析 D

以上行为都是因信托人的不当行为使委托人财产受到损失。

46. 答案与解析 D

委托人有权向法院申请撤销受托人的某些处分行为，委托人应在知道或应当知道撤销原因之日起一年内行使，未行使的，申请权取消。

47. 答案与解析 D

《信托法》第三十四条：受托人和委托人按合同约定建立信托关系，双方权利义务的标的是信托财产，题中其余选项都是出题人故意设置的形式相似的干扰项。

48. 答案与解析 B

《信托法》的有关规定：受益人是在信托中享有信托收益权的人。委托人可以是受益人，也可以是同一委托的唯一受益人。受托人可以是受益人，但不得是同一信托的唯一受益人。这一限制主要是为了防止受托人管理受托财产过程中权利义务不清，不能履行职责。

49. 答案与解析 A

个人所得税纳税人是指在中国境内有住所或者无住所而在境内居住满一年的个人，从中国境内和境外取得的所得，依照《个人所得税法》规定缴纳个人所得税。

50. 答案与解析　C

个人所得中的劳务报酬所得是个人独立从事各种技艺，提供各项劳务取得的报酬。适用范围包括从事设计、装潢、安装、制图、化验、测试、医疗、法律、会计、咨询、讲学、新闻、广播、翻译、审稿、书画、雕刻、影视、录音、录像、演出、表演、广告、展览、技术服务、介绍服务、经纪服务、代办服务等。个人中体育彩票获得的收入属于偶然所得。

51. 答案与解析　A

本题考查的是《个人所得税法》的第四条。BC两项属于经批准可以减征个人所得税的项目。D项表述错误，应为经国务院财政部门批准免税的所得可以免纳个人所得税。

52. 答案与解析　C

《个人所得税法》第八条：个人所得超过国务院规定数额的，在两处以上取得工资、薪金所得或者没有扣缴义务人的，以及国务院规定的其他情形的，纳税义务人应当按照国家规定办理纳税申报。

53. 答案与解析　C

以基金份额、证券登记结算机构登记的股权出质的，质权自证券登记结算机构办理出质登记时设立；以其他股权出质的，质权自工商行政管理部门办理出质登记时设立。

54. 答案与解析　A

根据《中华人民共和国外资银行管理条例》，外国银行分行经过中国人民银行的批准，可以经营结汇、售汇业务。

55. 答案与解析　B

外资银行的经营业务范围都要经过国务院银行业监督管理机构(即银监会)审批。

56. 答案与解析　A

本题考查的是《外资银行管理条例》的第三十四条。

57. 答案与解析　A

本题考查的是《期货交易管理条例》的第四十六条：国务院商务主管部门对境内单位或者个人从事境外商品期货交易的品种进行核准。

58. 答案与解析　C

该消息已经公开发布了，不是内幕消息。

59. 答案与解析　B

见《期货交易管理条例》第八条：结算会员的结算业务资格由国务院期货监督管理机构批准。国务院期货监督管理机构应当在受理结算业务资格申请之日起三个月内作出批准或者不批准的决定。

60. 答案与解析　A

商业银行代客境外理财业务，是指具有代客境外理财资格的商业银行，受境内机构和居民个人委托，以其资金在境外进行规定的金融产品投资的金融活动。按照规定，投资者以人民币投资购汇投资的，商业银行结汇后支付给投资者；投资者以外汇投资的，商业银行将外汇划回投资者原账户，原账户关闭的，可划入投资者指定的账户。

61. 答案与解析　C

参见《商业银行开办代客境外理财业务管理暂行办法》。A准入管理适用报告制。B应向国家外汇管理局申请。D应为可向投资者发行以人民币标价的境外理财产品。

62. 答案与解析　D

见《证券投资基金销售管理办法》：基金管理人、代销机构应当建立健全档案管理制度，妥善保管基金份额持有人的开户资料和与销售业务有关的其他资料，保存期不少于十五年。

63. 答案与解析　C

见《保险代理机构管理规定》第八十二条：保险公司委托保险代理机构或者保险代理分支机构销售人寿保险新型产品的，应当按照中国保监会的有关规定，对销售人寿保险新型产品的保险代理机构或者保险代理分支机构的业务人员进行专门培训，销售前培训时间不得少于十二小时。

64. 答案与解析　B

应当向当地外汇局事前报备。见《个人外汇管理办法》第三十四条、第三十五条。

65. 答案与解析　B

境外个人将原兑换未使用完的人民币兑回外币现钞时，小额兑换凭本人有效身份证件在银行或外币兑换机构办理；超过规定金额的，可以凭原兑换单在银行办理。

66. 答案与解析　D

外汇结算账户是指个人对外贸易经营者、个体工商户按照规定开立的用以办理经常项目项下经营性外汇收支的账户。

67. 答案与解析　D

BD矛盾，二者选其一，D是按照交易性质分类。

68. 答案与解析　A

应当为外汇储蓄账户内外汇汇出境外当日累计等值五万美元以下(含)的，凭本人有效身份证件在银行办理；超过上述金额的，凭经常项目下有交易额的真实性凭证办理。

二、多项选择题

1. 答案与解析　BCE

A项表述为自然人的民事权利能力的特性，不是民事行为能力的特性。十周岁以上的未成年人、不能完全辨认自己行为的精神病人是限制民事行为能力人，可以进行与他的年龄、智力相适应的民事活动；其他民事活动由他的法定代理人代理，或者征得他的法定代理人的同意。AD两项错误，其余为正确选项。

2. 答案与解析　AD

《民法通则》中关于代理的法律责任的规定。BCE经过被代理人追认，应当由被代理人承担民事责任。

3. 答案与解析　ABCDE

以上五种情况均属于委托代理终止的情况。

4. 答案与解析　ABCDE

以上五种情形均属于商业银行未经批准不得实施的行为。

5. 答案与解析　AD

商业银行总行拨付给分支机构的营运资金额的总和，不得超过商业银行总行资本金总额的百分之六十，C项错；商业银行的分支机构不具有独立的法人资格，总行对其分支机构实行全行统一核算，统一调度资金，分级管理的财务制度，B项错；各分支机构在总行的授权范围内开展业务，对外先以自己经营管理的财产承担民事责任，不足部分由总行承担，E项错。

6. 答案与解析　CD

商业银行的组织形式为银行有限责任公司和银行股份有限公司。

7. 答案与解析　ABCDE

内幕信息的知情人包括：发行人的董事、监事、高级管理人员；持有公司百分之五以上股份的股东及其董事、监事、高级管理人员，公司的实际控制人及其董事、监事、高级管理人员；发行人控股的公司及其董事、监事、高级管理人员；由于所任公司职务可以获取公司有关内幕信息的人员；证券监督管理机构工作人员以及由于法定职责对证券的发行、交易进行管理的其他人员；保荐人、承销的证券公司、证券交易所、证券登记结算机构、证券服务机构的有关人员；国务院证券监督管理机构规定的其他人。

8. 答案与解析　ADE

操纵市场的手段主要包括：单独或通过合谋，集中资金优势、持股优势或利用信息优势联合或连续买卖，操纵证券交易价格或证券交易量；与他人串通，以事先约定的时间、价格和方式相互进行证券交易，影响证券交易价格或证券交易量；在自己实际控制的账户之间进行证券交易，影响证券交易价格或证券交易量；其他操纵手段。AD属于欺诈客户行为。E属于虚假陈述和信息误导行为。

9. 答案与解析　ABDE

挪用公款进行大规模的证券买卖属于法律禁止的其他行为。欺诈客户行为的根本特点在于损害客户利益，据此可以作出正确选择。

10. 答案与解析　ACDE

B选项错误，正确的答案是不得少于二十年。

11. 答案与解析　ABDE

证券投资基金是一种间接的证券投资方式，投资者是通过购买基金而间接投资于证券市场的。与直接购买股票相比，投资者与上市公司没有任何直接关系，不参与公司决策和管理，只享有公司利润的分配权。

12. 答案与解析　ABCD

对冲基金是根据基金的投资特点划分的。对冲基金主要通过在金融衍生产品市场进行对冲交易投机获利。

13. 答案与解析　ABCE

下列事项应当通过召开基金份额持有人大会审议决定：①提前终止基金合同；②基金扩募或者延长基金合同期限；③转换基金运作方式；④提高基金管理人、基金托管人的报酬标准；⑤更换基金管理人、基金托管人；⑥基金合同约定的其他事项。D项属于基金管理人应当履行的职责，不需要通过基金份额持有人大会审议决定。

14. 答案与解析　ABCDE

公开披露的基金信息包括：①基金招募说明书、基金合同、基金托管协议；②基金募集情况；③基金份额上市交易公告书；④基金资产净值、基金份额净值；⑤基金份额申购、赎回价格；⑥基金财产的资产组合季度报告、财务会计报告及中期和年度基金报告；⑦临时报告；⑧基金份额持有人大会决议；⑨基金管理人、基金托管人的专门基金托管部门的重大人事变动；⑩涉及基金管理人、基金财产、基金托管业务的诉讼；依照法律、行政法规有关规定，由国务院证券监督管理机构规定应予披露的其他信息。

15. 答案与解析 ABDE

《中华人民共和国证券投资基金法》第三十六条：此外，验资报告应当在募集金额达到核准标准以后提交。

16. 答案与解析 ABCDE

基金招募书的内容有：基金管理人的基本情况、基金合同的内容摘要、基金份额的发售方式、基金份额的发售日期、价格、费用、期限、出具法律意见的律师事务所名称及住所等。

17. 答案与解析 AE

基金募集期限届满不能满足规定条件的，基金管理人应当承担下列责任：

① 以其固有财产承担因募集行为而产生的债务和费用；

② 在基金募集期限届满后三十日内返还投资人已缴纳的款项，并加计银行同期存款利息。

18. 答案与解析 ACDE

对基金合同期限的要求为五年以上。其余各项均正确。

19. 答案与解析 ACE

投保人故意隐瞒事实，不履行如实告知义务的，或者因过失未履行如实告知义务，足以影响保险人决定是否同意承保或者提高保险费率的，保险人有权解除保险合同，B项错误。投保人因过失未履行如实告知义务，对保险事故的发生有严重影响的，保险人对于保险合同解除前发生的保险事故，不承担赔偿或者给付保险金的责任，但可以退还保险费，D项错误。

20. 答案与解析 BCDE

保险不能回避风险只能转移风险。

21. 答案与解析 ABCDE

见《保险法》第一百三十一条：保险代理人、保险经纪人及其从业人员在办理保险业务活动中不得有下列行为：

(一) 欺骗保险人、投保人、被保险人或者受益人；

(二) 隐瞒与保险合同有关的重要情况；

(三) 阻碍投保人履行本法规定的如实告知义务，或者诱导其不履行本法规定的如实告知义务；

(四) 给予或者承诺给予投保人、被保险人或者受益人保险合同约定以外的利益；

(五) 利用行政权力、职务或者职业便利以及其他不正当手段强迫、引诱或者限制投保人订立保险合同；

(六) 伪造、擅自变更保险合同，或者为保险合同当事人提供虚假证明材料；

(七) 挪用、截留、侵占保险费或者保险金；

(八) 利用业务便利为其他机构或者个人牟取不正当利益；

(九) 串通投保人、被保险人或者受益人，骗取保险金；

(十) 泄露在业务活动中知悉的保险人、投保人、被保险人的商业秘密。

22. 答案与解析 ABCE

保险代理机构可以代领保险赔偿。

23. 答案与解析 ACD

注意保险的索赔时效计算的起始时间为知道保险事故发生之日而非保险事故发生之日。注意除人寿保险外的其他保险的索赔时效为自知道保险事故发生之日起两年。

24. 答案与解析　ABDE

受托人违反信托目的处分信托财产或者因违背管理职责、处理信托事务不当致使信托财产受到损失的，委托人有权申请人民法院撤销该处分行为。该申请权自委托人知道或者应当知道撤销原因之日起一年内不行使的，归于消除，C项表述错误。

25. 答案与解析　ABCDE

设立信托的书面文件应当载明的事项包括：信托目的、信托关系人、信托财产的范围、受益人取得信托利益的金额、受益人取得信托利益的形式。

26. 答案与解析　ACDE

受托人不得将其固有财产与信托财产进行交易或者将不同委托人的信托财产进行相互交易，但信托文件另有规定或经委托人或者受益人同意，并以公平的市场价格进行交易的除外。

27. 答案与解析　ABCE

国债和国家发行的金融债券利息免征个人所得税，D项错误。

28. 答案与解析　BC

超额累进税率是在一定额度以上，税率随纳税额增加而逐渐增高的征税方式，比例税率是按照固定比例征税的方式。工资、薪金等采用超额累进税率，储蓄利息收入等采用比例税率。

29. 答案与解析　BCDE

记忆题。A项残疾、孤老人员和烈属的所得属于经批准可以减征个人所得税的项目。

30. 答案与解析　ABCD

当事人之间订立有关设立、变更、转让和消灭不动产物权的合同，除法律另有规定或者合同另有约定外，合同成立时生效；未办理物权登记的，不影响合同效力，E项错误。

31. 答案与解析　ABDE

期货交易中的内幕信息是指可能对期货交易价格产生重大影响的尚未公开的信息，包括：国务院期货监督管理机构以及其他相关部门制定的对期货交易价格可能发生重大影响的政策，期货交易所作出的可能对期货交易价格发生重大影响的决定，期货交易所会员、客户的资金和交易动向以及国务院期货监督管理机构认定的对期货交易价格有显著影响的其他重要信息。

32. 答案与解析　BCDE

商业银行应当自境内托管账户开设之日起五个工作日内，向外汇局报送正式托管协议。

33. 答案与解析　ABCDE

34. 答案与解析　ABCDE

商业银行境内托管账户的支出范围是：划入境外外汇资金运用结算账户的资金、汇回商业银行的资金、货币兑换费、托管费、资产管理费及各类手续费以及外汇局规定的其他支出。

35. 答案与解析　ABCDE

基金宣传材料的形式主要包括以上五种。

36. 答案与解析　ABD

《证券投资基金销售管理办法》第十九条规定，基金宣传推介材料必须真实、准确。与基金合同、基金招募说明书相符，不得有下列情形：预测该基金的证券投资业绩；违规承诺收益或者承担损失；登载单位或者个人的推荐性文字。因此，ABD选项内容不符合规定。第二十条规定，基金宣传推介材料可以登载该基金、基金管理人管理的其他基金的过往业绩，但基金合同生效不足6个月的除外。E项行为符合规定。根据第二十四条规定，C项行为符合规定。

37. 答案与解析　ABCDE

对违反《证券投资基金销售管理办法》规定从事基金销售活动的基金管理人员，中国证监会可以采取监管谈话、出具警示函、记入诚实档案、暂停履行职务、认定为不适宜担任相关职务的行政监管措施。

38. 答案与解析　ABE

法条内容。C项属于正当的广告宣传，D项是正常的市场行为。

39. 答案与解析　ACD

代销机构应将基金代销业务资格证明文件置于基金网点的显著位置，不得委托其他机构代为办理基金的销售。基金管理人、代销机构应当在有证券投资基金托管业务资格的商业银行开立与基金销售有关的账户，并由该银行对账户内的资金进行监督。

40. 答案与解析　ABCD

见《证券投资基金销售管理办法》：商业银行、证券公司、证券投资咨询公司和专业基金销售机构可以向中国证监会申请基金代销业务资格。

41. 答案与解析　BD

保费结算时间最长不得超过一个月，A项错误。保险兼业代理人应设立独立的保费收入账户并对保险兼业代理业务进行单独核算，不得以保费收入抵扣代理手续费，保险公司不得以直接冲减保费或现金方式向保险兼业代理人支付代理手续费，C项错误。未经中国保监会批准，保险公司不得委托保险兼业代理人签发保险单，E项错误。

42. 答案与解析　AD

《个人外汇管理办法》第二十八条，B项应凭双方身份证件和直系亲属关系证明办理，C项不得划转后结汇，D项应为一万美元以下。

三、判断题

1. 答案与解析　×

委托代理人为被代理人的利益需要转托他人代理的，应当事先取得被代理人的同意。事先没有取得被代理人同意的，应当在事后及时告诉被代理人，如果被代理人不同意，由代理人对自己所转托的人的行为负民事责任，但在紧急情况下，为了保护被代理人的利益而转托他人的除外。

2. 答案与解析　√

3. 答案与解析　×

应当为存款自愿，取款自由。

4. 答案与解析　×

《商业银行法》规定商业银行的资金只能投资国债资产，而不能投资公司债券，以保证银行资产在投资上的绝对安全。

5. 答案与解析　✕

证券公司包括两类，实行分类管理：一类是综合类证券公司，依法可以经营证券承销、自营和经纪等业务；另一类是经纪类证券公司，依法专门从事证券经纪业务。

6. 答案与解析　✕

基金合同是投资基金正常运作的基础性法律文件，如果招募说明书、基金募集方案及发行计划等文件与基金合同发生抵触，则必须以基金合同为准。

7. 答案与解析　✕

基金募集不得超过国务院证券监督管理机构核准的基金募集期限，基金募集期限自基金份额发售之日起计算。

8. 答案与解析　✕

超过六个月开始募集，原核准的事项未发生实质性变化的，应当报国务院证券监督管理机构备案；发生实质性变化的，应当向国务院证券监督管理机构重新提交申请。

9. 答案与解析　✕

开放式基金申购和赎回的价格是建立在每份基金净值基础上的，以基金净值再加上或减去必要的费用，就构成了开放式基金的申购和赎回价格。而封闭式基金的交易价格则基本上是由市场的供求关系决定的。

10. 答案与解析　✕

商业银行申请取得基金托管资格，应向国务院证券监督管理机构和国务院银行业监督管理机构核准。

11. 答案与解析　✕

这是投保人的定义。保险人应当是保险公司。

12. 答案与解析　✕

投保人故意隐瞒事实，不履行如实告知义务的，或者因过失未履行如实告知义务，足以影响保险人决定是否同意承保或者提高保险费率的，保险人有权解除保险合同。

13. 答案与解析　✕

投保人故意不履行如实告知义务的，保险人对于保险合同解除前发生的保险事故，不承担赔偿或者给付保险金的责任，并不退还保险费。投保人因过失未履行如实告知义务，对保险事故的发生有严重影响的，保险人对于保险合同解除前发生的保险事故，不承担赔偿或者给付保险金的责任，但可以退还保险费。

14. 答案与解析　✕

人寿保险的索赔时效为自知道保险事故发生之日起五年，其他保险的索赔时效为自知道保险事故发生之日起两年。注意，本知识点还可能考查索赔时效的起算点。

15. 答案与解析　✕

个人保险代理人在代为办理人寿保险业务时，不得同时接受两个以上保险人的委托。注意两个限定语：个人保险代理人、人寿保险业务。

16. 答案与解析　√

17. 答案与解析　✕

信托文件未作事先约定的，经信托当事人协商同意，可以作出补充约定；未作事先约定和补充约定的，不得收取报酬。

18. 答案与解析 ×

委托人可以是受益人，也可以是同一信托的唯一受益人。受托人可以是受益人，但不得是同一信托的唯一受益人。

19. 答案与解析 ×

应为由委托人选任新的委托人。

20. 答案与解析 ×

动产物权设立和转让前，权利人已经依法占有该动产的，物权自法律行为生效时发生效力。

21. 答案与解析 √

22. 答案与解析 ×

基金募集申请获得中国证监会核准前，基金管理人、代销机构不得办理基金销售业务，不得向公众分发、公布基金宣传推介材料或者发售基金份额。

23. 答案与解析 √

24. 答案与解析 ×

保险兼业代理人从事保险代理业务，不得代理再保险业务和兼做保险经纪业务。

25. 答案与解析 ×

保险公司不得以任何名义、任何形式向代理机构、网点或经办人员支付合作协议规定的手续费之外的其他任何费用，包括业务推动费以及以业务竞赛或激励名义给予的其他利益。

26. 答案与解析 √

27. 答案与解析 √

28. 答案与解析 √

29. 答案与解析 √

30. 答案与解析 ×

手持外币现钞汇出，当日累计等值一万美元以下(含)的，凭本人有效身份证件办理。

第8章

个人理财业务管理

商业银行应建立健全的个人理财业务管理体系，明确个人理财业务的管理部门，明确相关部门和人员的责任。本章首先对商业银行个人理财业务管理的合规性管理进行了总结，在此基础上对商业银行个人理财资金使用管理和个人理财业务流程管理进行了介绍，使读者能够对个人理财业务管理有个基本了解。

第1节 个人理财业务合规性管理

考点1 开展个人理财业务的基本条件

1. 商业银行开展需要批准的个人理财业务应具备的条件

(1) 具有相应的风险管理体系和内部控制制度；

(2) 有具备开展相关业务工作经验和知识的高级管理人员、从业人员；

(3) 具备有效的市场风险识别、计量、监测和控制体系；

(4) 信誉良好，近两年内未发生损害客户利益的重大事件；

(5) 中国银行业监督管理委员会规定的其他审慎性条件。

2. 关于机构设置与业务申报材料

(1) 商业银行应建立健全个人理财业务管理体系，明确个人理财业务的管理部门，针对理财顾问服务和综合理财服务的不同特点，分别制定理财顾问服务和综合理财服务的管理规章制度，明确相关部门和人员的责任。

(2) 商业银行申请需要批准的个人理财业务，应向中国银行业监督管理委员会报送以下材料(一式三份)：①由商业银行负责人签署的申请书；②拟申请业务介绍，包括业务性质、目标客户群以及相关分析预测；③业务实施方案，包括拟申请业务的管理体系、主要风险及拟采取的管理措施等；④商业银行内部相关部门的审核意见；⑤中国银行业监督管理委员会要求的其他文件和资料。

(3) 商业银行开展其他不需要审批的个人理财业务，应将以下资料按照相关规定及时向中国行业监督管理委员会或其派出机构报告：①理财计划拟销售的客户群，以及相关分析说明；②理财计划拟销售的规模、资金成本与收益测算，以及相关计算说明；③拟销售理财计划的对外介绍材料和宣传材料；④中国银行业监督委员会要求的其他材料。

3. 关于业务制度建设的要求

商业银行应建立健全个人理财业务管理体系，明确个人理财业务管理部门，针对理财顾问服务和综合理财服务的不同特点，分别制定理财顾问服务和综合理财服务的管理规章制度，明确相关部门和人员的责任。

4. 关于理财业务人员的要求

(1) 资格要求：了解相关法律法规，遵守职业道德标准，掌握产品特征和市场信息，具备学历水平、工作经验、行业资格及其他资格条件；

(2) 教育培训要求：保证个人理财业务人员每年的培训时间不少于二十小时；

(3) 考核要求：中国银行业监督管理委员会组织、指导个人理财业务人员的从业培训和考核。

例题1 商业银行申请开展个人理财业务，应当向中国银监会报送的材料应包括( )。(多项选择题)

A. 有商业银行负责人签署的申请书　　　　B. 拟申请业务介绍

C. 业务实施方案　　　　　　　　　　　　D. 商业银行内部相关部门的审核意见

E. 中国银监会要求的其他文件和资料

答案 ABCDE

解析 需报送的材料包括：①由商业银行负责人签署的申请书；②拟申请业务介绍，包括业务性质、目标客户群以及相关分析预测；③业务实施方案，包括拟申请业务的管理体系、主要风险及拟采取的管理措施等；④商业银行内部相关部门的审核意见；⑤中国银行业监督管理委员会要求的其他文件和资料。

例题2 商业银行的分支机构开展相关个人理财业务之前，应持其总行(地区总部等)的授权文件，按照有关规定，向所在地中国人民银行派出机构报告。( )(判断题)

答案 ×

解析 商业银行的分支机构开展相关个人理财业务之前，应持其总行(地区总部等)的授权文件，向所在地中国银监会派出机构报告。

例题3 个人理财业务人员的从业培训和考核由( )组织和指导。(单项选择题)

A. 中国证券业监督管理委员会　　　　　　B. 中国银行业监督管理委员会

C. 中国保险业监督管理委员会　　　　　　D. 国务院办公厅

答案 B

解析 中国银行业监督管理委员会组织、指导个人理财业务人员的从业培训和考核。

例题4 商业银行开展需要批准的个人理财业务需要相关从业人员具备的资格不包括( )。(单项选择题)

A. 掌握所推介产品的特征   B. 具备相应的学历水平和工作经验

C. 具备相关监管部门要求的行业资格   D. 具备国家理财规划师资格

答案 D

解析 商业银行个人理财业务人员应符合以下资格要求：①对个人理财业务活动相关法律法规、行政规章和监管要求等，有充分的了解和认识；②遵守监管部门和商业银行制定的个人理财业务人员职业道德标准或守则；③掌握所推介产品或向客户提供咨询顾问意见所涉及产品的特性，并对有关产品市场有所认识和理解；④具备相应的学历水平和工作经验；⑤具备相关监管部门要求的行业资格；⑥具备中国银行业监督管理委员会要求的其他资格条件。

考点2　开展个人理财业务的政策限制

1. 关于个人理财业务的政策监管

(1) 商业银行开展个人理财业务，应进行严格的合规性审查，准确界定个人理财业务所包含的各种法律关系，明确可能涉及的法律和政策问题，研究制定相应的解决办法，切实防范法律风险。

(2) 商业银行利用理财顾问服务向客户推介投资产品时，应了解客户的情况，提供合适的投资产品，并解释相关投资工具的运作市场及方式，揭示相关风险。

(3) 商业银行开展个人理财业务，在进行相关市场风险管理时，应对利率和汇率等主要金融政策的改革与调整进行充分的压力测试，评估可能对银行经营活动产生的影响，制定相应的风险处置和应急预案。

(4) 商业银行应当制订个人理财业务应急计划，并纳入商业银行整体业务应急计划体系之中。

(5) 商业银行开展个人理财业务，可根据相关规定向客户收取适当的费用，收费标准和收费方式应在与客户签订的合同中明示。

(6) 商业银行开展个人理财业务，涉及金融衍生品交易和外汇管理规定的，应按照有关规定获得相应的经营资格。

(7) 商业银行开展个人理财服务，发现客户有涉嫌洗钱、恶意逃避税收管理等违法违规行为的，应按照国家有关规定及时向相关部门报告。

2. 关于理财产品(计划)的政策监管

(1) 商业银行销售的理财计划中包括结构性存款产品的，其结构性存款产品应将基础资产与衍生交易部分相分离，基础资产应按照储蓄存款业务管理，衍生交易部分应按照金融衍生品业务管理。

(2) 商业银行不得将一般储蓄存款产品单独当做理财计划销售，或者将理财计划与本行储蓄存款进行强制性搭配销售。

(3) 保证收益理财计划或相关产品中高于同期储蓄存款利率的保证收益，应是对客户有附加条件的保证收益。

(4) 商业银行向客户承诺保证收益的附加条件，可以是对理财计划期限调整、币种转换等权利，也可以是对最终支付货币和工具的选择权利等。

(5) 商业银行应根据理财计划或相关产品的风险状况，设置适当的期限和销售起点金额。

(6) 商业银行应对理财计划的资金成本与收益进行独立测算，采用科学合理的测算方式预测理财投资组合的收益率。

(7) 商业银行理财计划的宣传和介绍材料，应包含对产品风险的揭示。

(8) 商业银行应对理财计划设置市场风险监测指标，建立有效的市场风险识别、计量、监测和控制体系。

3. 关于对个人理财业务的检查监管

(1) 中国银行业监督管理委员会及其派出机构可以根据个人理财业务发展与监管的实际需要，按照相应的监管权限，组织相关调查和检查活动。

(2) 商业银行应按季度对个人理财业务进行统计分析，并于下一个季度的第一个月内，将有关统计分析报告(一式三份)报送中国银行业监督管理委员会。

(3) 商业银行对个人理财业务的季度统计分析报告，应至少包括以下内容：①当期开展的所有个人理财业务简介及相关统计数据；②当期推出的理财计划简介，理财计划的相关合同、内部法律审查意见、管理模式(包括会计核算和税务处理方式等)、销售预测及当期销售和投资情况；③相关风险监测与控制情况；④当期理财计划的收益分配和终止情况；⑤涉及的法律诉讼情况；⑥其他重大事项。

(4) 商业银行应在每一会计年度终了编制本年度个人理财业务报告。年度报告和相关报表(一式三份)，应于下一年度的2月底前报中国银行业监督管理委员会。

例题5 下列商业银行销售管理理财产品(计划)的做法，不正确的是(   )。(单项选择题)

A. 向客户推介投资产品服务前，首先调查了解客户，评估客户是否适合购买所推介的产品

B. 客户评估报告认为某一客户不适宜购买某一产品或计划，但客户仍然要求购买的，商业银行应制定专门的文件，列明商业银行的意见、客户的意愿和其他的必要说明事项，双方签字认可

C. 向客户说明相关投资风险时，使用通俗易懂的语言，配以必要的示例，说明最不利的投资情形和投资结果

D. 主动向无相关交易经验的客户推介或销售与衍生交易相关的投资产品

答案 D

解析 对于市场风险较大的投资产品，商业银行不应主动向无相关交易经验或评估不适宜购买该产品的客户推介或销售该产品。

例题6 下列符合监管当局对个人理财业务的规定有(   )。(多项选择题)

A. 商业银行不得从事证券信托业务

B. 商业银行不得使用电子银行销售风险较高的理财产品

C. 商业银行在开展有关理财业务时可以未经许可使用信托权利

D. 商业银行应明确个人理财业务人员与一般产品销售人员的工作界限，禁止一般产品销售人员向客户提供咨询顾问意见、销售理财计划和产品

E. 客户在办理一般业务时，若需理财服务，一般产品销售和服务人员应将客户移交理财业务人员

答案 ABDE

解析 根据《商业银行个人理财业务管理暂行办法》和《商业银行个人理财业务风险管理指引》的规定可知，ABDE项是符合监管规定的。商业银行在开展有关理财业务时未经许可不可以使用信托权利，因此选项C的说法错误。

考点3 开展个人理财业务的法律责任

1. 关于违规业务的规定

(1) 商业银行开展个人理财业务有下列情形之一的，银行业监督管理机构可依据《银行业监督管理法》第四十七条的规定和《金融违法行为处罚办法》的相关规定对直接负责的董事、高级管理人员和其他直接责任人员进行处理，构成犯罪的，依法追究刑事责任：

① 违规开展个人理财业务造成银行或客户重大经济损失的；

② 未建立相关风险管理制度和管理体系，或虽建立了相关制度但未实际落实风险评估、监测与管控措施，造成银行重大损失的；

③ 泄露或不当使用客户个人资料和交易信息记录造成严重后果的；

④ 利用个人理财业务从事洗钱、逃税等违法犯罪活动的；

⑤ 挪用单独管理的客户资产的。

(2) 商业银行开展个人理财业务有下列情形之一的，由银行业监督管理机构依据《银行业监督管理法》的规定实施处罚：

① 违反规定销售未经批准的理财计划或产品的；

② 将一般储蓄存款产品作为理财计划销售并违反国家利率管理政策，进行变相高息揽储的；

③ 提供虚假的成本收益分析报告或风险收益预测数据的；

④ 未按规定进行风险揭示和信息披露的；

⑤ 未按规定进行客户评估的。

(3) 商业银行开展个人理财业务有下列情形之一，并造成客户经济损失的，应按照有关法律规定或者合同的约定承担责任：

① 商业银行未保存有关客户评估记录和相关资料，不能证明理财计划或产品的销售是符合客户利益原则的；

② 商业银行未按客户指令进行操作，或者未保存相关证明文件的；

③ 不具备理财业务人员资格的业务人员向客户提供理财顾问服务、销售理财计划或产品的。

2. 关于违规处罚的规定

(1) 商业银行开展个人理财业务的其他违法违规行为，由银行业监督管理机构依据相应的法律法规予以处罚。

(2) 商业银行违反审慎经营规则开展个人理财业务，或利用个人理财业务进行不公平竞争的，银行业监督管理机构应依据有关法律法规责令其限期改正；逾期未改正的，银行业监督管理机构依据有关法律法规可以采取下列措施：

① 暂停商业银行销售新的理财计划或产品；

② 建议商业银行调整个人理财业务管理部门负责人；

③ 建议商业银行调整相关风险管理部门、内部审计部门负责人。

(3) 对于商业银行违反个人理财业务投资管理规定的，监管部门将依据《银行业监督管理法》的有关规定，追究发售银行高级管理层、理财业务管理部门及相关风险管理部门、内部审计部门负责人的相关责任，暂停该机构发售新的理财产品。

例题7 商业银行开展个人理财业务有下列( )情形之一的，中国银监会可以依据相关规定对直接负责的董事、高级管理人员和其他直接责任人员进行处理，构成犯罪的，依法追究刑事责任。(多项选择题)

A. 违规开展个人理财业务造成银行或客户重大经济损失的

B. 泄露或不当使用客户个人资料和交易信息记录造成严重后果的

C. 挪用单独管理的客户资产的

D. 违反规定销售未经批准的理财计划或产品的

E. 将一般储蓄存款产品作为理财计划销售并违反国家利率管理政策，进行变相高息揽储的

答案 ABC

解析 根据《商业银行个人理财业务管理暂行办法》第六十一条和第六十二条规定可知，中国银监会可依据《银行业监督管理法》第四十七条的规定和《金融违法行为处罚办法》的相关规定对直接负责的董事、高级管理人员和其他直接责任人员进行处理，构成犯罪的，依法追究刑事责任。包括：①违规开展个人理财业务造成银行或客户重大经济损失的；②为建立相关风险管理制度和管理体系，或虽建立了相关制度但未实际落实风险评估、监测与监控措施，造成银行重大损失的；③泄露或不当使用客户个人资料和交易信息记录造成严重后果的；④利用个人理财业务从事洗钱、逃税等违法犯罪活动的；⑤挪用单独管理的客户资产的。

例题8 对于行业金融机构违反审慎经营规则且逾期未改正的，监管机构可以对其采取的措施不包括( )。(单项选择题)

A. 责令暂停部分业务 B. 限制分配红利和其他收入

C. 限制发放员工工资 D. 限制资产转让

答案 C

解析 《商业银行个人理财业务管理暂行办法》法律责任中的第六十三条。

例题9 商业银行开展个人理财业务的其他违法违规行为，由证券业监督管理机构依据相应的法律法规予以处罚。( )(判断题)

答案 ×

解析 商业银行开展个人理财业务的其他违法违规行为，由银行业监督管理机构依据相应的法律法规予以处罚。

第2节 个人理财资金使用管理

考点4 《商业银行个人理财业务管理暂行办法》有关商业银行个人理财资金使用的规定

(1) 商业银行销售理财计划汇集的理财资金，应按照理财合同的约定管理和使用。

(2) 在理财计划的存续期内，商业银行应向客户提供其所持有的所有相关资产的账单，账单应列明资产变动、收入和费用、期末资产估值等情况。

(3) 商业银行应按季度准备理财计划各投资工具的财务报表、市场表现情况及相关材料，客户有权查询或要求商业银行向其提供上述信息。

(4) 商业银行应在理财计划终止时，或理财计划投资收益分配时，向客户提供理财计划投资、收益的详细情况报告。

(5) 商业银行应根据个人理财业务的性质，按照国家有关法律法规的规定，采用适宜的会计核算和税务处理方法。

例题10 商业银行应在每一会计年度终了编制本年度个人理财业务报告，年度报告应包括(　　)。(多项选择题)

A. 理财计划的销售情况

B. 理财计划的投资情况

C. 理财计划的风险监督与控制情况

D. 理财计划的收益分配情况

E. 理财业务的综合收益情况

答案　ABDE

解析　理财计划的风险监督与控制情况是商业银行对个人理财业务的季度统计分析报告中的内容。

考点5　《关于进一步规范商业银行个人理财业务投资管理有关问题的通知》有关商业银行个人理财业务资金的使用规定

提出要保障理财资金投资管理的合规性和有效性，并要求商业银行在充分分析宏观经济与金融市场的基础上，确定理财资金的投资范围和投资比例，合理进行资产配置，分散投资风险；要求商业银行坚持审慎、稳健的原则对理财资金进行投资管理，不得投资于可能造成本金重大损失的高风险金融产品，以及结构过于复杂的金融产品。

例题11　商业银行违反审慎经营原则开展个人理财业务，或利用个人理财业务进行不公平竞争的，银行业监督管理机构应依据有关法律法规责令其限期修改；逾期未改正的，银行业监督管理机构依据有关法律法规可以采取(　　)措施。(多项选择题)

A. 暂停商业银行销售新的理财计划或产品

B. 建议商业银行调整主管理财业务的负责人

C. 建议商业银行调整个人理财业务管理部门负责人

D. 建议商业银行调整相关风险管理部门负责人

E. 建议商业银行调整相关内部审计部门负责人

答案　ACDE

解析　《商业银行个人理财业务管理暂行办法》第六十四条规定，商业银行违反审慎经营规则开展个人理财业务，或利用个人理财业务进行不公平竞争的，银行业监督管理机构应依据有关法律法规责令其限期改正；逾期未改正的，银行业监督管理机构依据有关法律法规可以采取下列措施：①暂停商业银行销售新的理财计划或产品；②建议商业银行调整个人理财业务管理部门负责人；③建议商业银行调整相关风险管理部门、内部审计部门负责人。故，ACDE项正确。

例题12 商业银行应按( )准备理财计划中各投资工具的财务报表、市场表现情况及相关材料，相关客户有权查询或要求商业银行向其提供上述信息。(单项选择题)

A. 月份　　　　　　B. 季度　　　　　　C. 年份　　　　　　D. 日期

答案 B

解析 《商业银行个人理财业务管理暂行办法》第二十九条：商业银行应按季度准备理财计划各投资工具的财务报表、市场表现情况及相关材料，相关客户有权查询或要求商业银行向其提供上述信息。

考点6 《关于进一步规范银信合作有关事项的通知》有关商业银行个人理财业务资金的使用规定

(1) 商业银行应在向信托公司出售信贷资产、票据资产等资产后的十个工作日内，书面通知债务人资产转让事宜，保证信托公司真实持有上述资产。

(2) 商业银行应在向信托公司出售信贷资产、票据资产等资产后的十五个工作日内，将上述资产的全套原始权利证明文件或者加盖商业银行有效印章的上述文件复印件移交给信托公司，并在此基础上办理抵押品权属的重新确认和让渡。

(3) 银信合作理财产品不得投资于理财产品发行银行自身的信贷资产或票据资产。

第3节 个人理财业务流程管理

考点7 业务人员管理

1. 商业银行应当根据有关规定建立健全个人理财业务人员资格考核与认定、继续培训、跟踪评价等管理制度，保证相关业务人员具备必要的专业知识、行业经验和管理能力，充分了解所从事业务的有关法律法规和监管规章，理解所推介产品的风险特性，遵守职业道德。

2. 商业银行应配备与开展的个人理财业务相适应的理财业务人员，保证个人理财业务人员每年的培训时间不少于20小时。

3. 商业银行应当明确个人理财业务人员与一般产品销售和服务人员的工作范围界限，禁止一般产品销售人员向投资者提供理财投资咨询顾问意见、销售理财计划。

4. 商业银行从事财务规划、投资顾问和产品推介等个人理财顾问服务活动的业务人员，以及相关协助人员，应了解所销售的银行产品、代理销售产品的性质、风险收益状况及市场发展情况。

5. 商业银行应建立理财从业人员持证上岗管理制度，完善理财业务人员的处罚和退出机制，加强对理财业务人员的持续专业培训和职业操守教育，要建立问责制，对发生多次或较严重误导销售的业务人员，及时取消其相关从业资格，并追究管理负责人的责任。

> **例题13** 一般产品销售人员也可以向投资者提供理财投资咨询顾问意见、销售理财计划 (   )。(判断题)
>
> **答案** ×
>
> **解析** 商业银行应当明确个人理财业务人员与一般产品销售和服务人员的工作范围界限，禁止一般产品销售人员向投资者提供理财投资咨询顾问意见、销售理财计划。

考点8 客户需求调查

商业银行一般会根据客户的资产规模对客户进行分层，在此基础上针对不同的目标客户群的需求进行调查，以此结果为依据开发理财产品。

商业银行调查的信息包括：①客户群对理财产品收益率的要求；②客户群对理财产品流动性的要求；③客户群风险整体承受能力；④客户群对理财产品需求规模的预估等。

考点9 理财产品开发

1. 目标

满足客户理财需求；增加业务收入，改善业务结构；扩大客户基础，提升客户质量；增强业务影响，树立品牌形象。

2. 原则

商业银行应本着符合客户利益和风险承受能力的原则，审慎、合规地开发设计理财产品。

3. 管理

(1) 商业银行研发新的投资产品，应当制定产品开发审批程序与规范，在进行任何新的投资产品开发之前，都应当就产品开发的背景、可行性、拟销售的潜在目标客户群等进行分析，并报董事会或高级管理层批准。

(2) 商业银行根据理财业务发展需要研发的新投资产品的介绍和宣传材料，应当按照内部管理有关规定经相关部门审核批准。

(3) 新产品的开发应当编制产品开发报告，并经各相关部门审核签字。

(4) 商业银行应当建立新产品风险的跟踪评估制度，在新产品推出后，对新产品的风险状况进行定期评估。

> **例题14** 开发新的理财产品应当编制产品开发报告，产品开发报告应包括(   )。(多项选择题)
>
> A. 产品的定义、性质与特征　　　　　　B. 对新产品的风险状况进行定期评估
>
> C. 主要风险测算和控制方法　　　　　　D. 风险限额
>
> E. 会计核算与财务管理方法
>
> **答案** ACDE
>
> **解析** 产品开发报告应详细说明新产品的定义、性质与特征，目标客户及销售方式，主要风险及其测算和控制方法，风险限额，风险控制部门对相关风险的管理权力与责任，会计核算与财务管理方法，后续服务，应急计划等。

考点10 理财产品销售

1. 原则

(1) 应当遵循诚实守信、勤勉尽责、如实告知原则;

(2) 应当遵循公平、公开、公正原则,充分揭示风险,保护客户合法权益,不得对客户进行误导销售;

(3) 应当进行合规性审查,准确界定销售活动包含的法律关系,防范合规风险;

(4) 应当做到成本可算、风险可控、信息充分披露;

(5) 应当遵循风险匹配原则;

(6) 商业银行销售理财产品,应当加强客户风险提示和投资者教育。

2. 流程

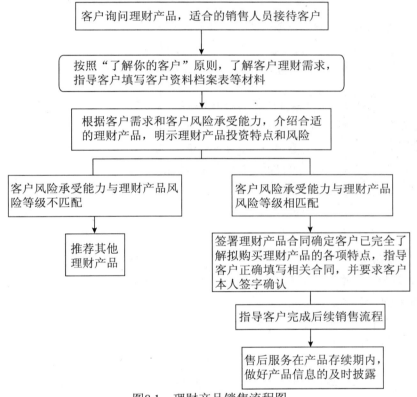

图8.1 理财产品销售流程图

3. 管理

(1) 商业银行开展个人理财业务涉及代理销售其他金融机构的投资产品时,应对产品提供者的信用状况、经营管理能力、市场投资能力和风险处置能力等进行评估,并明确界定双方的权利与义务,划分相关风险的承担责任和转移方式。

(2) 商业银行应要求提供代销产品的金融机构提供详细的产品介绍、相关的市场分析报告和风险收益测算报告。

(3) 商业银行提供的理财产品组合中如包括代理销售产品,应对所代理的产品进行充分的分析,对相关产品的风险收益预测数据进行必要的验证。商业银行应根据产品提供者提供的有关材料和对产品的分析情况，按照审慎原则重新编写有关产品介绍材料和宣传材料。

(4) 商业银行个人理财业务部门销售商业银行自有产品时，应当要求产品开发部门提供产品介绍材料和宣传材料。个人理财业务部门认为有必要对以上材料进行重新编写时，应注意所编写的相关材料应与自有产品介绍和宣传材料保持一致。

(5) 商业银行在编写有关产品介绍和宣传材料时，应进行充分的风险揭示，提供必要的举例说明，并根据有关管理规定将需要报告的材料及时向中国银行业监督管理委员会报告。

例题15 商业银行开展个人理财业务涉及代理销售其他金融机构的投资产品，应对产品提供者的( )进行评估。(多项选择题)

A. 信用状况　　　　B. 经营管理能力　　　C. 市场投资能力

D. 市场占有率　　　E. 风险处置能力

答案 ABCE

解析 商业银行开展个人理财业务涉及代理销售其他金融机构的投资产品时，应对产品提供者的信用状况、经营管理能力、市场投资能力和风险处置能力等进行评估，并明确界定双方的权利与义务，划分相关风险的承担责任和转移方式。

例题16 商业银行代理销售其他金融机构的理财产品应采取的措施，不包括( )。(单项选择题)

A. 要求代销产品的金融机构提供详细的产品介绍和风险收益测算报告

B. 对相关产品的风险收益测算数据进行必要的验证

C. 要求代销产品的金融机构对产品的销售利润有分析预计

D. 重新编写有关产品介绍材料和宣传材料

答案 C

解析 商业银行开展个人理财业务涉及代理销售其他金融机构的投资产品时，应对产品提供者的信用状况、经营管理能力、市场投资能力和风险处置能力等进行评估，并明确界定双方的权利和义务，划分相关风险的承担责任和转移方式。应要求提供代销产品的金融机构提供详细的产品介绍、相关的市场报告分析和风险收益测算报告。并且对所代理的产品进行充分的分析，对相关产品的风险收益预测数据进行必要的验证。同时，商业银行应根据产品提供者提供的有关材料和对产品的分析情况，按照审慎原则重新编写有关产品介绍材料和宣传材料。综上所述，ABD项均正确。所以，正确答案是C。

例题17 客户在办理一般产品业务时，如需要银行提供相关个人理财顾问服务，一般产品销售和服务人员应( )。(单项选择题)

A. 尽可能解答，不熟悉的部分询问理财业务人员

B. 主动为客户解答

C. 将客户移交理财业务人员

D. 拒绝客户的提问

答案 C

解析 《商业银行个人理财业务风险管理指引》第二十条规定，商业银行应当明确个人理财业务人员与一般产品销售和服务人员的工作范围界限，禁止一般产品销售人员向客户提供理财投资咨询顾问意见。

考点11　理财业务其他管理

1. 组织结构
2. 绩效管理
3. 渠道管理
4. 产品开发策略
5. 客户关系管理

第4节　同步强化训练

一、单项选择题

1. 商业银行开展个人理财业务应经(　　)批准同意，并接受其监督管理。

A. 中国人民银行　　　　　B. 中国银行业协会　　C. 国务院　　　　　D. 银监会

2. 信誉良好，近(　　)内未发生损害客户利益的重大事件的商业银行，可以向银监会申请开展需批准的个人理财业务。

A. 三年　　　　　　　　　B. 二年　　　　　　　C. 一年　　　　　　D. 半年

3. 外资独资银行及其分行开办需要批准的个人理财业务，应按照有关外资银行业务审批程序的规定，报(　　)审批。

A. 中国人民银行　　　　　　　　　　　B. 中国银监会

C. 中国证监会　　　　　　　　　　　　D. 国家外汇管理局

4. 银监会通过实行(　　)，对我国商业银行开展个人理财业务进行监督管理。

A. 审批制和报告制　　　　　　　　　　B. 注册制和报告制

C. 审批制和注册制　　　　　　　　　　D. 等级制和报告制

5. 商业银行分支机构要开展相关个人理财业务之前，应持其总行的授权文件，按照有关规定，向(　　)。

A. 所在地银监会派出机构报告　　　　　B. 所在地银监会派出机构备案

C. 所在地中国人民银行分行报告　　　　D. 所在地中国人民银行分行备案

6. 在理财产品(计划)的存续期内，商业银行应向客户提供其所有相关资产的账单，账单提供应不少于两次，并且至少(　　)提供一次。

A. 每月　　　　　　　　　B. 每季度　　　　　　C. 每半年　　　　　D. 每年

7. 保证收益理财产品对客户是有附加条件的，商业银行不可以采取的附加条件是(　　)。

A. 与本行储蓄存款进行搭配销售　　　　B. 对理财计划期限作出调整

C. 对理财计划的币种进行转换　　　　　D. 选择最终支付货币和工具

8. 商业银行应按(　　)对个人理财业务进行统计分析，并在规定日期内将有关统计分析报告报送银监会。

A. 月度　　　　　　　　　B. 季度　　　　　　　C. 半年度　　　　　D. 年度

9. 商业银行应按季度对个人理财业务进行统计分析，并于下一季度的(   )内，将有关分析报告报送中国银行业监督委员会。

A. 第一周

B. 第一个月前10日

C. 第一个月前20日

D. 第一个月

10. 商业银行应在每一会计年度终了编制本年度个人理财业务报告。年度报告和相关报表应于下一年度的(   )前报中国银行业监督管理委员会。

A. 1月底   B. 2月底   C. 3月底   D. 4月底

11. 理财计划中的结构性存款具有衍生产品的性质，其管理方式应当是(   )。

A. 按照储蓄存款管理

B. 按照金融衍生产品业务管理

C. 基础资产应按照储蓄存款业务管理，衍生交易部分应按照金融衍生产品业务管理

D. 以上说法都有误

12. 商业银行下列做法正确的是(   )。

A. 将一般储蓄存款产品单独当作理财计划销售

B. 将理财计划与本行储蓄存款进行强制性搭配销售

C. 无条件向客户承诺高于同期储蓄存款利率的保证收益率

D. 将结构性储蓄产品中的基础资产与衍生交易部分相分离

13. 商业银行下列做法不正确的是(   )。

A. 销售不能独立测算的理财计划

B. 设置理财计划的期限和销售起点金额

C. 对理财计划的资金成本与收益进行独立测算

D. 提供非保证收益理财计划预期收益率的测算数据

14. 下列关于个人理财产品的基本要求，不正确的是(   )。

A. 理财产品的名称应恰当反映产品属性

B. 理财产品的设计应强调合理性

C. 理财产品的风险提示应充分、清晰和准确

D. 理财产品的期限根据市场的变化情况临时决定

15. 商业银行最迟应在销售理财计划前(   )日，将相关材料按照有关业务报告的程序规定报送中国银行业监督管理委员会或其派出机构。

A. 5   B. 8   C. 15   D. 10

16. 按照理财顾问业务的客户管理要求，对客户实行分层管理的内容不包括(   )。

A. 根据不同种类个人理财顾问业务的特点，以及客户的经济状况、风险认知能力和风险承受能力，对客户进行分层，防止错误销售，以免损害客户利益

B. 商业银行在客户分层的基础上，结合不同理财顾问业务类型的特点，确定向不同的客户提供理财顾问服务的通道

C. 商业银行在充分认识到不同层次客户、不同类型业务、不同服务渠道所面临的主要风险后，制定相应的具有针对性的业务管理制度

D. 商业银行应建立个人理财顾问业务的跟踪调查制度，定期对客户的分层进行重新评估分析，避免不

当销售

17. 下列关于商业银行销售综合理财产品的要求的说法，不正确的是(　　)。

A. 建立销售理财产品的分级审核批准制度

B. 采用至少包含止损限额的多重指标管理市场风险限额

C. 设置不低于五万元人民币的销售起点金额

D. 建立必要的委托投资跟踪审计制度

18. 下列行为不符合商业银行审慎经营原则的是(　　)。

A. 商业银行在涉及个人理财产品、开展涉及代理其他金融机构的投资产品时要充分考虑客户的利益和风险承受能力

B. 商业银行在向客户销售有关产品时，应了解客户的风险偏好、风险认知能力，评估客户财务状况，替客户选择合适的投资产品

C. 区分一般性业务咨询活动与顾问服务，防止误导客户和不当销售

D. 商业银行根据要求代销金融机构提供的材料，按照审慎经营的原则重新编写有关产品的介绍材料

19. 《商业银行个人理财业务管理暂行办法》规定，商业银行开展个人理财业务有下列情形，并造成客户经济损失的，应按照有关法律规定或者合同的约定承担责任，但不包括(　　)。

A. 商业银行未保存有关客户评估记录和相关资料

B. 商业银行未按客户指令进行操作

C. 不具备理财业务人员资格的业务人员向客户提供理财顾问服务、销售理财产品的

D. 挪用单独管理的客户资产的

二、多项选择题

1. 商业银行开展个人理财业务的必备条件包括(　　)。

A. 机构建设，建立健全个人理财业务管理体系，明确个人理财业务的管理部门及相关部门和人员的责任

B. 制度建设，分别制定理财顾问和综合理财服务的管理规章制度

C. 人员要求，建立健全个人理财业务人员资格考核与认定、继续培训、跟踪评价等管理制度

D. 技术保障，具备与管控个人理财业务风险相适应的技术支持系统和后台保障能力

E. 个人理财资金的使用和核算管理

2. 按照规定，商业银行开展(　　)个人理财业务，应向中国银监会申请批准。

A. 保证固定收益性理财计划　　　　　　　　B. 保证最低收益理财计划

C. 保本浮动收益性理财计划　　　　　　　　D. 非保本浮动收益理财计划

E. 为开展个人理财业务而设计的具有保证收益性质的投资产品

3. 商业银行在综合理财服务活动中，可以向特定目标客户销售理财计划，下列关于保证收益理财产品(计划)的说法正确的有(　　)。

A. 保证收益理财计划要求商业银行按照约定条件向客户承诺支付固定收益

B. 商业银行可以无条件向客户承诺高于同期存款利率的保证收益率

C. 商业银行推出保证收益理财产品时，可以承诺除保证收益外还可以获得收益

D. 商业银行不能将保证收益理财计划转化成准储蓄存款产品

E. 商业银行必须建立和完善严格的风险管理制度，将保证收益的风险控制在一个适宜水平

4. 商业银行理财产品的开发利用应当编制产品开发报告，并经各相关部门审核签字。产品开发报告的内容要详细，包括(　　)等。

A. 新产品的定义、性质与特征 　　　　B. 目标客户及销售方式

C. 主要风险与测算和控制方法 　　　　D. 新产品的介绍宣传材料

E. 风险限额

5. 理财产品的销售管理包括(　　)。

A. 商业银行应先调查客户的财产状况、投资经验、投资目的以及相关风险的认知和承受能力，评估客户是否适合购买所推介的产品，将评估意见告知客户双方签字

B. 客户评估报告认为某一客户不适宜购买某一产品时，但客户坚持要求购买的，商业银行应尊重客户意愿，无须列明商业银行的意见

C. 商业银行应主动向未进行过衍生金融产品交易的客户推荐销售此类产品

D. 商业银行应向有意购买产品的客户当面说明有关产品的投资风险和风险管理的基本常识

E. 商业银行应用通俗易懂的语言说明相关产品的投资风险，配以必要的示例，说明最有利的投资情形

6. 可以采用多样化方式对(　　)进行调查。

A. 商业银行从事产品咨询、财务规划或投资顾问服务业务人员的专业胜任能力、操守情况

B. 商业银行从事产品咨询、财务规划或投资顾问服务对投资者的保护情况

C. 商业银行接受客户的委托和授权，按照与客户事先约定的投资计划和方式进行资产管理的业务活动，客户授权的充分性和合规性，操作程序的规范性，以及客户资产保管人员和账户操作人员职责的分离情况等

D. 商业银行销售和管理理财计划过程中对投资人的保护情况

E. 商业银行销售和管理理财计划过程中对相关产品风险的控制情况

7. 关于规范理财顾问服务业务操作程序的表述，正确的是(　　)。

A. 应区分理财顾问服务与一般性业务咨询活动

B. 必要时，一般产品销售和服务人员可以协助理财人员向客户提供理财顾问意见

C. 在理财顾问服务中，商业银行向客户提供财务分析与规划，发挥客户理财顾问的作用

D. 在理财顾问服务中，客户投资决策在某种程度上会受到商业银行个人理财业务人员的影响

E. 在理财顾问服务中，商业银行不为顾客提供投资建议，主要是解答业务的服务办法

8. 关于规范综合理财服务业务操作程序的表述中，正确的是(　　)。

A. 商业银行应建立健全综合理财服务的内部监督部门和审计部门，独立于理财产品的运营部门，适时对理财产品的运营情况进行监督检查和审计，并向董事会汇报

B. 商业银行应综合分析所销售的投资产品可能对客户造成的影响，确定不同投资产品的最高销售额

C. 商业银行应充分、清晰、准确地提示综合理财服务和理财产品的风险

D. 商业银行应采用多重指标管理市场限额

E. 商业银行个人理财顾问人员应根据本行理财发展策略、资本实力、管理能力等，慎重研究决定商业银行是否销售以及销售哪些类型的理财计划

三、判断题

1. 中国银行业协会是国家商业银行个人理财业务的监督管理部门。(　　)

2. 理财产品(计划)的监督管理采取审批制和报告制，报告制度就是中国银监会要按规定将个人理财业务的结果报送中国人民银行。(　　)

3. 报告制度就是商业银行要按规定将个人理财业务的结果报送银监会。(　　)

4. 在我国，商业银行开展需要审批的个人理财业务应具备以下条件：具有相应的风险管理体系和内部控制制度；有具备开展相关业务工作经验和知识的高级管理人员、从业人员；具备有效的市场风险识别、计量、监测和控制体系；信誉良好，近两年内未发生损害客户利益的重大事件；中国银行业监督管理委员会规定的其他审慎性条件。(　　)

5. 某银行近期推出一款新的保本浮动收益理财计划，张先生主动要求了解，银行理财顾问向客户当面说明了产品的投资风险和风险管理的基本知识，张先生购买这款产品时，银行以书面形式确认是客户主动要求了解和购买的。(　　)

6. 外资银行分支机构可以根据其总行或地区总部等的授权开展相应的个人理财业务。(　　)

7. 中资商业银行的分支机构可以根据其总行的授权开展相应的个人理财业务。(　　)

8. 中资商业银行(包括城市商业银行、农村商业银行)开办需要批准的个人理财业务，应由其法人统一向中国银行业监督管理委员会申请，报中国银行业监督管理委员会审批。(　　)

9. 根据《商业银行个人理财业务管理暂行办法》的规定，目前商业银行开展各种个人理财业务，应向中国人民银行申请批准。(　　)

10. 为开展个人理财业务而设计的具有保证收益性质的新的投资性产品，应当向中国银监会申请批准。(　　)

11. 保证收益理财产品(计划)中高于同期储蓄存款利率的保证收益，是银行为了使客户的利益达到最大化，无条件地保证收益。(　　)

12. 商业银行销售的理财计划中包括结构性存款产品的，其结构性存款产品应将基础资产与衍生交易部分相分离，基础资产应按照储蓄存款业务管理，衍生交易部分应按照中间业务管理。(　　)

13. 商业银行应对理财顾问服务和综合理财服务制定相同的管理规章制度。(　　)

答案与解析

一、单项选择题

1. 答案与解析　D

银监会是负责监督管理商业银行的部门。中国人民银行负责制定货币政策、发行货币和代理全国商业银行间的结算业务。国务院不直接监管商业银行。

2. 答案与解析　B

《商业银行个人理财业务管理暂行办法》第四十八条规定：信誉良好，近两年内未发生损害客户利益的重大事件的商业银行，可以向银监会申请开展需批准的个人理财业务。

3. 答案与解析 B

外资独资银行及其分行开办需要批准的个人理财业务，应按照有关外资银行业务审批程序的规定，报中国银监会审批。

4. 答案与解析 A

银监会通过实行审批制和报告制，对我国商业银行开展个人理财业务进行监督管理。

5. 答案与解析 A

商业银行的分支机构开展相关个人理财业务之前，应持其总行(地区总部等)的授权文件，按照有关规定，向所在地中国银行业监督管理委员会派出机构报告。

6. 答案与解析 A

《商业银行个人理财业务管理暂行办法》第二十八条。注意账单提供的次数也可能是考点。

7. 答案与解析 A

商业银行向客户承诺保证收益的附加条件，可以是对理财计划期限调整、币种转换等权利，也可以是对最终支付货币和工具的选择权利等。商业银行不得将一般储蓄存款产品单独当作理财计划销售，或者将理财计划与本行储蓄存款进行强制性搭配销售。

8. 答案与解析 B

见《商业银行个人理财业务管理暂行条例》。

9. 答案与解析 D

《商业银行个人理财业务暂行管理办法》第五十七条。个人理财部分有很多法条、规定，出题点较细。大家可以重点记忆一些数字、时间等。

10. 答案与解析 B

商业银行应在每一会计年度终了编制本年度个人理财业务报告。年度报告和相关报表应于下一年度的2月底前报中国银行业监督管理委员会。

11. 答案与解析 C

商业银行销售的理财计划中包括结构性存款产品的，其结构性存款产品应将基础资产与衍生交易部分相分离，基础资产应按照储蓄存款业务管理，衍生交易部分应按照金融衍生产品业务管理。

12. 答案与解析 D

结构性储蓄产品中的基础资产与衍生产品风险程度不同，将二者相分离有助于更好地监控和管理风险。一般储蓄存款产品不属于单独的理财计划，银行不能强制搭售。根据审慎性原则，银行不得向客户承诺无条件地高于同期储蓄存款利率的保证收益率。

13. 答案与解析 A

对于不能独立测算的理财计划，商业银行不应销售。

14. 答案与解析 D

商业银行应对理财产品的市场变化作出科学合理的预测，并明确产品的期限及产品期限内有关市场的监测和管控措施。商业银行不得销售无市场分析预测、无产品期限、无风险管控预案的理财产品。

15. 答案与解析 D

《商业银行个人理财业务管理暂行办法》第五十二条。

16. 答案与解析 D

本题考查个人理财业务风险管理中的理财顾问服务的客户管理。前三项是教材中给出的客户分层管理的内容，D项是出题人将客户管理要求中的客户跟踪评估制度改头换面设置的干扰项。客户跟踪评估制度的内容是：商业银行应当建立个人理财顾问服务的跟踪评估制度，定期对客户评估报告或投资顾问建议进行重新评估，并向客户说明有关评估情况。

17. 答案与解析 B

市场风险限额中应至少包括风险价值限额。

18. 答案与解析 B

商业银行不能替客户作出选择，正确的做法应当是提供合适的投资产品由客户自主选择，向客户销售适宜的投资产品。

19. 答案与解析 D

商业银行开展个人理财业务有下列情形之一，并造成客户经济损失的，应按照有关法律规定或者合同的约定承担责任：①商业银行未保存有关客户评估记录和相关材料，不能证明理财计划或产品的销售是符合客户利益原则的；②商业银行未按客户指令进行操作，或者未保存相关证明文件的；③不具备理财业务人员资格的业务人员向客户提供理财顾问服务、销售理财计划或产品的。综述所述，ABC项均正确，所以正确答案是D。

二、多项选择题

1. 答案与解析 ABCDE
参照《商业银行个人理财业务暂行管理办法》的规定。

2. 答案与解析 ABE
《商业银行个人理财业务管理暂行办法》第四十六条规定，商业银行应向银监会报批的个人理财业务包括保证收益理财计划、为开展个人理财业务而设计的具有保证收益性质的投资产品以及其他须经批准的个人理财产品。AB都属于固定收益理财产品。

3. 答案与解析 ADE
保证收益理财计划中，商业银行不得无条件向客户承诺高于同期储蓄存款利率的保证收益率，不得承诺或变相承诺除保证收益以外的任何可获得收益。

4. 答案与解析 ABCE
编制宣传材料是营销部门的工作，不应包含在产品开发报告中。

5. 答案与解析 AD
出现B选项的情况时，商业银行应制订专门的文件，列明商业银行的意见、客户的意愿和其他必要说明事项，双方签字认可。C选项，对于市场风险较大的投资产品，特别是与衍生交易相关的投资产品，商业银行不应主动向无相关经验的客户推介或销售该产品。E选项，商业银行应当说明最不利的投资情形和结果，以使客户对该投资的风险有一个清楚的认识。

6. 答案与解析 ABCDE

7. 答案与解析 ABCD
理财顾问服务是指商业银行向客户提供财务分析与规划、投资建议、个人投资产品推介等专业化服务。E项错误。

8. 答案与解析　ACD

商业银行应综合分析所销售的投资产品可能对客户产生的影响，确定不同投资产品或理财计划的销售起点而非最高销售额，B项错误。商业银行的董事会和高级管理层而非个人理财顾问人员应根据商业银行的经营战略、风险管理能力和人力资源状况等，慎重研究决定商业银行是否销售以及销售哪些类型的理财计划，E项错误。

三、判断题

1. 答案与解析　×

国务院银行业监督管理机构(中国银监会)依法负责对全国银行业金融机构及其业务活动进行监督管理。

2. 答案与解析　×

《商业银行个人理财业务管理暂行办法》规定，报告制是商业银行按规定将个人理财业务的结果报送中国银监会。

3. 答案与解析　√

4. 答案与解析　√

5. 答案与解析　√

这种做法正确。

6. 答案与解析　√

7. 答案与解析　√

8. 答案与解析　√

9. 答案与解析　×

商业银行开展保证收益理财计划及需经中国银监会批准的其他个人理财业务，应向中国银监会申请批准。商业银行开展其他个人理财业务活动，不需要审批，但应在发售理财产品后五日内将相关资料报送中国银监会或其派出机构。

10. 答案与解析　×

为开展个人理财业务而设计的具有保证收益性质的新的投资性产品，无须向中国银监会申请批准，改为实行报告制。

11. 答案与解析　×

保证收益理财计划或相关产品中高于同期储蓄存款利率的保证收益，应是对客户有附加条件的保证收益。

12. 答案与解析　×

衍生交易部分应按照金融衍生产品业务管理，而非中间业务管理。

13. 答案与解析　√

商业银行应建立健全个人理财业务管理体系，明确个人理财业务的管理部门，针对理财顾问服务和综合理财服务的不同特点，分别制定理财顾问服务和综合理财服务的管理规章制度，明确相关部门和人员的责任。

个人理财业务风险管理

本章首先从投资者角度介绍了个人理财业务风险的宏观和微观影响因素以及理财产品风险的评估和相关信息的获取方式，然后从商业银行业务经营管理的角度阐述了个人理财业务的风险管理要求以及四类风险管理，即产品风险管理、操作风险管理、销售风险管理和声誉风险管理。

第1节 个人理财的风险

考点1 个人理财风险的影响因素

1. 风险类型

(1) 基础资产风险：信用风险、利率风险、汇率风险、股票价格风险、商品价格风险。

(2) 支付条款中的支付结构风险：一是由于支付条款的设计缺陷导致的投资风险；二是由于支付条款设计中的特别安排，自然隐含着信用风险和流动性风险、再投资风险等。

(3) 理财资金的投资管理风险：包括理财资金投资管理人的投资管理风险与交易对手方风险。

2. 宏观影响因素

3. 微观影响因素

考点2 理财产品风险评估

1. 风险类型

银行理财产品风险可以分为：政策风险、信用风险、市场风险、流动性风险、提前终止风险、销售风险、操作风险、交易对手管理风险、延期风险、不可抗力及意外事件风险。

2. 评估方法

(1) 定性方法，投资者需对宏观环境、理财产品发行方和管理者、投资基础资产的性质特点有一定的认识。

(2) 定量方法，即在对过去损失资料分析的基础上，运用概率和数理统计的方法对风险事故的发生概率和风险事故发生后可能造成的损失的严重程度进行定量的分析和预测。风险测量的常用指标是产品收益率的方差、标准差、VaR。

3. 评估主体

(1) 评估通用的指标是理财产品在各种情况下的预期收益率以及收益率期望。

(2) 收益类型也显而易见地说明了产品的风险。

(3) 不同类别的理财产品有不同侧重的评估指标。

4. 相关信息可获得性

客户可以从发售机构的网站、柜台和第三方理财服务机构三个渠道获得产品信息。

第2节 个人理财业务面临的主要风险

考点3 风险分类

个人理财业务的风险管理，既应包括商业银行在提供个人理财顾问服务和综合理财服务过程中面临的法律风险、操作风险、声誉风险等主要风险，也应包括理财计划或产品包含的相关交易工具的市场风险、信用风险、操作风险、流动性风险以及商业银行进行有关投资操作和资产管理中面临的其他风险。

考点4 个人理财业务风险管理的基本要求

(1) 商业银行应当具备与管控个人理财业务风险相适应的技术支持系统和后台保障能力，以及其他必要的资源保证。

(2) 商业银行应当制定并落实内部监督和独立审核措施。

(3) 商业银行应建立个人理财业务的分析、审核与报告制度。

(4) 商业银行接受客户委托进行投资操作和资产管理等业务活动，应与客户签订合同，确保获得客户的充分授权。商业银行应妥善保管相关合同和各类授权文件，并至少每年重新确认一次。

(5) 商业银行应当将银行资产与客户资产分开管理。对于可以由第三方托管的客户资产，应交由第三方托管。

(6) 除法律法规另有规定，或经客户书面同意外，商业银行不得向第三方提供客户的相关资料和服务与交易记录。

例题1 下列关于内部控制的说法，不正确的是( )。(单项选择题)

A. 对于可以由第三方托管的客户资产，应交由第三方托管

B. 商业银行内部可以根据人力、物力决定是否建立各自独立的监督和审核部门

C. 应当将银行资产与客户资产分开管理

D. 商业银行接受客户委托进行的个人理财业务应与客户签订合同，确保获得客户的充分授权

答案　B

解析　商业银行必须建立各自独立的监督和审核部门。

考点5　个人理财顾问服务的风险管理

1. 设置风险管理机构

商业银行应至少建立个人理财业务管理部门内部调查和审计部门独立审计两个层面的内部监督机制，并要求内部审计部门提供独立的风险评估报告，定期召集相关人员对个人理财顾问服务的风险状况进行分析与评估。应制定审计规范，并保证审计活动的独立性。

2. 建立有效的规章制度

(1) 商业银行的董事会和高级管理层应当充分了解个人理财顾问服务可能对商业银行法律风险、声誉风险等产生的重要影响，密切关注个人理财顾问服务的操作风险、合规性风险等风险管控制度的实际执行情况，确保个人理财顾问服务的各项管理制度和风险控制措施体现了解客户和符合客户最大利益的原则。

(2) 商业银行应当充分认识到不同层次的客户、不同类型的个人理财顾问服务和个人理财顾问服务的不同渠道所面临的主要风险，制定相应的具有针对性的业务管理制度、工作规范和工作流程。相关制度、规范和流程应当突出重点风险的管理，清晰明确，具有较高的课操作性。

(3) 商业银行应当根据有关规定建立健全个人理财业务人员资格考核与认定、继续培训、跟踪评级等管理制度，保证相关业务人员具备必要的专业知识、行业经验和管理能力，充分了解所从事业务的有关法律法规和监管规章，理解所推介产品的风险特性，遵守职业道德。

(4) 商业银行应当建立个人理财顾问服务的跟踪评估制度，定期对客户评估报告或投资顾问建议进行重新评估，并向客户说明有关评估情况。

(5) 商业银行应当保证配置足够的资源支持所开展的个人理财顾问服务，并向客户提供有效的服务渠道。商业银行应当制定相关制度接受并及时处理客户投诉。

3. 个人理财顾问服务管理基本内容

(1) 商业银行开展个人理财顾问服务，应对客户进行必要的分层，明确每类个人理财顾问服务适宜的客户群体，在此基础上，确定向不同客户群提供个人理财顾问服务的通道。

(2) 商业银行应当区分个人理财顾问服务与一般性业务咨询活动，禁止一般产品销售人员向客户提供理财投资咨询顾问意见、销售理财计划。如确有需要，一般产品销售和服务人员可以协助理财业务人员向客户提供个人理财顾问服务，但必须制定明确的业务管理办法和授权管理规则。

(3) 商业银行向客户提供服务，应首先调查了解客户的财务状况、投资经验、投资目的，以及对相关风险的认知和承受能力，评估客户是否适合购买所推介的产品，并将有关评估意见告知客户，双方签字。

(4) 客户评估报告认为某一客户不适宜购买某一产品或计划，但客户仍然要求购买的，商业银行应制定专门的文件，列明商业银行的意见、客户的意愿和其他的必要说明事项，双方签字认可。

(5) 对于市场风险较大的投资产品，特别是与衍生交易相关的投资产品，商业银行不应主动向无相关交易经验或经评估不适宜购买该产品的客户推介或销售该产品。客户主动要求了解或购买有关产品时，商业银行应向客户当面说明有关产品的投资风险和风险管理的基本知识，并以书面形式确认是客户主动要求了解和购买产品。

(6) 商业银行在向客户说明有关投资风险时，应使用通俗易懂的语言，配以必要的示例，说明最不利的投资情形和投资结果。

4. 商业银行个人理财顾问业务内部的审查与监督管理

(1) 商业银行个人理财业务管理部门应当配备必要的人员，对本行从事个人理财顾问服务的业务人员操守与胜任能力、个人理财顾问服务操作的合规性与规范性、个人理财顾问服务品质等进行内部调查和监督。

(2) 个人理财业务管理部门的内部调查监督，应重点检查是否存在错误销售和不当销售情况。

(3) 商业银行的内部审计部门对个人理财顾问服务的业务审计，应制定审计规范，并保证审计活动的独立性。

(4) 个人理财业务人员对客户的评估报告，应报个人理财业务部门负责人或经其授权的业务主管人员审核，审核人员应着重审理理财投资建议是否存在误导客户的情况。

(5) 对于投资金额较大的客户，评估报告除应经个人理财业务部门负责人审核批准外，还应经其他相关部门或者商业银行主管理财业务的负责人审核。

5. 个人理财顾问服务的风险提示

(1) 商业银行向客户提供的所有可能影响客户投资决策的材料、投资产品介绍，以及商业银行对客户投资情况的评估和分析等，商业银行通过理财服务销售的其他产品，也应进行明确的风险揭示。

(2) 商业银行提供个人理财顾问服务业务时，要向客户进行风险提示。风险提示应设计客户确认栏和签字栏。

> **例题2** 商业银行应当根据有关规定建立健全个人理财业务人员资格考核与认定、继续培训、跟踪评价等管理制度，保证相关人员(　　)。(多项选择题)
>
> A. 具备必要的专业知识、行业经验和管理能力
>
> B. 充分了解所从事业务的有关法律法规和监管规章
>
> C. 理解所推介产品的风险特性
>
> D. 遵守从业人员职业道德
>
> E. 具备独立开发理财产品的能力
>
> **答案** ABCD
>
> **解析** 商业银行个人理财业务从业人员应当具备的基本条件有以下几点：对与个人理财业务活动相关法律法规、行政规章和监管要求等，有充分的了解和认识；遵守监管部门和商业银行制定的个人理财业务人员职业道德标准、行为准则；掌握所推荐产品或向客户提供咨询顾问意见所涉及产品的特性，并对有关产品市场有所认识和理解；具备相应的学历水平和工作经验；具备相关监管部门要求的行业资格；具备中国银行业监督管理委员会要求的其他资格条件。

例题3 个人理财业务管理部门的内部调查监督，应重点检查( )。(单项选择题)

A. 业务人员操守与胜任能力   B. 操作的合规性与规范性

C. 是否存在错误销售和不当销售   D. 是否配备必要的人员

答案 C

解析 个人理财业务管理部门的内部调查监督，应在审查个人理财顾问服务的相关记录、合同和其他材料等基础上，重点检查是否存在错误销售和不当销售情况。个人理财业务管理部门的内部调查监督人员，应采用多样化的方式对个人理财顾问服务的质量进行调查。销售每类理财产品(计划)时，内部调查监督人员都应亲自或委托适当的人员，以客户的身份进行调查。

例题4 对于( )，风险提示的内容应至少包括以下语句："本理财计划是高风险投资产品，您的本金可能会因市场变动而蒙受重大损失，您应充分认识投资风险，谨慎投资。" (单项选择题)

A. 保证收益型理财计划   B. 非保本浮动收益理财计划

C. 保本浮动收益理财计划   D. 保本固定收益理财计划

答案 B

解析 商业银行应当充分、清晰、准确地向客户提示综合理财服务和理财计划的风险。对于保证收益理财计划和保本浮动收益理财计划，风险提示的内容应至少包括以下语句："本理财计划有投资风险，您只能获得合同明确承诺的收益，您应充分认识投资风险，谨慎投资。"对于非保本浮动收益理财计划，风险提示的内容应至少包括以下语句："本理财计划是高风险投资产品，您的本金可能会因市场变动而蒙受重大损失，您应充分认识投资风险，谨慎投资。"

考点6 综合理财业务的风险管理

1. 设置综合理财业务风险管理机构

商业银行理财计划风险分析部门、研究部门应当与理财计划的销售部门、交易部门分开。理财计划的内部监督部门和审计部门应当独立于理财计划的运营部门，适时对理财计划的运营情况进行监督检查和审计，并直接向董事会和高级管理层报告。

2. 建立自上而下的风险管理制度体系

(1) 商业银行的董事会和高级管理层应当充分了解和认识综合理财服务的高风险性，建立健全综合理财服务的内部管理与监督体系、客户授权检查与管理体系和风险评估与报告体系，并及时对相关体系的运行情况进行检查。

(2) 商业银行应定期对内部风险监控和审计程序的独立性、充分性、有效性进行审核和测试，商业银行内部监督部门应向董事会和高级管理层提供独立的综合理财业务风险管理评估报告。

(3) 商业银行的董事会和高级管理层应根据商业银行的经营战略、风险管理能力和人力资源状况等，慎重研究决定商业银行是否销售以及销售哪些类型的理财计划。

(4) 商业银行的董事会或高级管理层应根据本行理财计划的发展策略、资本实力和管理能力，确定本行理财计划所能承受的风险程度，可承受的风险程度应当是量化指标。

(5) 商业银行的董事会或高级管理层应确保理财计划的风险管理能够按照规定的程序和方法实施，并明确划分相关部门或人员在理财计划风险管理方面的权限与责任，建立内部独立审计监督机制。

(6) 商业银行的董事会或高级管理层应当制定清晰、全面的风险限额管理制度，建立相应的管理体系。

3. 综合理财产品的风险管理制度

(1) 商业银行应确定不同投资产品或理财计划的销售起点。

(2) 商业银行应当建立必要的委托投资跟踪审计制度。未经客户书面许可，商业银行不得擅自变更客户资金的投资方向、范围或方式。

(3) 商业银行在销售任何理财计划时，应事前对拟销售的理财计划进行全面的风险评估，制定主要风险的管控措施，并建立分级审核批准制度。

4. 综合理财业务的风险控制

(1) 商业银行应采用多重指标管理市场风险限额，市场风险的限额可以采用交易限额、止损限额、错配限额、期权限额和风险价值限额等。但在所采用的风险限额指标中，至少应包括风险价值限额。

(2) 商业银行除应制定银行总体可承受的市场风险限额外，还应当制定不同的交易部门和交易人员的风险限额，并确定每一理财计划或产品的风险限额。

(3) 商业银行对信用风险限额的管理，应当包括结算前信用风险限额和结算信用风险限额。

(4) 商业银行流动性风险限额应至少包括期限错配限额，并应根据市场风险和信用风险可能对银行流动性产生的影响，制定相应的限额指标。

(5) 商业银行的各相关部门都应当在规定的限额内进行交易，任何突破限额的交易都应当按照有关内部管理规定事先审批。

(6) 商业银行对相关风险的评估测算，应当按照有关规定采用适宜、有效的方法，并应保证相关风险评估测算的一致性。

(7) 商业银行应当将负责理财计划或产品相关交易工具的交易人员，与负责银行自营交易的交易人员相分离，并定期检查、比较两类交易人员的交易状况。

5. 综合理财业务的风险提示

(1) 商业银行应当充分、清晰、准确地向客户提示综合理财服务和理财计划的风险。

(2) 对于非保本浮动收益理财计划，风险提示的内容至少包括以下语句："本理财计划是高风险投资产品，您的本金可能会因市场变动而蒙受重大损失，您应充分认识投资风险，谨慎投资。"

▌ 考点7 产品风险管理

1. 产品设计风险管理：制定合理的产品研发流程以及内部审批程序，明确主要风险以及相对风险管理措施，并按要求向监管部门报送。

2. 产品运作风险管理：产品销售后，对产品的风险指标进行追踪管理，定期作出评估。

3. 产品到期风险管理：监督客户资金的偿还和分配以及财务处理。

▌ 考点8 操作风险管理

1. 操作管理体系：高层及董事会应负责制定、管理、检查风险管理政策和制度及具体操作；商业银行应设立专门的理财业务风险管理部门；银行的内审部门应定时监督操作风险管理的情况。

2. 操作管理方法：通过评估操作风险和内部控制、损失事件的报告和数据收集、关键风险指标的监测、新产品和新业务的风险评估、内部控制的测试和审查以及操作风险的报告来控制和监测操作风险。

■ 考点9　销售风险管理

1. 销售人员管理：培训和考核销售人员，合格者方可销售；制定理财顾问服务和综合理财服务的管理规章制度，明确相关部门和人员的责任。

2. 销售过程管理：销售人员不应以销售业绩为目标，误导客户或者向客户推销不合适的理财产品。

> **例题5**　理财产品的销售管理的内容包括(　　)。(多项选择题)
>
> A. 商业银行应先调查客户的财产状况、投资经验、投资目的以及相关风险的认知和承受能力，评估客户是否适合购买所推介的产品，将评估意见告知客户双方签字
>
> B. 客户评估报告认为某一客户不适宜购买某一产品时，但客户坚持要求购买的，商业银行应尊重客户意愿，无须列明商业银行的意见
>
> C. 商业银行应主动向未进行过衍生金融产品交易的客户推荐销售此类产品
>
> D. 商业银行应向有意购买产品的客户当面说明有关产品的投资风险和风险管理的基本常识
>
> E. 商业银行应用通俗易懂的语言说明相关产品的投资风险，配以必要的示例，说明最有利的投资情形
>
> **答案**　AD
>
> **解析**　客户评估报告认为某一客户不适宜购买某一产品时，但客户坚持要求购买的，商业银行应尊重客户意愿，但必须列明商业银行的意见，因此选项B说法错误；商业银行不应主动向未进行过衍生金融产品交易的客户推荐销售此类产品，因此选项C说法错误；商业银行应用通俗易懂的语言说明相关产品的投资风险，配以必要的示例，说明最不利的投资情形和投资结果，因此选项E说法错误。

■ 考点10　声誉风险管理

声誉风险指由商业银行经营、管理及其他行为或外部事件导致利益相关方对商业银行负面评价的风险。

第3节　同步强化训练

一、单项选择题

1. 根据规定，保证收益型理财计划的起点金额，人民币在(　　)以上。

A. 3万元　　　　　　B. 4万元　　　　　　C. 5万元　　　　　　D. 6万元

2. 根据规定，保证收益型理财计划的起点金额，外币应在(   )美元(或等值外币)以上。

A. 6 000   B. 5 000   C. 4 000   D. 3 000

3. 理财产品(计划)包含的相关交易工具面临的风险不包括(   )。

A. 信用风险   B. 操作风险   C. 声誉风险   D. 流动性风险

4. 商业银行应采用多重指标管理市场风险限额，市场风险的限额可以采用交易限额、止损限额、错配限额、期权限额和风险价值限额等。但在采用的风险限额指标中，至少应包括(   )。

A. 交易限额   B. 错配限额   C. 止损限额   D. 风险价值限额

5. 商业银行可以根据实际业务情况确定流动性风险的管理，但流动性风险限额至少包括(   )。

A. 期限错配限额   B. 止损限额   C. 期权限额   D. 风险价值限额

6. 商业银行开展个人理财顾问服务，应建立客户的评估报告制度。下列关于评估报告制度说法不正确的是(   )。

A. 个人理财业务人员对客户的评估报告，应报个人理财业务部门负责人

B. 对于投资金额较大的客户，评估报告除应经个人理财业务部门负责人审核批准外，还应送交董事会审核

C. 审核的权限，应根据产品特性和商业银行风险管理的实际情况制定

D. 审核人员应着重审查理财投资建议是否存在误导客户的情况

7. 个人理财业务管理部门的内部调查监督，应重点检查(   )。

A. 业务人员操守与胜任能力   B. 操作的合规性与规范性

C. 是否存在错误销售和不当销售   D. 是否配备必要的人员

8. 下列关于风险控制计划的说法，不正确的是(   )。

A. 商业银行的董事会和高级管理层应慎重决定商业银行是否销售以及销售哪些类型的理财计划

B. 商业银行应明确每个理财计划所能承受的风险程度

C. 商业银行设立的可承受的风险程度是定性指标

D. 商业银行应明确划分相关部门或人员在理财计划风险管理方面的权限与责任

9. 商业银行内部监督部门应向(   )提供独立的综合理财业务风险管理评估报告。

A. 董事会和高级管理层   B. 中国银监会

C. 中国人民银行   D. 中国银行业协会

10. 综合理财计划市场风险控制方法有(   )。

A. 商业银行应采用多重指标管理市场风险限额，在风险限额指标中至少应包含错配限额

B. 商业银行除了制定银行可承受的市场风险限额外，还应当按照风险管理权限，制定不同的交易部门和交易人员的风险限额，并确定每一理财产品的限额

C. 商业银行可根据实际业务情况确定流动性风险限额管理，但流动性风险限额应至少包括风险价值限额

D. 对未事先审批而突破风险价值限额的交易，应记录检查

二、多项选择题

1. 针对个人理财顾问服务的内容和涉及的风险种类，商业银行的风险管理主要体现在(   )等方面。

A. 建立内部监督审核机制   B. 根据客户特点进行分层

C. 健全个人理财业务人员管理制度   D. 了解产品和客户并合理销售

E. 进行明确的风险揭示

2. 针对综合理财服务的内容和涉及的风险种类，商业银行的风险管理主要体现在(   )等方面。

A. 健全内部风险监控机制　　　　　　　　B. 合理确定理财计划和销售起点

C. 进行综合理财服务和理财计划的风险提示　　D. 制定风险限额管理制度

E. 不同部门和岗位独立运行

3. 商业银行对个人理财业务的季度统计分析报告应包括的内容有(   )等。

A. 当期开展的所有个人理财业务简介及相关统计数据

B. 相关风险监测与控制情况

C. 当期理财计划的收益分配和终止情况

D. 涉及法律诉讼情况

E. 其他重大事项

4. 商业银行应采用多重指标管理市场风险限额，市场风险限额可以采用(   )等。

A. 交易限额　　　　　　　B. 止损限额　　　　　　　C. 错配限额

D. 期权限额　　　　　　　E. 风险价值限额

5. 下列关于个人理财业务风险管理的基本要求的表述，正确的有(   )。

A. 在个人理财业务活动中，商业银行要实行全面、全程的风险管理

B. 商业银行对各类个人理财业务的风险管理，都应同时满足个人理财顾问服务相关风险管理的基本要求

C. 商业银行应该建立健全与商业银行整体风险管理体系相平行的个人理财业务风险管理体系

D. 为了加强管理，商业银行要根据自身业务发展战略、风险管理方式和所开展的个人理财业务特点，制定具体的和有针对性的内部风险管理制度和风险管理规程

E. 商业银行在开展个人理财业务时，应遵守法律、行政法规和国家有关政策规定

6. 商业银行要根据自身业务发展战略、风险管理方式和所开展的个人理财业务特点，制定具体的、有针对性的内部风险管理制度和风险管理规程，需要强调的方面有(   )。

A. 商业银行应当制定并落实内部监督和独立审核措施

B. 商业银行应建立个人理财业务分析、审核与报告制度

C. 商业银行应保存完备个人理财业务服务记录

D. 商业银行应当将银行资产与客户资产合并管理，明确相关部门及其工作人员在管理、调整客户资产方面的授权

E. 商业银行应接受客户的委托进行投资操作和资产管理等个人理财业务，应与客户签订合同，确保获得客户的充分授权

7. 商业银行在提供个人理财顾问服务和综合理财服务过程中面临(   )等主要风险。

A. 法律风险　　　　　　　B. 操作风险　　　　　　　C. 声誉风险

D. 市场风险　　　　　　　E. 流动性风险

8. 建立严格的内部控制制度是风险管理的必然要求，下列关于内部控制制度的说法错误的有(   )。

A. 个人理财业务的主要风险管理方式、风险测算方法与标准需要分析审核和报告

B. 商业银行内部要建立各自独立的监督和审核部门对个人理财业务进行监督审核

C. 个人理财业务客户资产不需要与银行资产分开管理，可以由第三方托管的，应交由第三方托管

D. 因业务合作需要，商业银行可以将客户的相关资料和服务与交易记录提供给第三方

E. 商业银行接受客户委托进行个人理财业务，应与客户签订合同

9. 商业银行( )，应包含相应的风险提示内容。

A. 向客户提供可能影响投资决策的材料   B. 销售的各类投资产品的介绍

C. 对客户投资情况的评估和分析   D. 提供个人理财顾问服务

E. 销售代销的证券投资基金

10. 按照监管要求，从业人员在推荐产品时应充分提示的风险包括( )。

A. 法律风险   B. 操作风险   C. 政策风险

D. 市场风险   E. 道德风险

11. 银行业从业人员应调查了解( )，以实现银行风险控制的要求。

A. 客户的财务状况   B. 客户的业务状况、业务单据

C. 客户家庭地址、婚姻状况   D. 客户风险承受能力

E. 客户隐私、不愿被人知的秘密

三、判断题

1. 商业银行在销售理财计划时，可将一般储蓄存款产品单独当作理财计划销售，或者将理财计划与本银行储蓄存款进行搭配销售。( )

2. 在理财计划的存续期内，商业银行应向客户提供其所持有的所有相关资产的账单，账单提供应不少于三次，并且每季度提供一次。( )

3. 商业银行应要求提供代销产品的金融机构提供详细的产品介绍、相关的市场分析报告和风险收益测算报告。( )

4. 未经客户书面许可，商业银行不得擅自变更客户资金的投资方向、范围或方式。( )

5. 商业银行不得销售不能独立测算或收益率低于银行活期储蓄存款利率的理财计划。( )

6. 商业银行理财计划风险分析部门、研究部门应当与理财计划的销售部门、交易部门分开，保证有关风险评估分析、市场研究等的客观性。( )

7. 商业银行的各相关部门都应在规定的限额内进行交易，任何突破限额的交易都应当按照有关规定事先审批。( )

8. 商业银行对信用风险限额的管理，应当包括结算前信用风险限额和结算信用风险限额。( )

9. 商业银行应当建立个人理财顾问服务的跟踪评估制度，不定期对客户评估报告或投资顾问建议进行重新评估。( )

10. 商业银行开展个人理财顾问服务，应根据客户的经济状况、风险认知能力和承受能力等，对客户进行分层，明确每类个人理财顾问服务适宜的客户群体，以使理财产品的销售额最大化。( )

11. 商业银行内部审计部门对个人理财顾问服务的专业审计，应制定审计规范，并保证审计活动的独立性。( )

12. 商业银行应当将银行资产与客户资产合并共同管理，明确相关部门及其工作人员在管理、调整客户资产方面的授权。( )

13. 商业银行应妥善保管相关合同和各类授权文件，并至少每两年重新确认一次。( )

14. 商业银行接受客户委托进行投资操作和资产管理业务活动，应与客户签订合同，确保获得客户的

充分授权。( )

15. 商业银行应按年度准备理财计划各投资工具的财务报表、市场表现及相关资料，相关客户有权查询或要求商业银行向其提供上述信息。( )

16. 商业银行编制的年度个人理财业务报告和相关报表应于下一年度3月底前报中国银监会。( )

17. 商业银行违反规定销售未经批准的理财计划或产品，银行业监督管理机构依据《金融违法行为处罚办法》的规定实施处罚。( )

18. 《商业银行个人理财业务管理暂行办法》规定从业人员每年的培训时间应不少于20小时，未达到培训要求的从业人员应边从事个人理财业务活动边接受培训。( )

答案与解析

一、单项选择题

1. 答案与解析　C

《商业银行个人理财业务风险管理指引》第三章综合理财服务的风险管理第三十四条：保证收益理财计划的起点金额，人民币应在5万元以上，外币应在5 000美元(或等值外币)以上；其他理财计划和投资产品的销售起点金额应不低于保证收益理财计划的起点金额，并依据潜在客户群的风险认识和承受能力确定。

2. 答案与解析　B

见上题解析。

3. 答案与解析　C

理财计划或产品包含的相关交易工具面临市场风险、信用风险、操作风险、流动性风险以及商业银行进行有关投资操作和资产管理中面临的其他风险。声誉风险是商业银行在提供个人理财顾问服务和综合理财服务过程中面临的风险。

4. 答案与解析　D

商业银行应采用多重指标管理市场风险限额，市场风险的限额可以采用交易限额、止损限额、错配限额、期权限额和风险价值限额等。但在所采用的风险限额指标中，至少应包括风险价值限额。

5. 答案与解析　A

《商业银行个人理财业务风险管理指引》第四十四条：商业银行可根据实际业务情况确定流动性风险限额的管理，但流动性风险限额应至少包括期限错配限额，并应根据市场风险和信用风险可能对银行流动性产生的影响，制定相应的限额指标。止损限额、期权限额和风险价值限额都是市场风险限额。注意本题与上一题考查的是不同知识点。

6. 答案与解析　B

个人理财业务人员对客户的评估报告，应报个人理财业务部门负责人或经其授权的业务主管人员审核。审核人员应着重审查理财投资建议是否存在误导客户的情况，避免业务人员为销售特定银行产品或银行代理产品对客户进行错误和不当销售。

7. 答案与解析　C

个人理财业务管理部门的内部调查监督，应重点检查是否存在错误销售和不当销售情况。

8. 答案与解析　C

应为定量指标。定性指标无法准确衡量可承受的风险程度。

9. 答案与解析　A

参考解析见设置综合理财业务风险管理机构的内容。

10. 答案与解析　B

A项中，在所采用的风险限额指标中至少应包括风险价值限额；C项中，商业银行流动性风险限额应至少包括期限错配限额；D项中，对未事先审批而突破风险价值限额的交易，应记录并调查处理。

二、多项选择题

1. 答案与解析　ABCDE

以上均为正确答案。

2. 答案与解析　ABCDE

以上均为正确答案。

3. 答案与解析　ABCDE

见《商业银行个人理财业务管理暂行办法》。

4. 答案与解析　ABCDE

注意在所采用的风险限额指标中，至少应包括风险价值限额。

5. 答案与解析　ABDE

商业银行应该建立健全个人理财业务风险管理体系，并将个人理财业务风险纳入商业银行整体风险管理体系中，而非与商业银行整体风险管理体系相平行。

6. 答案与解析　ABCE

商业银行应当将银行资产与客户资产分开管理，D项错误。

7. 答案与解析　ABC

《商业银行个人理财业务风险管理指引》第三条。市场风险和流动性风险不是主要风险。

8. 答案与解析　CD

商业银行应将银行资产与客户资产分开管理，C项错误；除法律法规另有规定，或经客户书面同意外，商业银行不得向第三方提供客户的相关资料和服务与交易记录，D项错误。

9. 答案与解析　ABCDE

商业银行向客户提供的所有可能影响客户投资决策的材料、投资产品介绍，商业银行对客户投资情况的评估和分析等，商业银行通过理财服务销售的其他产品，都应包含相应的风险提示内容。

10. 答案与解析　ACD

BE是非系统性风险，需要充分提示的都是系统性风险。

11. 答案与解析　ABCD

银行业从业人员应调查了解客户的财务状况、业务状况、业务单据，客户的家庭地址、婚姻状况以及风险承受能力，以实现银行风险控制的要求。

三、判断题

1. 答案与解析 ×

一般储蓄存款产品不能单独当作理财计划销售，而且搭售行为也是不允许的。

2. 答案与解析 ×

账单提供应不少于两次，并且至少每月提供一次。另有约定的除外。

3. 答案与解析 √

4. 答案与解析 √

5. 答案与解析 ×

商业银行不得销售不能独立测算或收益率为零或负值的理财计划。

6. 答案与解析 √

7. 答案与解析 √

8. 答案与解析 √

9. 答案与解析 ×

应当定期对客户评估报告或投资顾问建议进行重新评估。

10. 答案与解析 ×

对客户进行必要的分层，是为了防止由于错误销售损害客户利益。

11. 答案与解析 √

12. 答案与解析 ×

商业银行应当将银行资产与客户资产分开管理。

13. 答案与解析 ×

应至少每年重新确认一次。

14. 答案与解析 √

15. 答案与解析 ×

商业银行应按季度，而非年度准备理财计划各个投资工具的财务报表、市场表现情况及相关材料，客户有权查询或要求商业银行向其提供上述信息。题干中按年度的说法是错误的。

16. 答案与解析 ×

商业银行应在每一会计年度终了编制本年度个人理财业务报告。年度报告和相关报表(一式三份)，应于下一年度的2月底前报中国银行业监督管理委员会。

17. 答案与解析 ×

应由银行业监督管理机构依据《中华人民共和国银行业监督管理法》的规定实施处罚。

18. 答案与解析 ×

《商业银行个人理财业务管理暂行办法》规定从业人员每年的培训时间应不少于20小时，未达到培训要求的从业人员应暂停从事个人理财业务活动。

职业道德和投资者教育

　　个人理财业务可能会给客户带来一定的风险，因此对从业人员的专业素养要求较高，从业人员需要不断提升职业操守。本章首先对个人理财业务从业资格进行简要介绍，然后重点探讨银行个人理财业务从业人员所应具备的职业道德，最后对银行个人理财投资者教育进行总结。

```
                        ┌ 境外理财业务从业资格简介★
            个人理财业务从业资格简介 ┤ 境内银行个人理财业务从业资格★
                        └ 银行个人理财业务从业人员基本条件★

                                      ┌ 从业人员销售活动遵循原则★
                                      │ 从业人员销售活动注意事项★
职业道德和投资者教育 ── 银行个人理财业务从业人员的职业道德 ┤ 从业人员销售活动禁止事项★★★
                                      │ 从业人员岗位要求★
                                      │ 从业人员的限制性条款★
                                      └ 从业人员的法律责任★★

                        ┌ 投资者教育概述★
            个人理财投资者教育 ┤ 投资者教育功能★
                        └ 投资者教育内容★
```

第1节　个人理财业务从业资格简介

■ 考点1　境外理财业务从业资格简介

　　近年来，注册从业人员(CFP)逐渐成为国际上金融领域最权威、最流行的个人理财职业资格，被誉为专业、有操作经验的理财专家，为客户提供全方位的专业理财建议，保证财务独立和金融安全。

■ 考点2　境内银行个人理财业务从业资格

　　中国银行业协会于2006年6月6日成立了银行业从业人员资格认证委员会，并制定了中国银行业从业人员资格认证(CCBP)制度。

■ 考点3　银行个人理财业务从业人员基本条件

　　商业银行个人理财业务从业人员应当具备的基本条件：
　　1. 对与个人理财业务活动相关法律法规、行政规章和监管要求等，有充分的了解和认识。
　　2. 遵守监管部门和商业银行制定的个人理财业务人员职业道德标准、行为守则。

3. 掌握所推介产品或向客户提供咨询顾问意见所涉及产品的特性，并对有关产品市场有所认识和理解。

4. 具备相应的学历水平和工作经验。

5. 具备相关监管部门要求的行业资格。

6. 具备中国银行业监督管理委员会要求的其他资格条件。

第2节 银行个人理财业务从业人员的职业道德

银行个人理财业务从业人员须首先遵守《银行业从业人员职业操守》，在此基础上遵守理财行业普遍的职业操守和道德准则。

考点4 从业人员销售活动遵循原则

1. 勤勉尽责：销售人员应当以对客户高度负责的态度执业，认真履行各项职责。

2. 诚实守信：销售人员应当忠实于客户。

3. 公平对待客户：在理财产品销售活动中发生分歧或矛盾时，销售人员应当公平对待客户，不得损害客户合法权益。

4. 专业胜任：销售人员应当具备理财产品销售的专业资格和技能，胜任理财产品销售工作。

> **例题1** 孔子曰："信则人任焉。"这句话与下列《银行业从业人员职业操守》中( )原则的要求相似。(单项选择题)
>
> A. 诚实信用 B. 守法合规 C. 专业胜任 D. 勤勉尽职
>
> **答案** A
>
> **解析** "信则人任焉"这句话的意思即为诚信就能得到别人的任用，与诚实信用的原则要求相似。

> **例题2** 银行业从业人员应对所在机构负有诚实信用义务，切实履行岗位职责，维护所在机构商业信誉是( )准则的内容。(单项选择题)
>
> A. 诚实信用 B. 守法合规 C. 勤勉尽职 D. 岗位职责
>
> **答案** C
>
> **解析** 《中国银行业从业人员职业操守》第七条，选项C符合题意。

考点5 从业人员销售活动注意事项

1. 有效识别客户身份；

2. 向客户介绍理财产品销售业务流程、收费标准及方式等；

3. 了解客户风险承受能力评估情况、投资期限和流动性要求；

4. 提醒客户阅读销售文件，特别是风险揭示书和权益须知；

5. 确认客户抄录了风险确认语句。

考点6 从业人员销售活动禁止事项

1. 在销售活动中为自己或他人牟取不正当利益；
2. 诋毁其他机构的理财产品及销售人员；
3. 散布虚假信息，扰乱市场秩序；
4. 违规接受客户全权委托；
5. 违规对客户作出盈亏承诺；
6. 挪用客户交易资金或理财产品；
7. 擅自更改客户交易指令；
8. 其他可能有损害客户合法权益和所在机构声誉的行为。

例题3 下列行为中，( )违反了保护商业机密与客户隐私的规定。(单项选择题)

A. 与同业工作人员交流对某些客户的评价

B. 避免向同事打听客户的个人信息和交易信息

C. 了解调查申请贷款客户的信用记录、财务经营状况

D. 与同事通过电子邮件发送银行在网上已公布的财务数据

答案 A

解析 从业人员应当保守所在机构的商业秘密，保护客户信息和隐私。确保客户信息的保密性和安全性。

例题4 根据《银行业从业人员职业操守》中"内幕信息"原则的要求，银行个人理财业务人员不得( )。(单项选择题)

A. 与本行专家讨论股票走势

B. 利用本行电脑操作股票买卖

C. 利用为客户服务获得的未公开信息指导他人买卖股票

D. 在本行上网查看股票信息

答案 C

解析 从业人员在业务活动中应当遵守有关禁止内幕交易的规定，不得将内幕信息以明示或暗示的形式告知法律和所在机构允许范围以外的人员，不得利用内幕信息获取个人利益，也不得基于内幕信息为他人提供理财或投资方面的建议。C项属于基于内幕消息为他人提供理财或投资方面的建议。

例题5 ( )明显违反了从业人员职业操守中监管规避的准则。(多项选择题)

A. 从业人员热情地为客户提供理财咨询方案，包括向客户提供规避监管的意见

B. 从业人员基于内幕消息向亲戚朋友提供理财建议，利用所在机构的资源提供便利

C. 从业人员明确告知客户提供虚假材料触犯了法律，建议客户可以经由第三人代其申请，以规避法律约束。

D. 对某客户为规避监管而办理的业务，不按内部流程进行必要的汇报

E. 为达成交易，从业人员让客户重新提交真实信息，以便顺利提交审核

答案 ACD

解析 根据《银行业从业人员职业操守》第十一条规定，银行业从业人员在业务活动中，应当树立依法合规意识，不得向客户明示或暗示诱导客户规避金融、外汇监管规定。因此可知，ACD项中的行为违反了监管规避准则。根据《银行业从业人员职业操守》第十五条规定，银行业从业人员在业务活动中应当遵守有关禁止内幕交易的规定，不得将内幕信息以明示或暗示的形式告知法律和所在机构允许范围以外的人员，不得利用内幕信息获取个人利益，也不得基于内幕信息为他人提供理财或投资方面的建议。B项中行为属于违反了从业人员职业操守中内幕交易准则。E项中的行为是符合规定的。

例题6 根据《银行业从业人员职业操守》中"了解客户"的要求，银行业从业人员应当了解客户的( )。(多项选择题)

A. 财务状况　　　　B. 风险承受能力　　　　C. 资金用途

D. 账户是否会被第三方控制使用　　　　E. 业务单据

答案 ABCDE

解析 ABCDE都是银行业从业人员应该了解的客户情况。

例题7 在面对与客户利益冲突的时候，银行业从业人员应坚持诚实守信、公平合理、( )的原则，正确处理业务开拓与客户利益保护之间的关系。(单项选择题)

A. 客户自愿　　　　　　　　　　B. 银行利润最大化

C. 客户利益至上　　　　　　　　D. 树立良好形象

答案 C

解析 在面对与客户利益冲突的时候，银行业从业人员应坚持诚实守信、公平合理、客户利益至上的原则，正确处理业务开拓与客户利益保护之间的关系。

考点7　从业人员岗位要求

1. 从业人员在向客户宣传销售理财产品时，不得在客户不愿或不便的情况下进行宣传销售。

2. 商业银行应当向销售人员提供每年不少于20小时的培训，确保销售人员掌握理财业务监管政策、规章制度，熟悉理财产品宣传销售文本、产品风险特性等专业知识。

3. 商业银行应当建立健全销售人员资格考核、继续培训、跟踪评价等管理制度，不得对销售人员采用以销售业绩作为单一考核和奖励指标的考核方法。

考点8　从业人员的限制性条款

商业银行应当明确个人理财业务人员与一般产品销售和服务人员的工作范围界限，禁止一般产品销售人员向客户提供理财投资咨询顾问意见、销售理财计划。严禁利用代客境外理财业务变相代理销售在境内不具备开展相关金融业务资格的境外金融机构所发行的金融产品。对于频繁被客户投诉、投诉事实经查实的理财业务人员，应将其调离理财业务岗位，情节严重的应予以纪律处分。

考点9　从业人员的法律责任

《商业银行个人理财业务管理暂行办法》对个人理财业务中违反法律、法规应承担的法律责任作了明确规定。

1. 民事责任

商业银行开展个人理财业务有下列情形之一，并造成客户经济损失的，应按照有关法律法规的规定或者合同的约定承担责任：

(1) 商业银行未保存有关客户评估记录和相关资料，不能证明理财计划或产品的销售是符合客户利益原则的。

(2) 商业银行未按客户指令进行操作，或者未保存相关证明文件的。

(3) 不具备理财业务人员资格的业务人员向客户提供理财顾问服务、销售理财计划或产品的。

2. 行政监管措施与行政处罚

(1) 商业银行开展个人理财业务有下列情形之一的，银行业监督管理机构可依据《银行业监督管理法》第四十七条的规定和《金融违法行为处罚办法》的相关规定对直接负责的董事、高级管理人员和其他直接责任人员进行处理：

① 违规开展个人理财业务造成银行或客户重大经济损失的；

② 未建立相关风险管理制度和管理体系，或虽建立了相关制度但未实际落实风险评估、监测与管控措施，造成银行重大损失的；

③ 泄露或不当使用客户个人资料和交易信息记录造成严重后果的；

④ 利用个人理财业务从事洗钱、逃税等违法犯罪活动的；

⑤ 挪用单独管理的客户资产的。

(2) 商业银行开展个人理财业务有下列情形之一的，由银行业监督管理机构依据《中华人民共和国银行业监督管理法》的规定实施处罚：

① 违反规定销售未经批准的理财计划或产品的；

② 将一般储蓄存款产品作为理财计划销售并违反国家利率管理政策，进行变相高息揽储的；

③ 提供虚假的成本收益分析报告或风险收益预测数据的；

④ 未按规定进行风险揭示和信息披露的；

⑤ 未按规定进行客户评估的。

(3) 商业银行违反审慎经营规则开展个人理财业务，或利用个人理财业务进行不公平竞争的，银行业监督管理机构应依据有关法律法规责令其限期改正；逾期未改正的，银行业监督管理机构依据有关法律法规可以采取下列措施：

① 暂停商业银行销售新的理财计划或产品；

② 建议商业银行调整个人理财业务管理部门负责人；

③ 建议商业银行调整相关风险管理部门、内部审计部门负责人。

(4) 商业银行开展个人理财业务的其他违法违规行为，由银行业监督管理机构依据相应的法律法规予以处罚。

3. 刑事责任

商业银行开展个人理财业务存在前述第(2)项第①小项中所列各情形之一，构成犯罪的，依法追究刑事责任。

> **例题8** 银行业个人理财业务人员的下列做法需要负刑事责任的是(　　)。(单项选择题)
>
> A. 利用个人理财业务进行洗钱活动　　　　B. 销售理财产品时使用虚假性的预测数据
>
> C. 从事未经批准的个人理财业务　　　　　D. 销售理财产品时未透露理财产品的风险
>
> **答案**　A
>
> **解析**　A项触犯了《反洗钱法》，属于刑事犯罪。

> **例题9** 个人理财业务中违反法律、法规应承担的法律责任不包括(　　)。(单项选择题)
>
> A. 道义责任　　　　B. 刑事责任　　　　C. 民事责任　　　　D. 行政责任
>
> **答案**　A
>
> **解析**　《商业银行个人理财业务管理暂行办法》规定，对个人理财业务中违反法律、法规应承担的法律责任包括：①民事责任；②行政监管措施与行政处罚；③刑事责任。

第3节　个人理财投资者教育

■ 考点10　投资者教育概述

1. 概念：指针对银行个人理财客户开展的普及理财知识、宣传理财政策法规、揭示理财风险，并引导客户依法维权等各项活动。

2. 对象：广大理财服务对象，包括银行个人理财客户以及潜在银行个人理财客户。

3. 实施主体：商业银行、监管机构、行业协会以及其他组织。

■ 考点11　投资者教育功能

1. 投资者教育可以帮助客户树立正确的理财观，提高客户素质，增强客户的风险意识。

2. 投资者教育可以有效减少银行的客户投诉和纠纷，降低银行声誉风险，促进理财业务健康发展。

3. 投资者教育可以规范理财市场主体行为，提高金融市场有效性，维护金融稳定。

■ 考点12　投资者教育内容

1. 普及理财基础知识

商业银行应该多渠道、多层次地开展投资者教育工作，采用丰富多彩的方式开展各种宣传教育活动，普及理财基础知识，提供客户理财经验交流平台。

2. 宣传相关的政策法规

商业银行应积极、主动宣传包括与理财业务相关的各类市场相关法律、法规知识，并就客户的相关问题进行解答。

3. 揭示理财相关风险

通过揭示理财相关风险让客户了解和区分不同理财产品和理财方案的风险特征。

4. 介绍理财业务

银行的投资者教育应当包括个人理财相关的基础知识、风险收益特点、服务流程等内容。

5. 告知购买理财产品注意事项

客户经理应告知客户购买理财产品的相关注意事项，包括但不限于：客户应阅读银行正式印发的宣传材料和销售文件；客户应抄录风险确认语句；客户首次购买理财产品前在本行网点进行风险承受能力评估等。

6. 传递经营机构的基本信息

包括银行开展的理财业务情况，理财服务品牌内容，以及收费标准、客户投诉渠道和方式等内容。

7. 接受客户咨询，处理客户投诉

商业银行应当认真做好客户投诉的受理与处理工作，向投资者公布投诉电话等具体的投诉途径和方式。对客户的投诉和意见建议要认真处理，及时向客户反馈处理结果，并做好记录。

第4节 同步强化训练

一、单项选择题

1. 《银行业从业人员职业操守》的宗旨是为规范银行业从业人员职业行为，提高中国银行业从业人员整体素质和(   )。

A. 职业道德水准　　　　B. 职业操守水平　　　　C. 职业纪律规范　　　　D. 从业基本原则

2. 提高银行从业人员道德素质，旨在建立健康的银行业(   )。

A. 经营理念　　　　　　B. 企业文化　　　　　　C. 公司治理　　　　　　D. 发展规划

3. 商业银行应根据有关规定建立健全个人理财人员资格考核与认定、继续培训、跟踪评价等管理制度，保证个人理财业务人员每年的培训时间不少于(   )。

A. 10小时　　　　　　　B. 20小时　　　　　　　C. 30小时　　　　　　　D. 40小时

4. 守法合规是指银行业从业人员应当遵守(   )。

A. 法律法规　　　　　　　　　　　　　　　B. 行业自律规范

C. 所在机构的规章制度　　　　　　　　　　D. 以上都应遵守

5. 不属于"熟知业务"规定的内容是(   )。

A. 熟知向客户推荐的产品　　　　　　　　　B. 熟知产品设计过程

C. 熟知产品有效期　　　　　　　　　　　　D. 熟知业务处理流程

6. 下列做法违反了《银行业从业人员职业操守》中保护商业秘密与客户隐私原则的是(   )。

A. 某银行工作人员根据在为上市公司办理贷款业务时获得的非公开信息进行股票投资

B. 某银行工作人员由于业务繁忙，将办理企业贷款业务的公章交给同事代其办理

C. 某银行工作人员将其客户A的贷款信息透露给另一名客户B

D. 某银行工作人员在办理企业贷款业务时，错误计算了贷款利率

7. 银行个人理财业务人员的下列做法正确的是(　　)。

A. 为朋友提供担保　　　　　　　　　　　　B. 利用职务便利为朋友办理优惠贷款

C. 利用客户名义为自己买卖证券　　　　　　D. 将自己的账户与客户账户合并

8. 下列选项(　　)不属于银行业从业人员应遵守的准则内容。

A. 勤勉尽责　　　　　　B. 诚实守信　　　　　　C. 客户至上　　　　　　D. 守法合规

9. 当客户对商业银行的理财产品的风险产生疑虑而进一步向从业人员深究时，从业人员应当本着(　　)的原则回答客户的问题。

A. 银行利益最大化　　　　B. 诚实信用　　　　　C. 坦白真诚　　　　　　D. 毫不隐瞒

10. 银行职业道德的基本原则是(　　)。

A. 专业胜任　　　　　　B. 忠于职守　　　　　　C. 勤勉尽责　　　　　　D. 诚实守信

11. (　　)是指银行业从业人员应当具备岗位所需的专业知识、资格与能力。

A. 熟知业务　　　　　　B. 勤勉尽责　　　　　　C. 专业胜任　　　　　　D. 诚实信用

12. 银行工作人员在得知客户资金是走私犯罪活动所得时，下列说法正确的是(　　)。

A. 可以为其提供资金账户　　　　　　　　　　B. 可以为其将财产转换为金融票据

C. 可以为其将资金汇往境外　　　　　　　　　D. 以上三种做法都不合法

13. 银行业从业人员在(　　)的监督下，自觉遵守本职业操守。

A. 公众　　　　　　　　B. 银监会　　　　　　　C. 同业协会　　　　　　D. 以上都对

14. 从业人员遵守业务操作指引，遵循岗位职责的划分和风险隔离的操作规程，银行业从业人员应坚持诚实守信、公平合理和(　　)的原则，正确处理业务开拓与客户利益保护之间的关系。

A. 客户自愿　　　　　　　　　　　　　　　　B. 银行利润最大化

C. 客户利益至上　　　　　　　　　　　　　　D. 树立良好形象

15. 按照准则要求(　　)是从业人员正确处理利益冲突的做法。

A. 在履行职责中为避免利益冲突，不得向亲戚、朋友销售或代理金融产品

B. 对涉及与本人有利害关系的银行贷款审批、担保、资产处置等活动时予以回避

C. 利用职务便利向亲戚、朋友投资管理的公司提供商业机会和其他利益

D. 与亲戚朋友以低于普通金融消费者的条件进行交易

16. 在存在潜在冲突的情形下，从业人员应当向(　　)主动说明利益冲突的情况以及处理利益冲突的建议。

A. 所在机构管理层　　　　　　　　　　　　　B. 银行业协会

C. 银监会　　　　　　　　　　　　　　　　　D. 利益冲突当事方

17. 银行业从业人员应遵循岗位职责划分和风险隔离的操作规程，确保客户交易的安全，尽到岗位的职责包括(　　)。

① 不打听与自身工作无关的信息

② 除非经内部职责调整或经过适当批准，不为其他岗位人员代为履行职责

③ 保护、合理运用机构财产，不将公共财产用于个人用途

④ 不得违反内部交易流程将自己保管的重要凭证、交易密码和钥匙交于或告知其他人

A. ①②③④　　　　　　B. ①②④　　　　　　　C. ①②③　　　　　　　D. ②④

18. 银行员工张某乐于助人、热情大方，在做完自己本职工作后，经常主动向同事提出代为履行职责，这种行为( )。

　　A. 体现了张某工作主动积极，勤勉尽职，应得到推崇

　　B. 符合团结合作的要求，应鼓励这种发扬团队合作精神的行为

　　C. 在不影响本职工作的前提下，提高本机构的工作效率是允许的

　　D. 行为不当，除非经过内部调整

19. 某客户以自己对某金融产品的收益、风险的理解不够为由，礼貌地邀请办理业务的工作人员下班后单独为其解析，该从业人员恰当的做法是( )。

　　A. 认为该客户的要求属于职责范围之内，应该满足其要求

　　B. 认为这是不合理的邀请，委婉拒绝

　　C. 通知保安请客户离开

　　D. 耐心向客户解析，如果是对业务不够了解，应尽量在上班时间工作场所内进行

20. 某上市银行员工冯某得知该银行因为一笔违规批贷导致重大损失，但外界尚不知情，消息一旦传出将对银行股价不利，冯某应( )。

　　A. 按信息披露的原则，向媒体记者公布此消息

　　B. 暗示朋友卖掉所持该银行的股票

　　C. 自己卖掉该银行的股票，但不应告诉其他人

　　D. 不得基于此消息为自己或他人牟利

21. “信息披露”中所需要披露的信息是指( )。

　　A. 从业人员推荐的产品所涉及的风险

　　B. 本机构在代理销售产品过程中的责任和义务

　　C. 银行过去五年的财务报表

　　D. 银行下一年度的战略发展方向

22. 从业人员在履行信息保密准则时，适当的行为是( )。

　　A. 在受雇期间妥善保存客户资料及其交易信息档案

　　B. 与本机构同事谈论客户的婚姻状况

　　C. 任何情况下都坚持严守客户信息，不向单位或个人泄露

　　D. 可以适当将长期没有业务往来的客户名单透露给其他机构

23. 按照银行业从业人员应保守本机构重大内部消息和商业机密的规定，下列说法错误的是( )。

　　A. 未经批准，从业人员不得对外公布尚未公开的财务数据、重大战略决策以及新产品的研发等重大的商业机密

　　B. 未经批准，从业人员不得将客户资料、技术方案、内部培训教材、学习资料、研究报告以及其他有版权许可限制的资料对外传播，但可以与机构内部所有同事交流

　　C. 从业人员应妥善保管所持有的涉密资料，不得擅自带离或复印涉密资料

　　D. 未经批准，不得向同业人员展示银行公文、手册、报表、传真、文档、讲话等本机构资料

24. 根据监管的规定和所在机构风险控制的要求，从业人员应对客户所在区域的信用环境、所处的行业情况以及财务状况、经营状况、担保物的情况、信用记录( )。

　　A. 进行调查、审查、授信后管理　　　　　　　　B. 向社会公众披露

C. 向上级管理层报告　　　　　　　　　　D. 进行收集保存

25. 商业银行按有关规定，未要求理财人员的(　　)。

A. 年龄　　　　　　B. 职业操守　　　　　　C. 行业经验　　　　　　D. 管理能力

26. 对客户的评估报告的审核，负责人员应着重审核(　　)，避免错误销售和不当销售。

A. 理财投资建议是否存在误导客户的情况　　B. 客户分层是否合理

C. 投资金额较大的客户的相关材料　　　　　D. 评估报告是否披露了相关重大事项

27. 某客户在办理外汇业务时，向银行业从业人员询问如何能在规定额度之外，将多余的美元现钞汇兑成人民币，该从业人员做法不妥的是(　　)。

A. 在客户不急用的情况下，建议客户明年初来结汇

B. 在客户不急用的情况下，建议客户选择购买外汇投资品

C. 建议客户将多余的美元转入其他亲戚的账户结汇

D. 因担心违反"监管规避"的规定，告诉客户没有任何方法

28. 在与同业人员接触时，以下行为恰当的是(　　)。

A. 交换下个月将要公布的兼并收购信息

B. 交流在产品开发中遇到的技术难题

C. 询问对方的产品开发计划

D. 询问对方对央行近期政策的看法

29. 根据金融机构办理业务中对于客户身份的有关规定，下列表述不正确的是(　　)。

A. 金融机构不得为客户开立匿名账户、假名账户

B. 客户为他人代办业务的，金融机构应同时对代理人和被代理人的身份证件或其他证明文件进行登记和核对

C. 为客户办理人身保险、信托业务时，若合同受益人不是客户本人，还应对受益人的身份证件进行核对并登记

D. 金融机构通过第三方识别客户身份，当第三方未按要求履行职责时，由第三方承担未履行客户身份识别义务的责任

30. 对同事在工作中违反纪律、内部规章制度的行为应当予以提示，并根据情况向(　　)报告。

A. 所在机构、监管部门、工会、行业自律组织

B. 行业自律组织、监管部门、工会

C. 所在机构、行业自律组织、监管部门、司法机关

D. 所在机构、司法机关、监管部门

31. 下列选项中，(　　)不是银行业从业人员与同事相处中应遵守的准则。

A. 相互尊重　　　　　B. 团结合作　　　　　C. 公平竞争　　　　　D. 相互监督

32. 银行业从业人员在所在机构任职时，按照职业操守准则的规定，应做到(　　)。

① 不得利用兼职岗位为本机构谋利；

② 对所在机构的纪律处分有异议时，应直接向上级机构或监管部门反映申诉；

③ 离职后，仍应恪守诚信，为原机构保密；

④ 不得代表所在机构对外发布消息。

A. ①②③　　　　　　B. ②③④　　　　　　C. ①③　　　　　　D. ①②③④

二、多项选择题

1. 商业银行应保证个人理财业务人员具备的资格包括(　　)。

A. 充分认识和了解所从事业务的相关法律法规、行政规章和监管要求等

B. 遵守个人理财业务人员职业道德操守标准或守则

C. 理解所推介产品的风险特性

D. 具备相应的学历水平、专业知识

E. 具备必要的行业经验和管理能力

2. 商业银行个人理财业务人员从岗位范围看，大致包括(　　)。

A. 为客户提供财务分析、规划或投资建议的业务人员

B. 办理客户存贷款及与此相关的财务、人事等业务人员

C. 销售理财计划或投资性产品的业务人员

D. 一般产品销售和服务的业务人员

E. 其他与个人理财业务销售和管理活动紧密相关的专业人员

3. 职业操守准则规范了银行业从业人员与(　　)交往中的职业行为。

A. 客户　　　　　　　B. 同事　　　　　　　C. 领导

D. 同业　　　　　　　E. 所在机构

4. 勤勉尽职的内容包括(　　)。

A. 不打听与自身工作无关的信息　　　　　　B. 维护所在机构的商业信誉

C. 对机构诚实信用　　　　　　　　　　　　D. 切实履行岗位职责

E. 保守所在机构的商业机密

5. 制定银行业从业人员职业操守旨在提高银行业从业人员的(　　)。

A. 业务水平　　　　　B. 职业素质　　　　　C. 职业道德水平

D. 信用水平　　　　　E. 法律法规意识

6. 银行业从业人员职业操守的宗旨包括(　　)。

A. 提高中国银行业从业人员整体素质和职业道德水准

B. 建立健康的银行业企业文化和信用文化

C. 维护银行业良好信誉

D. 促进银行业的健康发展

E. 规范银行业从业人员职业行为

7. (　　)属于银行业从业人员应遵守的基本准则。

A. 诚实信用、守法合规　B. 专业胜任、勤勉尽职　　C. 保护商业机密与客户隐私

D. 公平竞争　　　　　　E. 团结合作

8. 对从业人员做好本职工作、忠于职守理解正确的是(　　)。

A. 遵守行业规范、本机构的各项规章制度　　B. 保护本机构的商业机密

C. 不泄露机构的知识产权、专有技术　　　　D. 妥善处理本职工作与兼职岗位的关系

E. 自觉维护本机构的形象和声誉

9. 银行业从业人员应当加强学习，不断提高业务知识水平，熟知( )。

A. 所推荐金融产品的特性、风险、收益　　B. 业务处理流程

C. 风险控制框架　　D. 产品的设计过程　　E. 法律关系

10. 商业银行开展个人理财业务应遵守的基本原则是( )。

A. 审慎性原则　　B. 流动性原则　　C. 客户最大利益原则

D. 建立风险管理体系原则　　E. 建立内部控制制度原则

11. 以下符合信息披露的行为是( )。

A. 销售人员为了利用该银行的知名度实现销售目标，在介绍产品时没有提到最终责任承担者，并使得消费者误以为该银行是风险承担者

B. 银行职员以明确、足以让客户理解的方式向普通群众介绍产品合约、被代理人信息

C. 银行工作人员向消费者详细介绍该行代理的产品的性质、风险、最终责任承担人以及该行的责任与义务

D. 银行职员利用银行的声誉对所代理产品进行合约以外的承诺

E. 销售人员在向客户推荐非保本浮动收益理财计划产品时，明确提示预期收益不同于保证收益，对产品涉及的风险进行充分的披露

12. 从业人员不得对外披露的信息有( )。

A. 本机构经营方针的重大变化　　B. 长期未联络客户的地址、联系电话

C. 本机构的重大投资行为　　D. 银行中层干部的名单

E. 本机构购置重大财产的决定

13. 按照从业人员职业操守的规定，反洗钱准则的内容包括( )。

A. 遵守反洗钱有关规定，熟知银行承担的反洗钱义务

B. 积极配合监管人员的现场检查

C. 了解客户账户开立、资金调拨的用途

D. 及时按所在机构的要求报告大额交易和可疑交易

E. 对执法机关的要求尽量满足，对暂时不能解决的需求，应耐心说明情况

14. 银行业从业人员在与客户接洽业务活动中，应做到( )。

A. 满足客户的所有需求

B. 公平对待不同国籍、民族、年龄的客户

C. 提供理财建议，协助规避监管

D. 为客户信息保密，不向任何第三者机构透露信息

E. 尽可能地对残障者提供便利

15. 从业人员在向客户推荐本机构代理的产品时，应对( )进行披露。

A. 产品所涉及的法律、政策、市场风险　　B. 产品的性质

C. 产品的设计过程　　D. 产品的最终责任承担者

E. 银行在销售过程中的责任和义务

16. 银行职员陈某与另一家银行员工李某在一次同业联席会议上结识，作为同行，他们可以( )。

A. 共同参加学术讨论会，介绍本行新产品的研发思路

B. 交流产品知识、行业新闻、市场发展趋势

C. 私下探讨某一客户的家庭生活、子女现状

D. 交换内部资料，促进行业信息交流与合作

E. 为开拓业务互相帮助，研究服务技巧

17. 以下( )行为体现了同事间团结合作、互通有无的精神。

A. 开展经验交流会、专业知识培训会   B. 交流销售产品的技巧

C. 分享各自的客户资源   D. 提示同事不恰当的行为

E. 在工作讨论会中直接指出同事的错误

18. 从业人员遵守岗位职责，应做到( )。

A. 不打听与自身工作无关的信息

B. 不以不正当手段刺探其他机构的商业秘密

C. 不泄露本机构的信息

D. 不经批准不为其他岗位人员代为履行职责

E. 不得违反业务流程及岗位职责将自己保管的物品交与他人

19. 银行业从业人员面对监管者的监管应当( )。

A. 接受监管   B. 配合现场检查   C. 配合非现场监管

D. 禁止贿赂   E. 保守客户秘密、拒绝询问

20. 从业人员配合监管者的工作，应做到( )。

A. 向监管者提供真实、准确的信息，尽量保证完整

B. 按监管者的要求报送非现场监管需要的单据

C. 与监管者建立良好关系，接受银行业监管部门的监管

D. 将本行的车长期无偿借给监管者，以方便现场检查

E. 建立重大事项保密制度

三、判断题

1. 专业胜任不仅指具备岗位所需的专业知识，还应具有资格和能力。( )

2. 银行业从业人员应遵守客户至上的准则，满足客户的一切需求。( )

3. 不得在非工作地点非工作时间与其他人讨论交流内幕消息。( )

4. 当亲朋好友成为银行的客户时，由于相互比较熟悉，所以在开展业务时可以随随便便。( )

5. 从业人员可以委托他人临时代为履行本人的职责或工作而无须经过特别程序。( )

6. 银行不能为监管人员安排食宿，如果确实需要提供，则银行业从业人员可以为其报销因公费用。( )

答案与解析

一、单项选择题

1. 答案与解析   A

《银行业从业人员职业操守》总则第一条。B项是干扰项。

2. 答案与解析　B

首先排除C项，因为银行是企业不是公司，不涉及公司治理；再来看A项和D项，职业操守准则是用来规范从业人员的行为的，而经营理念和发展规划是企业战略的内容，由管理层决定，与职业道德无关，故排除。《银行业从业人员职业操守》总则第一条(宗旨)：企业文化是企业在生产经营实践中，逐步形成的，为全体员工所认同并遵守的、带有本组织特点的使命、愿景、宗旨、精神、价值观，以及这些理念在生产经营实践、管理制度、员工行为方式与企业对外形象的体现的总和。

3. 答案与解析　B

商业银行应根据有关规定建立健全个人理财人员资格考核与认定、继续培训、跟踪评价等管理制度，保证个人理财业务人员每年的培训时间不少于二十小时。

4. 答案与解析　D

以上各种法规对从业人员都有约束作用。法律法规是作为一个公民必须遵守的；行业自律规范是作为银行业从业人员必须遵守的；所在机构的规章制度是作为机构的员工所应当遵守的。

5. 答案与解析　B

"熟知业务"的内容包括：熟知向客户推荐的金融产品的特性、收益、风险、法律关系、业务处理流程及风险控制框架，从业人员不需了解产品开发设计过程。个人理财业务人员只负责向客户推荐产品，对于产品性质等应当告知客户的信息进行讲解，而产品设计过程不需要告知客户，因此也不需要理财人员熟知。

6. 答案与解析　C

A项违反了内幕交易的规定，B项违反了岗位职责的规定，D项是工作中的失误，不属于违反职业操守的做法。

7. 答案与解析　A

为朋友提供担保是个人行为，只要该银行人员的信用状况等合格即可。B项银行人员不得利用本职工作的便利，以明显低于或优于普通金融消费者的条件与所在机构进行交易。CD涉嫌欺诈客户，侵吞客户财产。

8. 答案与解析　C

职业操守是银行业协会制定的全行业的行为准则，是较官方的文件，"客户至上"可以是某个银行自己的服务口号，但不包括在行业基本准则中。从业基本准则包括：诚实信用(最基本原则)、守法合规、专业胜任、勤勉尽职、保护商业秘密与客户隐私、公平竞争。

9. 答案与解析　B

诚实信用是指应该告诉客户的毫不隐瞒，应该做到的一定做到；而坦白真诚和毫不隐瞒则是指有什么说什么，要把知道的都告诉客户。银行业从业人员在与客户沟通时要把握尺度，有些东西如本机构的商业秘密是不能透露的，因此回答客户问题时的原则应当是诚实信用。A项错误，CD项不是规范说法。

10. 答案与解析　D

题中四个选项都是银行业从业人员职业道德规范的内容，但题中所问的是基本原则，也就是最基础、最重要的原则。银行人员每天要经手大量现金、资产，要保证客户的财产安全，最重要的当然就是要求从业人员诚实守信；再联系国家现在大力提倡的诚信，不难得出正确答案为D。社会主义道德基本原则即"集体主义原则"在银行职业道德中表现为"诚实信用"的基本原则，它贯穿于整个银行职业道德体系，始终制约和影响着其一系列职业道德规范。

11. 答案与解析　C

概念描述题，从题干中找答案。

12. 答案与解析　D

从业人员应当在严守客户隐私的同时，及时按照所在机构的要求，报告大额和可疑交易。

13. 答案与解析　D

银行业从业人员应当接受所在机构、银行业自律组织、监管机构和社会公众的监督。

14. 答案与解析　C

本题考查银行业从业人员的职业操守，任何服务行业的口号都是顾客利益至上，银行业也不例外，因而不难得出本题答案。

15. 答案与解析　B

CD项利用职务之便为亲戚朋友牟利，明显属于违规行为；A项貌似规范，但规定不可能这么死，例如保险推销员最开始的推销对象一般就是身边的亲戚朋友，而且为了拉到客户，好多时候还必须拉关系、和人交朋友，以求得别人的信任。例如，《银行业从业人员职业操守》规定，从业人员及其亲属购买其所在机构销售或代理的金融产品，应明确区分机构利益与个人利益。可见并不禁止以上行为，A选项错误。

16. 答案与解析　A

本题首先可排除BC，银行业协会和银监会都是管理整个银行体系的机构，不可能管理业务员具体某笔业务的事情；再则，题中说的潜在冲突，是指个人利益和机构利益的冲突，为避免从业人员利用职务之便为自己或亲属牟利，要求从业人员必须向管理层说明情况，故A正确。D项从业人员本身就是利益冲突的当事方之一，不能自己向自己主动说明情况，错误。

17. 答案与解析　B

根据《银行业从业人员职业操守》第十二条，从业人员应当遵守业务操作指引，遵循银行岗位职责划分和风险隔离的操作规程，确保客户交易的安全。从业人员应做到不打听与自身工作无关的信息，未经批准不为其他岗位人员代为履行职责或将本人工作委托他人代为履行；不违反内部交易流程及岗位职责管理规定将自己保管的印章、重要凭证、交易密码和钥匙等与自身职责有关的物品或信息交与或告知其他人员。

18. 答案与解析　D

私自代他人履行职责，会导致权责不清，管理混乱，所以肯定属于违规行为。除非经过批准，不能代同事履行职责，也不能请同事代己履行职责。

19. 答案与解析　D

向客户解析是工作人员的工作，但工作人员的职责范围只限于上班时间内。下班后向客户答疑可以是工作人员的自愿选择，不作为一项义务。

20. 答案与解析　D

从业人员不能利用内幕信息为自己或他人牟利。A项信息披露属于商业银行的义务。根据从业基本准则，银行业从业人员应当保守所在机构的商业秘密，员工的这一行为属于泄露商业秘密。

21. 答案与解析　B

信息披露的要求主要是针对所在机构代理销售的产品。应当提示的内容包括被代理人的名称、产品性质、产品风险和产品的最终责任承担者、本银行在本产品销售过程中的责任和义务等必要的信息。A项应当提示的是代理销售产品的风险，不包括银行自担风险产品的风险。

22. 答案与解析　A

客户的婚姻状况属于客户的隐私，不能随意谈论。在协助执行时，要提供相关的客户信息。即使长期没有业务往来，也应该为客户保密。

23. 答案与解析　B

从业人员也不能与机构内部的所有同事交流。

24. 答案与解析　A

本题考查《银行业从业人员职业操守》第二十二条(授信尽职)。题干描述的是从业人员了解客户的内容，其目的是在了解客户的基础上对其进行服务而非BCD三项，因此选A。

25. 答案与解析　A

银行业对于从业人员的年龄没有特殊要求。

26. 答案与解析　A

部分业务人员为销售特定银行产品或银行代理产品可能会误导客户，对客户进行错误销售或不当销售。

27. 答案与解析　D

规定额度之外的美元通过以上三种途径汇兑成人民币是合乎规定的，不涉及"监管规避"。C项如果不好判断的话，可以观察选项，只要AB中有一个选项的做法是合理的即可排除C项，D是不妥的，因为并不是没有办法。

28. 答案与解析　D

A属于内幕消息，BC属于各机构的商业秘密，都是需要保密的。

29. 答案与解析　D

金融机构通过第三方识别客户身份，当第三方未按要求履行职责时，由该金融机构承担未履行客户身份识别义务的责任。

30. 答案与解析　C

《银行业从业人员职业操守》第二十九条规定，从业人员与同事之间负有互相监督的义务，对同事在工作中违反纪律、内部规章制度的行为应当予以提示，并根据情况向所在机构、行业自律组织、监管部门、司法机关报告。

31. 答案与解析　C

公平竞争是从业基本准则，适用于不同金融机构的从业人员之间，而不是用于规范同一金融机构同事间的行为。

32. 答案与解析　C

对纪律处分有异议时，应先通过内部调解。在经过允许或授权的情况下，可以代表机构对外发布消息。

二、多项选择题

1. 答案与解析　ABCDE
2. 答案与解析　ACE

BD是个人理财业务之外的其他业务人员。

3. 答案与解析　ABDE

还包括监管者，但领导不等于监管者。

4. 答案与解析　BCD

A项属于岗位职责，E项属于保守商业机密和客户隐私。

5. 答案与解析　BC

职业操守是对职业道德和职业素质作出的规范。

6. 答案与解析　ABCDE

记忆题。可从针对从业人员、文化和银行业三个方面记忆。

7. 答案与解析　ABCD

团结合作是与同事相处的准则，不是基本准则。

8. 答案与解析　ABCE

题干中说了是对做好本职工作的要求，D项虽然也提到了本职工作，但强调的重点是对兼职工作的要求，属于对兼职的规定，所以不能选D项。

9. 答案与解析　ABCE

银行业从业人员不需熟知产品设计的过程。

10. 答案与解析　ADE

见《商业银行个人理财业务暂行管理办法》。需要注意的是，这三条原则的出发点都是为了控制风险。

11. 答案与解析　BCE

这种题目中错误选项从用词上就可以看出来。像A中的"利用知名度"、"误以为"；D中的"利用声誉"；而正确选项中的则是"明确、详细"之类，所以这样的问题即使没有复习到，也是可以根据常识和判断做对的。A项中信息披露不完全，误导了消费者；D中，银行职员不能利用银行的声誉对所代理的产品进行合约以外的承诺。

12. 答案与解析　ABCDE

从业人员应当保护商业秘密和客户信息。B项是客户信息，ACDE属于本机构的商业秘密。

13. 答案与解析　AD

从业人员应当遵守反洗钱有关规定，熟知银行承担的反洗钱义务，在严守客户隐私的同时，及时按照所在机构的要求，报告大额和可疑交易。B项反洗钱不涉及现场检查，C项客户资金调拨的用途当然没有必要告诉银行职员，E项跟反洗钱没什么关系。

14. 答案与解析　BE

A应为满足客户的合理要求；C不应该协助监管规避；D在协助执行的时候，可以提供相关信息。这道题应当注意D项。该项容易被误认为是正确的，但注意分析我们可以发现它与保守客户隐私的要求还是有区别的。

15. 答案与解析　ABDE

产品的设计过程不需要进行披露。

16. 答案与解析　BE

AD没有做到保守机构商业秘密。C没有做到保护客户信息和隐私。

17. 答案与解析 ABDE

同行间互相交流合作是鼓励的，但交流的内容不能涉及本机构商业秘密和客户信息。至于分享客户资源，相当于将客户拱手让与竞争对手，当然是不可能的，分享各自的客户资源是不对的，没有做到为客户保密。

18. 答案与解析 ADE

BC属于保守商业秘密。

19. 答案与解析 ABCD

E项应当保护客户秘密，但也要协助有权力了解客户信息的有关部门的调查，如实汇报相关情况。

20. 答案与解析 ABC

A项属于配合现场检查，B项属于配合非现场检查，C项属于接受监管，D项涉嫌贿赂，E项应当是重大事项报告制度。

三、判断题

1. 答案与解析 √
2. 答案与解析 ×

应为满足客户的一切合理需求，而非一切要求。

3. 答案与解析 √
4. 答案与解析 ×

当亲朋好友成为客户时，办理业务时应该说明，且应严格按照规定办理。

5. 答案与解析 ×

从业人员应做到不打听与自身工作无关的信息，未经批准不为其他岗位人员代为履行职责或将本人工作委托他人代为履行。

6. 答案与解析 ×

银行业从业人员不能为监管人员报销费用。